APA GUIDES
Konzeption Hans Höfer

Vancouver

Herausgegeben von John Wilcock
Fotografiert von Stuart Dee u. a.

APA PUBLICATIONS

ZU DIESEM BUCH

Wie die Küstenstädte südlich der Grenze zu den USA ist Vancouver eines der letzten Ziele auf dem Kontinent für Abenteurer, die den Weg nach Westen gehen. „Ohne sich groß anzustrengen, lockt Vancouver Menschen aus aller Welt an, denn es ist schön, aufregend und lebendig", schreibt der Kolumnist Emmet Watson aus Seattle, der die Stadt in sein Herz geschlossen hat, die nach seinen Worten „vor Vitalität nur so strotzt."

Die außergewöhnliche Mischung von rauhem Pioniergeist und Urbanität in der pazifischen Randlage war für Apa Publications Grund genug, Vancouver und seine Umgebung in die Reihe der Apa Guides aufzunehmen. Mit über 190 Titeln über Reiseziele auf allen Kontinenten und mit der Kombination von originellen Texten und faszinierenden Fotos erfüllt die Reihe der Apa Guides alle Voraussetzungen, Vancouver gerecht zu werden – dem vitalen Leben in der City ebenso wie der herrlichen Landschaft seiner Umgebung.

Die Autoren, die den *Apa Guide Vancouver* schrieben und gestalteten, bestätigen Watsons Worte: Sie gehören verschiedensten Nationalitäten an und scheinen der verbreiteten Ansicht Recht zu geben, daß man am einfühlsamsten über einen Ort schreiben kann, wenn man nicht dort aufgewachsen ist.

Herausgeber **John Wilcock** überquerte den Atlantik, um von der Fleet Street in London zu Torontos Magazin *Saturday Night* und später in die Reiseredaktion der *New York Times* zu wechseln. In 14 Büchern beschrieb er über 30 Länder. Wilcock lebt in Los Angeles, und der *Apa Guide* über diese Stadt ist sein Werk. „Neben dem phantastischen Hafen", so Wilcock, „war mir vor allem der unablässige Regen von Vancouver im Gedächtnis geblieben. Als ich mit der Arbeit an diesem Buch begann, wurde mir klar, wie wichtig der Regen für das Verständnis dieser Stadt ist. Ich hasse den Regen, aber wie jedermann liebe ich die Berge vor der Stadt. Man kann eben das eine nicht ohne das andere haben."

Unfreundliche Witterung ist nichts Neues für **Martha Ellen Zenfell**, die für die Apa Guides über Nordamerika verantwortliche Redakteurin. Die gebürtige Südstaatlerin arbeitet in der an Regen gewöhnten Londoner Redaktion. Martha entwickelte mit Wilcock das Konzept zum vorliegenden Buch und lotste ihn durch die Freuden und Leiden der Entstehungsgeschichte eines Apa Guide.

Zu ihren ersten Handlungen gehörte es, **Stuart Dee** als Fotografen zu engagieren. Dee, der sich auf Reisen und Fotografieren von Menschen und Landschaften spezialisiert hat, verbringt vier Monate im Jahr im Ausland: „Das Angebot, meine Heimatstadt zu fotografieren, reizte mich besonders." Bei jedem Wetter suchte Dee nach Motiven für das authentische Ganzjahresporträt der Stadt, das Sie in diesem Buch erwartet. Von ihm stammt der größte Teil der Bilder in diesem Band.

Auch **Stanley Young** ist England verbunden. Er ist in London geboren, zog jedoch früh nach Los Angeles und schrieb bereits mit an den historischen Kapiteln des *Apa Guide Los Angeles*. Mit den Beiträgen zur Stadtgeschichte in diesem Buch setzte Young seine Erforschung der Vergangenheit der Westküste fort.

Der Beitrag der gebürtigen Schottin **Melanie Chandler** über Wetter und Wasser vermittelt die Faszination von Vancouvers trüben Nebeltagen. „Wasser ist Melancholie", meint sie. „In Form von Meer oder Regen drückt

Zenfell

Dee

Young

Wilcock

Wasser die Stimmung des Betrachters aus und läßt ihn selbst dadurch Stille und Frieden verspüren. Ist das der Grund dafür, daß die Menschen in Vancouver den Bewohnern von Rest-Kanada gegenüber so provozierend gelassen wirken?"

Der aus Montreal stammende **Michel Beaudry,** der die Besonderheiten der Vancouveriten aus der Entstehung der Stadt ableitet, zieht als begeisterter Skifahrer, der jahrelang dem Telemark-Nationalteam angehörte, natürlich Schnee dem Wasser vor. Bereits als Teenager war er „Sportler des Jahres".

Dan Hillborn, der sich dem Geist des Waldes widmete, ist ebenfalls ein Freiluftfan. Er kommt aus Nelson in British Columbia und arbeitet für das Blatt *Burnaby Now.* Aufgewachsen ist er im dicht bewaldeten Gebiet von Port Moody, wo er die Sommertage seiner Jugend mit der Erkundung alter Holzfällerwege und verlassener Camps verbrachte.

Von **Annie Boulanger** aus Toronto stammen die Beiträge zur Metropole am Pazifik und das Leben „Weit draußen im Westen", das ihr angesichts ihres eigenen ungewöhnlichen Werdegangs besonders gut entsprach. „Ich liebe Vancouver", gesteht sie, „weil es jeden aufnimmt, wie anders oder seltsam geartet er auch sein mag." Die Toleranz gegenüber dem Außergewöhnlichen birgt finanzielle und soziale Vorteile. Lesen Sie dazu, was **Angela Murrills** in ihrem Beitrag über das Hollywood des Nordwestens schreibt.

Die Lyrikerin **Sue Nevill** ist gebürtige Engländerin. Sie hat in Abständen immer wieder in Vancouver gelebt, das sie als die Stadt bezeichnet, die wenigstens drei Viertel ihrer emotionalen, intellektuellen und physischen Bedürfnisse erfülle. Sie beschreibt West Side Vancouvers.

Boulanger

Nevill

Dianne McGuire stammt aus Jamaika und lebte in drei Ländern, bevor sie in Vancouver ihr Zuhause fand, während **Alex Gabriel** gleich nach ihrer Journalistenausbildung in Calgary, Alberta, nach Westen übersiedelte. Da sie soviel Zeit wie möglich in den umliegenden Bergen verbringt, lag es nahe, ihr die Kapitel über Vancouvers herrliche Umgebung anzuvertrauen.

Chuck Davis, ein ortsansässiger Autor und Rundfunkjournalist, kennt die Stadt wie seine Westentasche – hat er doch bereits mehrere Bücher über sie geschrieben. Auf den Seiten 78 bis 81 gibt er persönliche Eindrücke und verrät, wohin es ihn in Vancouver am meisten zieht.

W. Ruth Kozak, die die *Reisetips* zusammenstellte, entdeckte mit 13 Jahren ihre Liebe zu Vancouver, als sie eine lange Reise quer durch Kanada machte, die sie zum Schreiben über die Pionierzeit inspirierte. „An Vancouver liebe ich die Nähe von Wald und Meer und auch die kulturelle Vielfalt." Die Autorin schrieb ihre ersten Artikel für *Vancouver Sun,* kam später in die Nachrichtenredaktion und nutzte ihr Talent für Recherchen, um einen historischen Roman zu schreiben.

In Vancouver half **Laurel Yates** bei Recherche und Redaktion. Das *Empress Hotel* in Victoria und *Chateau Whistler* hoch droben in den Bergen unterstützten Herausgeber und Fotograf durch gastfreundliche Aufnahme.

Jill Anderson im Londoner Büro von Apa Publications verwandelte Hunderte von Rotstiftkritzeleien in leserliche Korrekturen und vertraute sie ihrem Computer an. **Petra Pyka** übertrug die Texte ins Deutsche, die **Matthias Liesendahl** sowie **Helmut Piribauer** redaktionell bearbeiteten.

Gabriel

Kozak

INHALT

Einführung

Auf dem Absprung zum Erfolg
J. Kingston Pierce 21

Geschichte & Gegenwart

Am Anfang war der Ruf der Wildnis
Stanley Young 27

Das Tor zur Welt
Stanley Young 37

Das Selbstbewußtsein einer jungen Metropole
Michel Beaudry 49

Den Blick nach Asien gerichtet
Annie Boulanger 59

Weit draußen im Westen
Annie Boulanger 69

Ein Mann und seine Stadt
Chuck Davis 78

Hollywood des Nordwestens
Angela Murrills 84

Wem der Sinn nach Wasser steht
Melanie Chandler 95

Liebesleben der Lachse
Oliver Johnson 100

Der Geist des Waldes
Dan Hilborn 105

Vancouver entdecken

Einleitung
John Wilcock 119

Die Innenstadt
John Wilcock 123

Das Stadion und Umgebung
John Wilcock 133

Midtown und das Westend
Sue Nevill **141**

Ein Künstlerleben
Dianne McGuire **147**

West Side Story
Sue Nevill **151**

Hastings Mill
John Wilcock **154**

Stanley Park und North Vancouver
Stanley Young **162**

Totempfähle
Alex Gabriel **167**

Victoria
John Wilcock **175**

Das Empress Hotel
John Wilcock **181**

Vancouver Island
Oliver Johnson **185**

Im Osten, Süden und Westen
Alex Gabriel **185**

Im Norden von Vancouver
Alex Gabriel **209**

Karten

Greater Vancouver **120**
Vancouvers Innenstadt **124**
Vom West End
zur North Shore **152**
Vancouver und Umgebung **172**
Victorias Innenstadt **176**

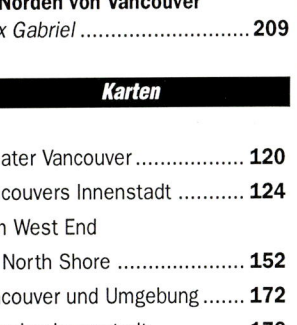

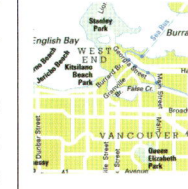

REISETIPS

Landeskunde
Geographie & Bevölkerung 218
Verwaltung 218
Klima 218
Zeitzone 218
Kultur & Landessitten 218

Reiseplanung
Anreise 218
Visum & Paß 219
Zollbestimmungen 220
Geldangelegenheiten 220
Waren- & Verkaufssteuern 220
Kleidung 220

Wissenswertes
Feiertage 221
Feste 221
Gottesdienste 222
Maße & Gewichte 222
Elektrizität 223
Öffnungszeiten 223
Telefon 223
Post 223
Medien 223
Medizinische Versorgung 223
Sicherheit & Kriminalität 224
Tips für Behinderte 224
Nützliche Adressen 225

Unterwegs
Ankunft 225
Öffentliche Verkehrsmittel 226

Unterkunft
Vancouver 228
Greater Vancouver 230
Victoria 230
Außerhalb der Stadt 231

Essen & Trinken
In und um Vancouver 232
Victoria 233

Unternehmungen
Freizeitangebot für Kinder 234
Unternehmungen in
Vancouver 234
Außerhalb 235
Nachtleben 236
Museen 236
Theater 238
Tanz 238
Musik 238
Film 239
Einkaufen 239
Sport 240

Literaturhinweise
Geschichte 241
Allgemeines 241
Menschen & Kultur 241
Sport & Abenteuer 241

Visuelle Beiträge 242
Register 242

AUF DEM ABSPRUNG ZUM ERFOLG

Vancouver, die faszinierende Stadt im äußersten Westen von Südkanada, zwängt sich zwischen den Pazifik und das kantige Massiv der Cascade Mountains. Das ursprüngliche Stadtzentrum, heute das historische Viertel Gastown, nannten die indianischen Ureinwohner sinnigerweise *Luck-Lucky*. „Luck" – Glück – spielt in Vancouvers Geschichte bis heute eine große Rolle.

Als der Entdecker George Vancouver im Jahr 1792 hier landete, rief er aus, dieser Gegend fehle nur ein wenig Zivilisation, „um sie zum schönsten Fleckchen Erde zu machen, das man sich vorstellen kann". Damit konnten die ersten Siedler allerdings wenig anfangen. Auch die britische Marine suchte sich weiter südlich einen Ankerplatz, in New Westminster, das 1859 zur Hauptstadt der neuen Kolonie British Columbia erklärt wurde. Als zehn Jahre später die Hauptstadt über die Georgia Strait nach Victoria auf Vancouver Island verlegt wurde, zog ein Großteil der Bevölkerung der Kolonie ebenfalls dorthin und mit ihm Ansehen und Handel. Daß Vancouver überhaupt entstanden ist, hat die Stadt dem finanziellen Weitblick der Canadian Pacific Railway zu verdanken, die um 1880 den Burrard Inlet – und nicht Victoria – als Endstation ihrer Bahnlinie im Westen wählte. Eine maßgebliche Rolle dürfte dabei gespielt haben, daß der CPR große Teile des heutigen Stadtgebiets gehörten.

Mit der Eisenbahn kam das Geld. Und auch berühmte Besucher. Der britische Schriftsteller Rudyard Kipling etwa ließ sich in *Letters of Travel* von der Naturschönheit dieser Gegend zu dem Ausspruch hinreißen: „Ein solches Land ist gut für einen tatkräftigen Mann", und er setzte hinzu: „Und auch für den Nichtstuer ist es nicht schlecht." Selbst die englische Königinmutter bezeichnete die Stadt bei ihrem ersten Besuch im Jahre 1939 als „den Ort, an dem es sich leben läßt".

Einig waren sich alle, was die landschaftliche Schönheit der Lage Vancouvers betrifft. „Eine saubere, wohlhabende, lebendige Stadt in traumhaft schöner Umgebung", schwärmte die *Sunday Times* in London. „Ein Flecken Erde, dem nur noch eine Stadt fehlt, die sich zu einer der schönsten in ganz Nordamerika entwickeln würde", fand *Saturday Night*. „Eine Stadt, die die Lebenssäfte in Wallung bringt... schön, aufregend und lebendig", schrieb Kolumnist Emmett Watson aus Seattle.

Bei aller Liebe darf aber das Klima nicht unerwähnt bleiben. Um es ganz klar zu sagen, es regnet hier ohne Unterlaß – mit Ausnahme von Juli und August. Die Einheimischen sind daran gewöhnt. „Regen als Lebensgefühl" lautete die Überschrift eines vielzitierten Artikels. Manche differenzieren sogar zwischen verschiedenen Arten von Regen. In einem Stadtführer wird der Schauer als ein für Vancouver

---

Vorherige Seiten: Abstraktes Farbenspiel / Brennholz – der Winter kann kommen / Baßtölpelkolonie / Fußgänger – und Rollschuhfahrerinnen – haben Vorfahrt / Blautöne der Nacht / Grün – die vorherrschende Farbe in Vancouver / Ein Hauch von Holland / Zurück an den Empfänger. **Links:** Die faszinierende Stadt zwischen Bergen und Meer an einem klaren Tag.

Einleitung 21

typischer Euphemismus der Meteorologen für alles, vom leichten Platzregen bis hin zu sintflutartigen Wolkenbrüchen, definiert. Eines haben die verschiedenen Erscheinungsformen des Regens gemeinsam: sie dauern lange an, oft mehrere Tage.

Hat man sich einmal an die Schauer gewöhnt, sind sie gar nicht so übel. Auch ein Sturm hat etwas für sich – vorausgesetzt, man ist richtig angezogen: Das Grau-in-Grau wird dann allerorten von farbenfrohen Plastikmänteln, Schirmen und Schals aufgelockert. Die vorherrschende Farbe in dieser reizvollen Stadt ist ohnehin Grün – was nicht zuletzt dem Regen zu verdanken ist.

Ungewöhnliches Interesse zeigten Städteplaner aus den Vereinigten Staaten für Vancouver. So bewunderte kürzlich eine Delegation aus dem nahen Seattle das lebhafte Treiben abends auf der Robson Street. Dies, so wurde den Besuchern erläutert, sei typisch für kanadische Stadtplanung, die den Schwerpunkt auf den Wohnungsbau legt – stadtbildgerecht und architektonisch gefällig, auch im Stadtkern.

Niemand hatte damit gerechnet, daß sich Vancouver so rasant entwickeln würde – am allerwenigsten seine Einwohner. Die Luft vibriert förmlich vom Lärm der regen Bautätigkeit. Selbst Kritiker aus dem Staat Washington, die Vancouver lange für einen wenig salonfähigen Nachbarn hielten, gaben schließlich neidlos zu, daß Vancouver eine gesunde Stadtentwicklung betreibt.

Gesund? Diese Formulierung kann nur von einem Außenstehenden stammen. Die Einheimischen sind da skeptisch. Vancouvers Skyline wird so schnell größer und voller, daß in der Lokalpresse regelmäßig die Frage diskutiert wird, ob die Stadtverwaltung noch auf Wachstum setzen kann, ohne den Charakter der älteren Stadtteile zu gefährden, die architektonisch interessanter und weniger amerikanisiert sind.

Vancouver ist heute nach Montreal und Toronto die drittgrößte Stadt Kanadas, doch klingt ihr Name immer noch nach einem abgelegenen Vorposten im Nirgendwo. „Das Beste an Vancouvers Innenstadt ist, daß man am Ende der Straße einen Hauch von Freiheit spürt", schrieb ein Kolumnist der *Vancouver Sun*. „Ob man an der Kreuzung von Georgia und Burrard oder Georgia und Granville steht, am Ende der Straßenschluchten sieht man blaues Wasser und grüne Berge. Für dieses Stückchen Zuflucht für die Augen würden Toronto, London oder New York bestimmt gern ein paar Wolkenkratzer opfern – eine Labsal für die asphaltumgebenen Büroangestellten, ein Zeichen, daß es neben Computern, Firmenpost und Dieselbussen noch ein anderes, besseres Leben gibt."

„Diese Stadt weiß noch nicht, was sie einmal werden will, wenn sie erwachsen ist", räsoniert schließlich der ortsansässige Sozialkritiker Sean Rossiter. „Stellen Sie sich diesen schönen Ort als natürliches, noch ungeformtes Talent vor."

AM ANFANG WAR DER RUF DER WILDNIS

Die ersten Europäer, die in Kanada landeten, segleten – ebenso wie Kolumbus 300 Jahre zuvor – unter spanischer Flagge, die eine Nordwestpassage nach Indien suchten. Unter dem Kommando des Kapitäns José Maria Narvaez fertigte die Mannschaft der *Santa Saturnina* im Jahre 1791 die ersten Karten dieses Gebietes an. Im Jahr darauf kreuzten zwei weitere spanische Schiffe auf Erkundungsfahrt den Weg der *Discovery* und der *Chatham*, zweier britischer Schiffe unter dem Kommando Captain George Vancouvers. Der 35jährige Vancouver, ein erfahrener Entdecker, der bereits mit Captain Cook im Südpazifik gesegelt war, hatte gerade die Kartierung einer großen Meerenge im Süden beendet. Er taufte sie nach einem seiner Offiziere „Puget Sound".

Aus Furcht vor Untiefen wählte Vancouver für die Erkundung dieses nördlicheren „Gulph" ein Beiboot. Gleich hinter First Narrows begegnete er Einwohnern des Dorfes Whoi-Whoi. „Diese netten Menschen", schrieb er über die Squamish-Indianer, „waren klug genug, Eisen dem Kupfer vorzuziehen, das wir ihnen für ihre Gastfreundschaft anboten… und hegten offenbar den brennenden Wunsch nach Handelsbeziehungen." Vancouver benannte den langen Meeresarm zwischen der heutigen West Side und West Vancouver ebenfalls nach einem seiner Offiziere „Burrard", und segelte weiter die Küste hinauf nach Norden.

Nachdem Vancouver und die Spanier diese Küste kartographisch erfaßt hatten, lebten die Eingeborenen dort noch siebzig Jahre lang so weiter, wie sie es seit Jahrhunderten getan hatten. Sie waren Verwandte der Eskimos, Nachfahren von Mongolenstämmen, die vor dem Pleistozän die Beringstraße überquert und sich nach Süden vorgearbeitet hatten. Ihr Leben bestimmte der Ozean.

Indianische Ahnen: Die etwa 20 000 Indianer, die an den Ufern des Burrard Inlet lebten, ernährten sich von den Lachsen, die darin schwammen. Doch offensichtlich veranstalteten sie in ihren Langhäusern aus Zedernholz auch Muschelessen, denn viele ihrer Dörfer waren wie Whoi-Whoi auf bis zu fünf Metern dicken Moränen aus Weichtierschalen errichtet. Auch die erste Straße um Stanley Park war mit Muschelschalen gepflastert.

Das Wissen über die Squamish, Kwakiutl und andere Stämme dieser Gegend verdanken wir vor allem Franz Boas, der über fünfzig Jahre lang bei ihnen lebte und eine Reihe ethnographischer Studien verfaßte, die bis heute eine wichtige Grundlage der Anthropologie bilden. Die Indianer dieser Region entwickelten typische Kunstformen, darunter die Holzschnitzerei. Die meisten Besucher denken dabei nur an die ins Auge fallenden Totempfähle, doch auch Masken, Kanus und viele Gegenstände des täglichen Bedarfs zeigen den einzigartigen Stil und den ausgeprägten Sinn für Formgebung, der auf dem ganzen Kontinent seinesgleichen sucht.

Viele Kunstwerke fanden bei Zeremonien Verwendung, die eine wichtige Rolle im indianischen Sozialgefüge spielten. Auf der untersten Stufe der gesellschaftlichen Leiter standen Sklaven – Frauen, die man bei Raubzügen im Süden erbeutet hatte, sowie gefangene Krieger, denen die Achillessehne durchtrennt wurde, damit sie nicht fliehen konnten. Ganz oben standen die Reichsten, deren Position durch ein „Potlatch" gefestigt wurde, eine Zeremonie, so einzigartig wie die Kunst dieser Völker. Beim Potlatch wurden die Gäste fürstlich bewirtet mit Schalentieren, Stint, Stör und Räucherlachs, es wurde getanzt, getrommelt und gesungen.

Höhepunkt des Ereignisses waren die Geschenke, die jeder Gast nach seinem Rang erhielt – Kanus, geschnitzte Truhen, Sklaven oder, für weniger bedeutende Gäste, kleine Stoffstreifen zur Erinnerung an das Fest. Bezahlte Zeugen überwachten die Buchführung über alle Gaben, die der Gastgeber zu einem vereinbarten Zeitpunkt mit Zinsen zurückerhielt. Die Wertsteigerung betrug dabei manchmal bis zu 100 Prozent.

Vorherige Seiten: Die *SS Beaver*, der erste Dampfer, der die Westküste zum Pelzhandel anlief.
Links: Detail eines Haida-Totempfahls.

Die Rückzahlung war in jedem Falle sichergestellt. Starb ein Mann, fielen Schulden oder Guthaben an seine Erben. Für ein Potlatch gab es viele Anlässe, die von Eheschließung bis hin zu scheinbar banalen Ereignissen reichten wie wenn einem Baby zum ersten Mal versehentlich die Haare versengt wurden. Feste dieser Art wurden auch veranstaltet, damit ein Mann sein Gesicht wahren konnte – wenn er etwa vor aller Augen ins Wasser gefallen war. Die Indianerkünstler wetteiferten um das schönste Kanu, die buntesten Decken, die schönsten Lieder und Tänze. Schließlich verboten die Briten den Brauch, als die meisten Stämme bereits in Reservaten lebten.

Verlockende Pelze: Die ersten Europäer lockte nicht die Indianerkultur in diese Gegend, sondern der Pelzhandel. Simon Fraser, nach dem der größte Wasserlauf des Gebiets um Vancouver benannt ist, wurde von den Ureinwohnern nicht gerade freundlich empfangen, als er 1808 im Kanu auf der Suche nach neuen Pelzhandelsrouten ankam. Weiter halfen sie ihm trotzdem, da er sich von ihnen den Brauch abguckte, Ballen getrockneten Lachses mitzunehmen, von denen er sich auf der langen Fahrt ernährte. Auch Russen tauchten an der Küste auf, die es auf die begehrten Seeotterfelle abgesehen hatten. Sie machten den Yankee-Skippern aus Boston Konkurrenz, die Rum und Eisen gegen Felle tauschten. Bald wurde der Pelzhandel an der Westküste jedoch von der mächtigen Hudson's Bay Company beherrscht.

Sie gründete 1827 den Vorposten Fort Langley 49 Kilometer landeinwärts am Fraser River. Acht Jahre später nahm sie den ersten Dampfer an der Westküste in Betrieb, die *SS Beaver*, ein rauchspeiendes Schaufelradboot, das, so berichtet eine Chronik aus jener Zeit, ebenso „der Einschüchterung der Eingeborenen" diente, wie der Sicherung der Marktführerstellung im Pelzhandel.

Die amerikanischen Kapitäne mit ihren Viermastern mußten hilflos zusehen, wie die *Beaver* gegen den Wind die Dörfer anlief und ihnen dort die besten Pelze vor der Nase wegschnappte. Die *Beaver* war fünfzig Jahre lang Wahrzeichen der allgegenwärtigen Hudson's Bay Company an der Westküste, bis sie vor Prospect Point im heutigen Stanley Park auf Grund lief.

Die Verwalter der Gesellschaft, die diese Transaktionen von sicheren Forts aus überwachten, erinnerten an pedantische Beamten aus London. Ganz anders die Pelzhändler, die bei den Indianern verkehrten. Diese ersten Europäer waren eine bunte Mischung von harten Männern, Abenteurern und Strolchen. Der mürrische Sir George Simpson, der um 1820 die Nordwestabteilung der Company reorganisierte, bezeichnete sie als „Abschaum der Menschheit". „Sie sind", so erklärte er, „der ungebärdigste und widerspenstigste Menschenschlag dieses und wahrscheinlich jedes anderen Teils der Welt." Das zusammengewürfelte Völkchen von Pelzhändlern entwickelte den Handelsjargon „Chinook" und machte die Einheimischen mit dem Rum bekannt. British Columbia war, so ein Historiker, kaum mehr als eine „wilde Pelzfarm".

Goldfunde am Fraser River lockten um 1858 eine neue Generation von Abenteurern ins Land. In einem Jahr kamen 25 000 Goldgräber, und die Hudson's Bay Company, einzige Autorität in dieser Wildnis, schlug umgehend Profit aus der anfänglichen Unwissenheit der Goldsucher. James Douglas, oberster Verwalter der HBC und gleichzeitig Gouverneur von Vancouver Island, setzte monatliche Grundsteuern fest und verschaffte sich das Monopol für Goldgräberausrüstung. Um diese vielversprechende Einnahmequelle auf dem Festland nicht an die Hudson's Bay Company zu verlieren, schuf das Britische Parlament die Kronkolonie British Columbia. Die Befugnisse Douglas' erweiterten sich auf ein riesiges Gebiet, das von der Küste bis zu den Gipfeln der Rocky Mountains reichte.

„Er machte Habgier zu einer Kunstform", sagte ein Historiker über Douglas, Sproß der illegitimen Verbindung eines Kaufmanns aus Glasgow und einer freigelassenen Schwarzen von Barbados. In Schottland aufgewachsen, stieg Douglas im Alter von 17 Jahren als Lehrling ins Pelzgeschäft ein und machte in der Hudson's Bay Company schnell Karriere. Er heiratete ein „Mischblut", wie es damals hieß, und kam mit den kulturellen Eigenheiten der Indianer gut zurecht. Die Weißen in British Columbia waren von seinen Regierungsqualitäten weniger angetan. „Mit den Indianern weiß der Gouverneur klug umzugehen", bemerkte ein Offizier der Royal Navy, „doch die weiße Gesellschaft scheint er überhaupt nicht zu regieren."

Zur Entwicklung der Kolonie trugen 25 Pioniere unter Colonel Richard Moody bei, die 1858 aus England nach British Columbia kamen und das heutige Greater Vancouver vermaßen. Moody legte New Westminster am Nordufer des Fraser River an – zum Schutz gegen eine amerikanische Invasion. Er benannte Lulu Island nach dem hübschen Mitglied eines Tanzensembles, das zur Truppenbetreuung engagiert worden war, und beauftragte eine Privatfirma mit dem Bau einer Straße nach Norden bis zum Ufer des Burrard Inlet – in weiser Voraussicht, wie sich zwei Winter später zeigte, als der Fraser zufror und über diese „Nordstraße" Nachschub vom eis-

Links: Europäer feilschen mit Indianern um Felle im Tausch gegen Gewehre. **Oben:** Goldgräber im Cariboo-Goldrausch von 1858.

freien Burrard Inlet herbeigeschafft werden mußte.

Ruf des Cariboo: In jenem Jahr kam die Kunde von großen Goldvorkommen im Cariboo Country im Inneren von British Columbia. Als J. C. Bryant aus einer einzigen Pfanne acht Pfund Gold herauswusch, verließen die Goldgräber die erschöpften Goldlager am Fraser River und zogen nach Norden – mit ihnen eine neue Welle skrupelloser Glücksritter aus allen Winkeln der Erde. Die Kunde erreichte auch Kalifornien, gerade zur rechten Zeit für die abgehalfterten Goldsucher, die „49ers". „Hunderte, die nicht auf den Dampfer warten

Geschichte: Anfänge 29

wollten, schwangen sich aufs Pferd", schrieb der Historiker H.H. Bancroft. „Im Mai, Juni und Juli verließen 23 000 Menschen San Francisco auf dem Seeweg und etwa 8000 über Land".

Nur wenige machten ihr Glück. Ein Engländer namens John Morton entdeckte statt Gold in einem Fenster in New Westminster einen Brocken Kohle. Der ehemalige Töpfer aus Yorkshire wußte, daß Kohle und Ton oft nebeneinander vorkommen. Mit einem Squamish-Führer fuhr er im Sommer 1862 im Kanu zum heutigen Stanley Park und Coal Harbour. Er fand Kohle – doch sie lag in Sandstein statt in Ton. Damit war der Traum von einer Töpferei ausgeträumt, doch auf der Kanufahrt hatte er sich in diesen abgelegenen Teil British Columbias verliebt. Mit zwei anderen englischen Goldsuchern, Sam Brighouse und William Hailstone, siedelte er sich an eben der Stelle an, wo später Vancouver entstehen sollte.

Unter dem Spott der Goldschürfer wählten die „drei Greenhorns" die Parzelle 185 – etwa 225 Hektar –, rodeten ein kleines Stück davon und bauten im Winter 1863 eine Hütte auf einer Klippe über dem Meeresarm, westlich des heutigen Marine Building. Zuerst bauten sie einen Pfad zum False Creek, eine Anbindung an die Militärstraße nach New Westminster. Dazu mußten sie sich durch eineinhalb Kilometer winterlichen, bedrohlichen Regenwald kämpfen. Dann bauten die drei Pioniere eine Ziegelmauer und pflanzten Gemüse. Als wahre Goldgrube entpuppte sich jedoch ihr Mühlstein: „So etwas hatten die Indianer noch nie gesehen", schrieb ein Historiker, der 1911 mit Morton sprach, „und als sie gelernt hatten, damit umzugehen, waren sie überglücklich. Als Gegenleistung versorgten sie die Hütte mit Fisch und *Mowich*-Hirsch, Elch oder anderem eßbarem Wild."

Als die Canadian Pacific Railway 1884 mit der Kolonie über die Lage der Endstation der

Eisenbahntrasse verhandelte, erklärten sich die drei Greenhorns bereit, ein Stück Land dafür abzutreten. Den größeren Teil behielten sie in Erwartung eines Booms und nannten das westliche Ende der Bahn „Liverpool City". Für zwei von ihnen zahlte sich diese Voraussicht später aus, doch John Morton war im Alter nur noch ein Haus in der Denman Street geblieben. Die Launen des Schicksals hatten seiner Lebensfreude und seinem Humor keinen Abbruch getan. „Jaja, mein Junge, ich hatte eine Menge Land", erzählte der alte Pionier. „Aber dann fiel ich vierzig Räubern in die Hände …"

Die Geburt von Gastown: Auch John „Gassy Jack" Deighton, der am 29. September 1867 mit seiner indianischen Frau, Schwiegermutter, einem gelben Hund, zwei Stühlen, zwei Hühnern, einem Fäßchen Whisky und sechs Dollar in der Tasche am Burrard Inlet ankam, hatte es in der Folge des Cariboo-Goldrausches hierher verschlagen. Deighton war der personifizierte Unternehmergeist jener Tage. Gassy Jack, so genannt wegen seiner endlosen Monologe (*gassy* – geschwätzig), fand heraus, daß der nächste Saloon einen halben Tagesmarsch entfernt in New Westminster lag und hatte kaum 24 Stunden nach seiner Ankunft eine Kneipe aufgemacht.

Um diese Zeit säumten Tannen und Zedern die Ufer. Die Indianer nannten den Ort *Luck-Lucky*, Hain der schönen Bäume, und es gab hier neben einer Handelsstation, nur noch das Sägewerk Captain Edward Stamp's Hastings Mill, das im gleichen Jahr eröffnet worden war. Ein guter Holzfäller konnte hier 1000 Dollar im Monat verdienen.

Am gegenüberliegenden Ufer des Inlet lag Sewell P. Moody's Pioneer Mill, die 1865 am Nordufer erbaut worden war und bald Moodyville heißen sollte. Nur neun Gebäude standen 1870 halbmondförmig angeordnet am Ufer, als die Royal Engineers die Stadt Granville vermaßen, doch die nahe Sägemühle brachte viel Kundschaft, da ihr Besitzer auf seinem Gelände keinen Alkohol duldete.

Bald folgte das Deighton House Hotel. Das Geschäft blühte. Der redselige Mann aus Yorkshire hatte seinen Ausschank nahe genug an der Mühle, daß die Arbeiter schnell dort waren, doch zu weit, als daß die Holzfirma ihm hätte hineinreden können.

Der Saloon lag im Herzen von „Gastown", wo sich heute Water und Carrall Street kreu-

Links: Der Stadtrat tagte im Zelt, nachdem Vancouver 1886 abgebrannt war. **Oben:** Der erste transkontinentale Zug, 24. Mai 1887.

zen. Seinem Bruder Tom schrieb Jack nach England: „Ich sage dir, es war einsam hier, als ich kam. Rundum Indianer. Nachts wagte ich mich nicht vor die Tür. Ein Freund von mir wurde etwa eine Meile von hier mit gespaltenem Schädel aufgefunden." Gassy Jack aber überlebte, und aus Gastown wurde Granville. Bei der ersten Volkszählung im zukünftigen Vancouver elf Jahre später wurden 44 Holzfäller, 31 Sägewerksarbeiter, vier Metzger, zwei Schuster, zwei Geistliche, ein Lehrer, ein Weinhändler und ein Polizist registriert.

Die transkontinentale Eisenbahn: Zwei dünne Stahlschienen – die Canadian Pacific-Rail-

Geschichte: Anfänge

way – bestimmten das Schicksal von Gassy Jacks Granville. Der Anschluß von British Columbia an die kanadische Konföderation im Jahre 1871 war an die Fertigstellung dieser Lebensader geknüpft. Sechs Jahre danach gab Premierminister Mackenzie Baupläne für den letzten Streckenabschnitt im Fraser River Valley bekannt. Noch nicht fest stand jedoch, welcher Ort Zielbahnhof werden würde – und damit eine goldene Zukunft vor sich hatte.

So mancher spekulierte auf Port Moody an der Spitze des Burrard Inlet, doch William van Horne, Geschäftsführer der CPR, favorisierte die tieferen Gewässer um Granville. Als er von der Regierung das dortige Küstenland als

Baugrund zugewiesen bekam, entschied van Horne, daß Granville durchaus kein passender Name für eine kommende Metropole Kanadas sei. „Dies wird eine der großen Städte Kanadas", so soll er vor einem Vermesser der CPR geäußert haben. „Sie muß einen Namen tragen, der auf allen Karten zu finden sein wird. Wenn es nach mir geht, wird sie Vancouver heißen."

Königlicher Konsens: Van Horne, einer der mächtigsten Männer im Lande, bekam seinen Willen. Als die Königin am 6. April 1886 die Stadt Vancouver anerkannte, begann der Run auf das Land. In einem Monat schossen 500 Gebäude aus dem Boden, und die ersten Wahlen fanden statt. (Kein Wahlrecht hatten damals Indianer, Asiaten, Verrückte und Frauen.) Der erste Stadtratsbeschluß bezog sich auf die Erhaltung des großen Militärgebiets westlich der Stadt. So entstand Stanley Park.

Mit großen Sägen, für deren Bedienung zwei Mann erforderlich waren, wurden die unberührten Tannenwälder abgeholzt – manche Bäume hatten bis zu zweieinhalb Meter Durchmesser. Ochsengespanne zogen die Stümpfe heraus, Straßen wurden angelegt, das Unterholz abgebrannt. Eines dieser Feuer geriet am 13. Juni 1886 außer Kontrolle und vernichtete in kaum einer Stunde 20 Menschen und alle Häuser der Stadt. Doch die Energie ihrer Bürger war ungebrochen. Bereits am folgenden Tag traf sich der Stadtrat in einem schnell errichteten Zelt, und die Hotels verkauften wieder Schnaps, noch ehe ihre Dächer gedeckt waren.

Zum Ende des Jahres war die neue Stadt wiederaufgebaut, mit 23 Hotels, neun Saloons, einer Kirche und über 8000 Pionieren, für die Vancouver zur Heimat geworden war. Als am 23. Mai 1887, dem Geburtstag und Krönungsjubiläum von Königin Viktoria, der erste Zug im neuen Bahnhof einlief, war Vancouvers glänzende Zukunft als Kanadas Handelsknotenpunkt an der Westküste besiegelt.

Zum wichtigsten Wirtschaftsfaktor der Stadt entwickelte sich die Holzindustrie. Seit der Gründung von New Westminster im Süden stand fest, das die immergrünen Wälder der Halbinsel Holz für die ganze Welt liefern konnten. Die erste Sägemühle im heutigen Norden Vancouvers wurde 1862 gegründet und lieferte Holz bis nach Australien.

Um 1880 exportierte die Hastings Mill auf Vancouvers Seite des Burrard Inlets Millionen von „Vancouver Zahnstochern" (glatten Stämmen von einem Meter Durchmesser und 18 Metern Länge) in die ganze Welt. Kirchen und andere Bauten auf der ganzen Welt bezogen Dachbalken aus der Gegend um Vancouver. Die Sparren und Masten vieler Klipper hatten Sägemühlenarbeiter aus Vancouver hergestellt, die damals für einen zehnstündigen Arbeitstag ganze 1,25 Dollar erhielten.

Links: Vancouver im Tanzfieber. **Rechts:** Recht und Ordnung in einer Grenzstadt.

DAS TOR ZUR WELT

1887, ein Jahr nach der großen Feuersbrunst, legte die *Abyssinia* als erstes Schiff in Vancouvers neuem Hafen an. Sie war ein von der CPR gechartertes Passagierschiff, kam aus Yokohama und beförderte neben 22 Passagieren Erster Klasse Post, Tee und Seide und im Zwischendeck 80 Chinesen.

In Vancouver waren die Waren aus Asien bei weitem willkommener als die Menschen. Zehntausende von Chinesen, meist arme Junggesellen aus Hongkong, waren bereits in British Columbia, wo sie für einen Dollar pro Tag im Bahnbau arbeiteten. Nach Abschluß der Arbeiten wetteiferten die „Celestials" (Himmlischen) mit den europäischen Einwanderern bei den Sägewerken, Konservenfabriken und Minen der Provinz um Jobs – und sie arbeiteten für weniger Geld.

Goldener Berg: In China war der „Goldene Berg" weithin bekannt – wie Vancouver von manchen genannt wurde. Wenn einer ohne Anhang dorthin ging, Baumstümpfe rodete, Tag und Nacht in den Minen schuftete, Holz fällte, außerdem im Eisenbahnbau arbeitete – wenn einer all das klaglos durchhielt, so lebte er besser, als es in der Heimat je möglich gewesen wäre.

„Mein Vater hat jahrelang hier gearbeitet. Als ich vier war, kehrte er nach China zurück und kaufte Land in Kanton", erinnert sich Sing Fung, Ladenbesitzer in der Pender Street. „Doch als die Kommunisten kamen, hat er alles verloren. Als ich alt genug war, ging ich zurück nach Kanada. Ich arbeitete hart – zehn Tage die Woche. Nicht acht Stunden am Tag, sondern sechzehn, an sieben Tagen – das macht vielleicht sogar mehr als zehn Tage. Wer nicht so hart arbeitet, kommt zu nichts. Doch wer in Kanada zu etwas kommt, der kann es wenigstens behalten."

Es war 1887 bereits zu Übergriffen auf Chinesen gekommen: Marodierende Siedler überfielen Chinesenlager bei False Creek und Coal Harbour. Die Chinesen wurden mit den Zöpfen aneinandergebunden und in aller Öffentlichkeit verprügelt. Ihre Hütten und Zelte wurden angezündet. Im September desselben Jahres demonstrierte die *Asiatic Exclusion League* gegen die Ankunft der *SS Monteagle*: „900 Hindus, 1100 Chinamänner und ein paar Japse" lautete ein unfreundliches Willkommensschild am Pier. Innerhalb eines Monats wurde von Geschäftsleuten ein Boykott gegen alle Unternehmen organisiert, die mit Chinesen handelten. Vor Läden, wo weiterhin die „asiatischen Horden" verkehrten, wurde zur Abschreckung ein schwarzes Kreuz aufs Pflaster gemalt.

Die Ressentiments gegen Chinesen faßten Fuß in der jungen Provinz und ihrer Metropole. Von 1878 bis 1913 ergingen in British Columbia über zwei Dutzend chinesenfeindliche Bestimmungen und noch 1907 jubelten 30 000 Menschen den Rednern auf einer Veranstaltung der *Asiatic Exclusion League* in der Cambie Street zu.

Dennoch etablierte sich Vancouvers Chinatown. Sun-Yat-Sen fand Zuflucht in der chinesischen Freimaurerloge in One West Pender, bevor er 1911 heimkehrte, um das moderne China zu gründen. In vielen Häusern gab es geheime Spielzimmer, wo „Chuck-a-luck" gespielt und die Polizei an der Nase herumgeführt wurde. Überall entstanden Opiumhöhlen, und die Droge war bald so allgegenwärtig, daß die Besucher der ersten, primitiven Oper in Dupont Street sich davon belästigt fühlten.

„Wäre nicht der gräßliche Gestank des Opiums, der überall die Luft verpestet", räsonierte ein Zeitungsreporter 1886, „so beleidigte kaum etwas in dieser herrlichen Luft den Geruchssinn." Zwei Jahre darauf beschloß der Stadtrat ein Gesetz, das vorsah, daß alle Personen, die Opium herstellten oder verkauften, mit 500 Dollar Strafe im Jahr belegt werden sollten. Ziel war weniger eine Eindämmung des überaus profitablen Geschäfts, als vielmehr die Verlagerung der Gewinne von chinesischen Händlern zu den weißen Drogisten, die von der Bestimmung ausgenommen waren.

Vorherige Seiten: Haida-Indiander um 1910.
Links: Die Canadian Pacific Railway verband Vancouver mit dem übrigen Kanada.

Das heute so friedliche und einladende Vancouver war in diesen Tagen eine rauhe Holzfällerstadt. Die Menschen arbeiteten hart und randalierten gern. Eine staatenübergreifende Studie von 1895 wies für Vancouver den höchsten Pro-Kopf-Verbrauch von Alkohol in Kanada aus – was die Einheimischen gern auf die Indianer schoben. Der Yukon-Goldrausch brachte eine neue Goldgräberwelle, die nicht gerade dazu beitrug, das Klima in der Stadt zu beruhigen. Viele Läden machten ein Vermögen mit dem Verkauf der vorgeschriebenen Vorräte im Wert von 1000 Dollar an Neuankömmlinge, ohne die diese nicht in die vereisten Goldfelder ziehen durften. Viele der florierenden Unternehmen des modernen Vancouver haben ihren Ursprung in jener Zeit.

So mancher kam auf der Suche nach Gold und entdeckte stattdessen eine Marktlücke. Auch der Franzose Desire Brothier aus Lyon wollte an sich zum Yukon. Angesichts des demographischen Ungleichgewichts, das in der hauptsächlich von Männern bevölkerten Stadt herrschte, kehrte er unverzüglich um und kam ein Jahr darauf mit einer Schiffsladung junger Verkäuferinnen wieder. Er hatte ihnen gute Verdienste als Hauspersonal zugesichert. Als sie sahen, in was für „Häusern" sie arbeiten sollten, wagten sie nicht zu protestieren – sie waren illegal im Land und sprachen kein Wort Englisch. Brothier war nicht der einzige, der im frauenarmen Vancouver mit Prostitution ein Vermögen machte. „Angeblich existiert sie nicht", stellte der Polizeichef von Toronto 1903 bei einem Besuch fest, „doch in Wirklichkeit hat dieses soziale Übel hat die ganze Stadt zersetzt."

1902 lebten in Vancouver 30 000 Menschen. Zwar hatte die Eisenbahn aus Gassy Jacks Granville erst eine Stadt gemacht, doch deren Beziehung zur Canadian Pacific Railway war recht gespannt. Die Bahnangestellten hatten ihre noblen Anwesen im Westteil der Stadt und gaben dem rauhen Ambiente eine zivilisierte Note. In der Stadt waren sie unbeliebt als Vertreter der mächtigen Gesellschaft, der die Hälfte allen Baulandes der Gegend gehörte. „Mit der Zeit", so der Schriftsteller Eric Nichol, „glich die gute Fee (CPR) immer weniger einer Wohltäterin, sondern immer mehr einer bösen Hexe aus dem Osten."

Der berüchtigte amerikanische Bandit Bill Miner (über den der Film *The Grey Fox* gedreht wurde) wurde 1904 nach dem ersten Eisenbahnraub in Kanadas Geschichte bei Kamloops gefaßt und im darauffolgenden Prozeß freigesprochen. „Bill Miner ist gar nicht so übel", so hieß es im Scherz, „Er beraubt die CPR nur einmal alle zwei Jahre, die CPR uns dagegen jeden Tag." Miner wurde schließlich in New Westminster doch zu 25 Jahren Haft verurteilt, floh aber 1907 67jährig aus dem kanadischen Gefängnis.

Nach der Jahrhundertwende revolutionierte das Auto die Welt – auch in Kanada. Vancouvers erste Tankstelle an der Ecke Smith und Cambie gab Benzin ab, das seit Juni 1908 in Fässern aus dem Osten kam (wobei viel auf dem Weg verdunstete). Nicht lange danach funktionierte ein Mr. Annard seinen Fahrradladen an der Ecke Hastings und Columbia Street zur ersten Autowerkstatt der Stadt um.

als 52 Stunden mit durchschnittlich knapp 60 Stundenkilometern. Bald forderten die Autofahrer eine Schnellstraße quer durchs Land, doch erst 1964 wurde das letzte Teilstück des Trans-Canada Highway fertiggestellt – die Port Mann Bridge über den Fraser River.

Kriegsbegeisterung: Am 4. August 1914 erklärte England Deutschland den Krieg und die Stadtväter Vancouvers brüsteten sich, mehr Soldaten in Frankreich stehen zu haben als jede vergleichbare Stadt Kanadas oder der Vereinigten Staaten. Eines ihrer Regimenter, das 72nd Canadian Infantry Battalion, Seaforth Highlanders, zeichnete sich besonders aus. Weit entfernt vom Schlachtfeld profitier-

Pferdegezogene Tankwagen brachten das Benzin, daß für knapp 5 Cent pro Liter steuerfrei verkauft wurde, zu den Tankstellen. Zwölf Jahre später fuhren schon 28 000 angemeldete Automobile auf den Highways.

Noch im gleichen Jahrzehnt kamen bei den Autofahrern Härtetests in Mode. William Ball stellte 1928 einen Rekord auf, als er von Vancouver nach Yreka, Kalifornien, und zurück fuhr, rund 3000 Kilometer in etwas mehr

Links: Die zweite der insgesamt vier Capilano-Hängebrücken, um 1910. Oben: Vancouvers Innenstadt um 1930.

te Vancouver vom Krieg. Das städtische Rote Kreuz ließ Bandagen rollen, der Frauenrat sammelte Geld für ein Hospitalschiff, und die Holzproduzenten registrierten erfreut einen kriegsbedingten Nachfrageanstieg, vor allem nach Sitka-Fichte. Frauen stiegen in die Arbeitswelt ein und brachten bald Themen wie Wahlrecht und Frauenrecht aufs Tapet.

Die Eröffnung des Panamakanals im August 1914 tat das Ihre für die Zukunft des jungen Hafens. Nun konnte man von Vancouver Weizen und Holz nach England und Europa sowie in den Fernen Osten verschiffen. Für einen Frachter war die Entfernung nach Liver-

Geschichte: 1880 bis zur Gegenwart

pool nun um 5600 Seemeilen geringer als vorher, und damit war Vancouver von England nicht weiter entfernt als Asien. So begann die Karriere der Stadt als Welthafen für Lieferungen über die Anrainerstaaten des Pazifiks hinaus. Inzwischen hatte Vancouver auch das kulturelle Rüstzeug einer Metropole von internationalem Rang. Als die Stadt 1915 die nationalen Hockeymeisterschaften, den Stanley Cup, gewann, wunderte sich niemand über den Namen der Siegermannschaft – Vancouver Millionaires.

Mit dem Ende des Ersten Weltkriegs 1918 schien Vancouver den Kinderschuhen zu entwachsen. Filme, Radios und Autos vermehrten sich sprunghaft. „Die in Vancouver verbreitete Sitte des Schäkerns im Auto muß aufhören", schrieb 1920 die empörte Reporterin eines Lokalblatts. „Inspector Hood warnt vor den gefährlichen Folgen dieser Praxis."

Die heimkehrenden Soldaten wurden zunächst als Helden gefeiert, doch sahen sie sich bald mit wachsender Arbeitslosigkeit konfrontiert. Die Kriegsindustrie, wie etwa der Schiffsbau, war von der weltweiten Nachkriegsdepression besonders betroffen. Doch der eisfreie Hochseehafen der Stadt entwickelte sich zum Umschlagplatz für Weizen sowie für geschmuggelten Rum, nachdem in Kanada die Prohibition im Gegensatz zu den USA nach vier Jahren wieder abgeschafft worden war. So manches Schmugglerschiff fuhr bei Nacht und Nebel die 80 Kilometer über die Staatsgrenze zu den amerikanischen San-Juan-Inseln, wo der Schnaps an einsamen Stränden abgeladen wurde.

Boom und Depression: Im Juli 1923 besuchte Warren G. Harding Vancouver. Es war der erste Freundschaftsbesuch eines US-Präsidenten in Kanada und gleichzeitig Hardings letzter öffentlicher Auftritt: Eine Woche nach seiner Rede in Vancouver starb er an Fieber. Gegen Ende der zwanziger Jahre erfuhr Vancouver einen Boom. Durch den Zusammenschluß mit South Vancouver und Point Grey hatte es 79 000 Einwohner und viel Land hinzugewonnen. In Vancouver gab es weder Prachtbauten noch Slums wie in Montreal oder Toronto. Aus der hoffnungsvollen Vorkriegsstadt war in zehn Jahren eine moderne Metropole geworden, allerdings zu einem hohen Preis.

Ein zeitgenössischer Historiker schrieb, „In der Innenstadt Vancouvers war die Luft schwer von Ruß und Schmutz; Schiffe und Züge, Sägewerke und Mühlen, Brauereien und Lebensmittelwerke, Schuh- und Kleiderfabriken spuckten dicke Rauchwolken aus.

Die Stadt stöhnte unter der Last der Industrie." Und bald stöhnte Vancouver auch unter der Depression. Nach dem großen Börsenkrach im Oktober 1929 verebbte die Bautätigkeit, das Holzgeschäft flaute ab, Sägemühlen wurden geschlossen und der Weizenexport ging zurück. Im Dezember standen Hungrige vor der Fürsorgestelle nach Brot an.

Arbeitslose strömten aus geschlossenen Minen, Holzfällercamps und Fischfabriken in die Stadt. Im Winter 1932/33 lebten fast 40 000 Männer, Frauen und Kinder – 15 Prozent der Bevölkerung – in irgendeiner Form von der Fürsorge. Um die Schließung der Schulen zu verhindern, erklärten sich die Lehrer bereit, im Dezember 1933 ohne Bezahlung zu arbeiten.

Im April 1935 forderten 2000 Arbeitslose in Vancouver „Arbeit und Lohn". Sie besetzten den Hudson's Bay Store, wehrten die Polizei ab und marschierten zu einer Kundgebung auf den Victory Square. Bürgermeister McGeer versuchte, die Menge durch Beschwichtigungen zu zerstreuen, doch mit einem Sympathiestreik forderten auch die Arbeiter und eine Solidaritätsversammlung von 15 000 Mann die Abschaffung der „Sklavenlager", wie die Arbeitercamps im Volksmund hießen. Da es keine Arbeitslosenversicherung gab, wurde die Lage noch schlimmer. 1938 besetzten 1500 Mann eine Kunstgalerie, das Hotel Georgia und die Hauptpost in Hastings und Granville und forderten ein Programm zur Schaffung von Arbeitsplätzen. Die Belagerung dauerte einen Monat, bis durch den „Blutigen Sonntag" beendet wurde.

„Auf der Flucht vor Tränengasgranaten und den Schlagstöcken der städtischen Polizei", so schrieb ein Reporter des *Vancouver News-Herald*, „[plünderte] eine Schar schreiender, blutbefleckter Männer... Geschäfte, und über eine Stunde lang herrschte Terror in der Stadt." Ein solches Ausmaß von öffentlicher Gewalt ist für Kanadier außerhalb eines Hockeyfeldes völlig unvorstellbar.

Wie überall in Nordamerikas war der Ausbruch des Zweiten Weltkriegs im September 1939 kaum zu spüren. Kanonen wurden vorsichtshalber entlang der Küste stationiert und das alte Hotel Vancouver wurde Rekrutierungsbüro und später Hauptquartier der pazifischen Streitkräfte. Mit dem Angriff der Japaner auf Pearl Harbour im Dezember 1941 war der Krieg plötzlich greifbar nah. Nachts

Links: Die Weltwirtschaftskrise trifft Vancouver (1934 bis 1939). Oben: Auch japanische Kinder wurden im Zweiten Weltkrieg interniert.

Geschichte: 1880 bis zur Gegenwart 41

wurde Verdunkelung angeordnet und Tausende japanischer Bürger jeden Alters kamen in Internierungslager.

Die Behandlung der Japaner war ein weiteres trauriges Kapitel des Rassenkonfliktes in Vancouver. Mitte der dreißiger Jahre lebten in British Columbia immerhin 30 000 Japaner, etwa ein Viertel davon in Vancouver, und dort vor allem in Japantown (die Powell Street von Gore bis Heatley). Die meisten waren *Nissei* (in Kanada geboren), und trotz einer Vereinbarung zwischen Kanada und dem Mikado von 1908, die Zahl der japanischen Einwanderer auf 150 pro Jahr zu beschränken, waren viele schwarz ins Land gekommen.

Die Waren japanischer Geschäfte wurden beschlagnahmt und zu Geld gemacht. Alle Japaner, die Fahrzeuge, Kameras oder Radios besaßen, mußten diese im Hastings Park abgeben. Die Zeitungen boten die japanischen Besitztümer günstig an. Nur wenig wurde den rechtmäßigen Eigentümern später zurückgegeben. Innerhalb von drei Monaten war Japantown praktisch vom Erdboden getilgt.

Nachkriegsboom: Die Nöte der Kriegszeit verblaßten bald angesichts des Aufschwungs, der nun folgte. 1941 lebten in Vancouver 275 000 Menschen. Zehn Jahre später hatte die Stadt allein 345 000 Einwohner und Greater Vancouver über 500 000, darunter viele

Hunderte von Japanern kämpften im Krieg heldenhaft auf kanadischer Seite, doch das änderte nichts an der Haltung der weißen Mehrheit, die ein Artikel der *Vancouver Province* vom 7. April 1937 widerspiegelt: „Der alte Einwanderer aus Asien wurde abgelehnt, weil er den niedrigen Lebensstandard ... Asiens nach Kanada brachte und weil er für wenig Geld arbeitete und so das Lohnniveau der weißen Arbeiter untergrub."

Nach Pearl Harbour war das Schicksal der Japaner besiegelt: Im Januar 1942 wurden alle männlichen Japaner zwischen 18 und 45 Jahren von der Küste deportiert und interniert.

Einwanderer aus dem kriegsgebeutelten Europa und hier stationierte kanadische Soldaten. 1954 machte Vancouver Schlagzeilen als Austragungsort der British Empire Games. Zum ersten Mal wurde in einem unvergeßlichen Rennen über eine Meile von Roger Bannister der Vier-Minuten-Rekord gebrochen.

Ähnlich rasant entwickelte sich in den fünfziger Jahren die Konjunktur, die vor allem der Hafen ankurbelte. In den sechziger Jahren wurden die First Narrows auf 15 Meter Tiefe ausgebaggert, um sie für die großen Frachter schiffbar zu machen, 1970 wurde ein Damm eingeweiht, der es ermöglichen sollten, Kohle (vom Crowsnest Pass) nach Japan zu verschiffen. John Mortons Kohlebrocken von 1862 hatte Früchte getragen.

Die inzwischen etablierte Mittelstandsstadt begann sich nun ihrer legendären Gründerzeit zu erinnern. 1970 wurde Gassy Jack Deighton am Maple Tree Square ein Denkmal errichtet, und 1972 enthüllte Bürgermeister Muni Evers einen Gedenkstein für das Grab ohne Namen, wo die sterblichen Überreste Gassys seit 97 Jahren ruhten.

Greenpeace: Angesichts der herrlichen Umgebung Vancouvers ist es kein Zufall, daß eine der größten Umweltschutzorganisationen der Welt hier ins Leben gerufen wurde. Als zwölf Aktivisten der Gruppe „Don't Make a Wave Committee" aus Vancouver 1971 mit kleinen Booten aus der Strait of Georgia in das Atomtestgebiet der USA vor Amchitka, Alaska, segelten, wurde Greenpeace geboren. Heute gibt es Greenpeace-Niederlassungen in allen Teilen der Welt, und der Zentralsitz der Organisation ist in Amsterdam, doch Vancouver wird stets als Heimat furchtloser Umweltschützer im Gedächtnis bleiben, die ihr Leben aufs Spiel setzen, um auf Umweltzerstörungen rund um den Erdball hinzuweisen.

Die Expo 86 schließlich war eine internationale Feier der Schönheit Vancouvers. Jetzt war die drittgrößte und schönste Stadt Kanadas endgültig erwachsen geworden. In einer Welt, die begann, ein Umweltbewußtsein zu entwickeln, wurde Vancouver mit seiner landschaftlichen Schönheit zu einer Art Wahrzeichen. Hollywoods Filmproduzenten, die an Kanada die niedrigen Produktionskosten und die geographische Nähe schätzten, machten die Stadt zu einem beliebten Drehort.

Der jüngste Einwandererstrom – Ironie des Schicksals – kommt aus Hongkong, wo Vancouver angesichts der ungewissen Folgen der 1997 erfolgten Übernahme der britischen Kolonie durch die Volksrepublik China als sicherer Zufluchtsort galt. In Vancouver betrachtet man es als Kompliment, daß sich diese häufig schwerreichen Immigranten hier eine Zukunft in demokratischer Freiheit und Wohlstand versprechen.

Das heutige Vancouver hat nicht mehr viel gemein mit der rauhen Grenzstadt aus Holzfäller- und Goldrauschzeiten. Die Stadt hat Lebensart und Selbstbewußtsein entwickelt, die sie mit ihrer herrlichen Lage zu einem blühenden Gemeinwesen machen.

Links: Postkarten aus den reichen fünfziger Jahren. **Oben:** *Greenpeace* machte schon 1971 Schlagzeilen, hier in Alaska.

Geschichte: 1880 bis zur Gegenwart 43

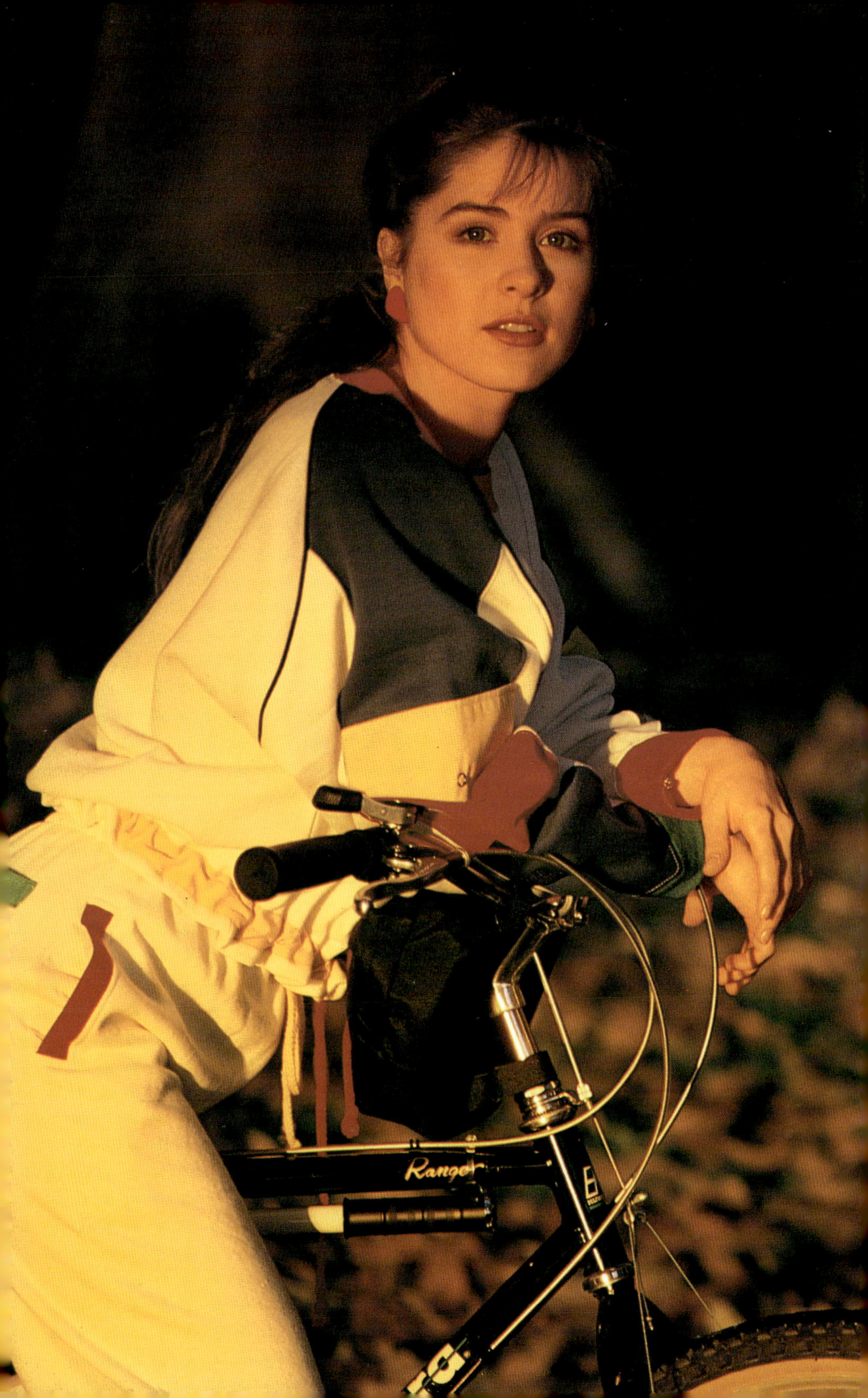

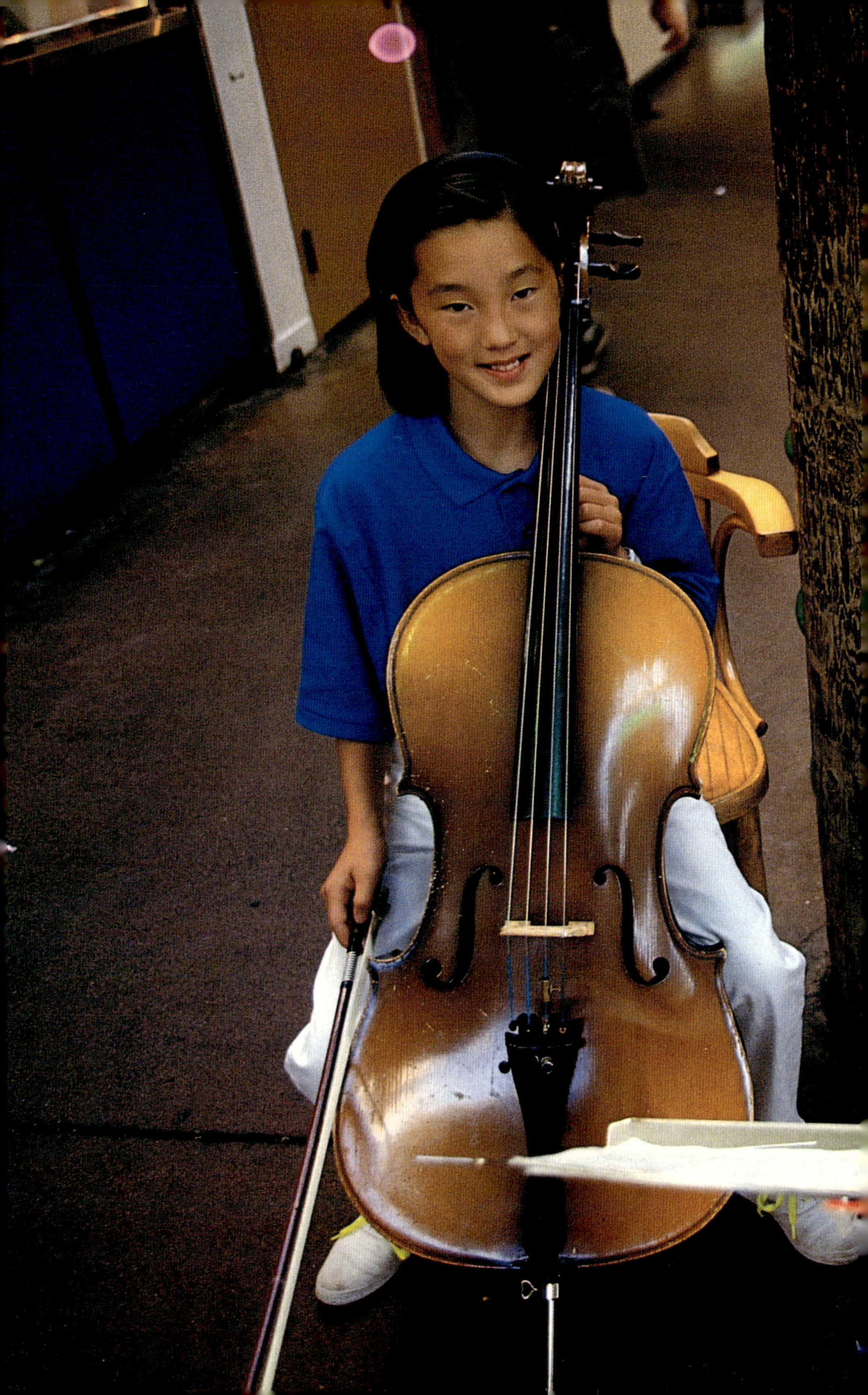

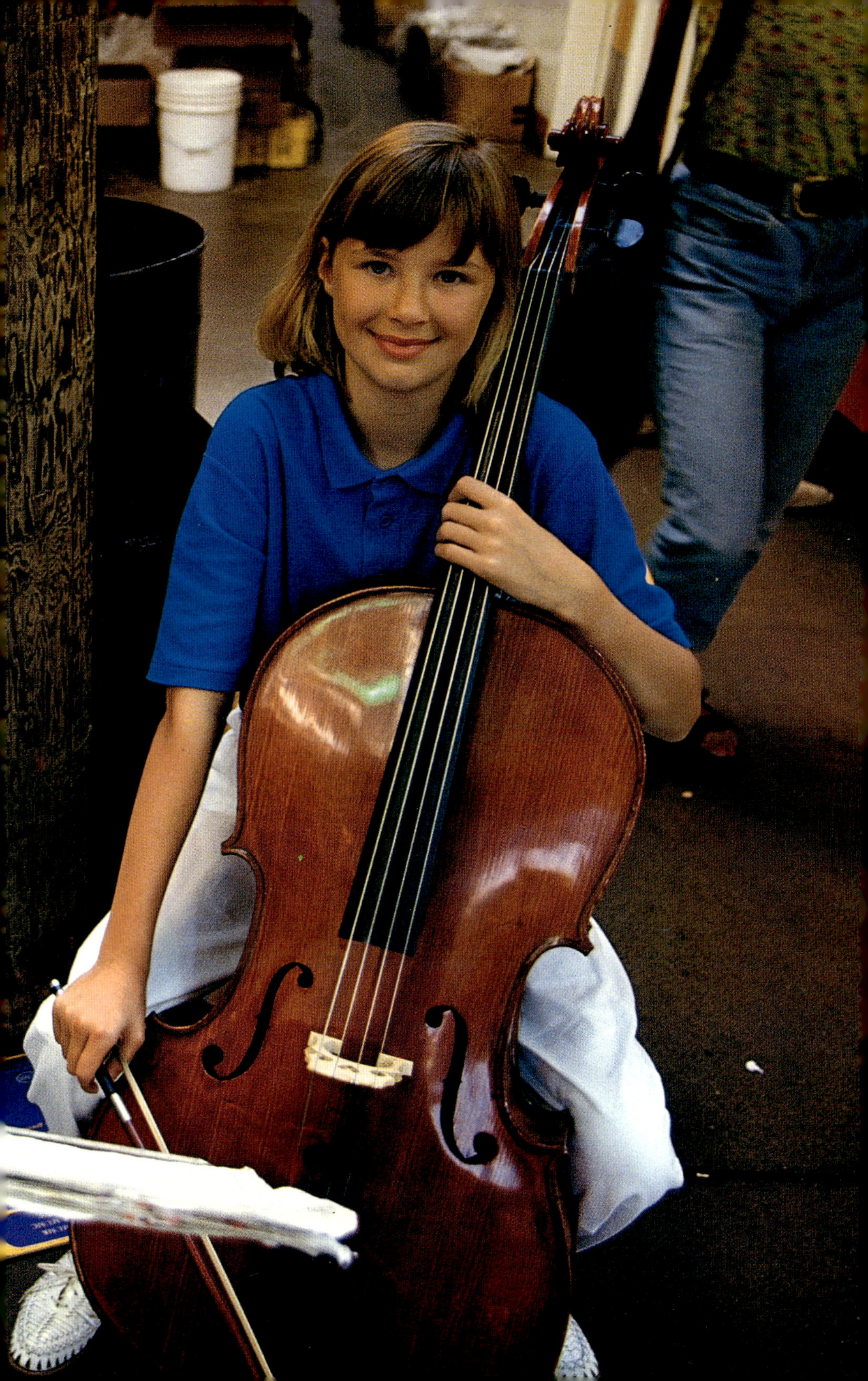

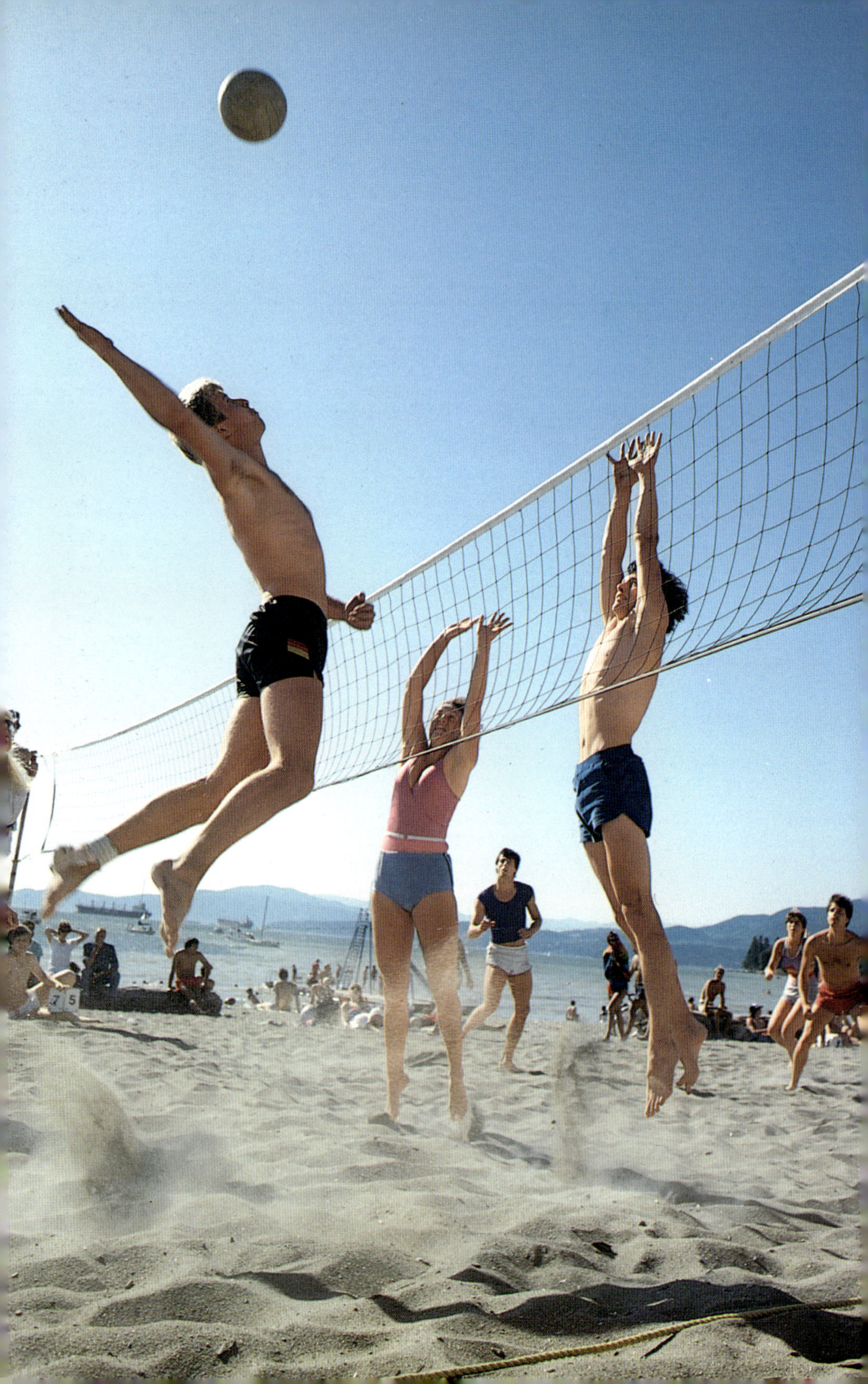

DAS SELBSTBEWUSSTSEIN EINER JUNGEN METROPOLE

Vancouver ist eine junge Stadt und in vieler Hinsicht ein Waisenkind. Vom Rest des Landes durch das Küstengebirge abgetrennt und mit einem ganz unkanadischen Klima gesegnet, war die Hafenstadt in ihrer hundertjährigen Geschichte lange Zeit auf sich selbst gestellt. Durch die Abgeschiedenheit der Stadt und landschaftliche Schönheit ihrer Umgebung entstand eine faszinierende Metropole.

Vancouver, Traumstadt vieler Kanadier, steht immer noch für die Wildheit der nordwestlichen Pazifikküste. Das Wappen der Stadt spricht Bände: Ein Holzfäller und ein Fischer halten das Siegel der Provinz hoch über die Inschrift „Von Meer, Land und Luft gedeihen wir". Obwohl manch urbane Qualitäten noch wenig ausgeprägt sind – Musik- und Kunstszene etwa –, beeindruckt umso mehr Vancouvers ungebrochene Naturnähe. Breite Streifen waldigen Parkgeländes bilden grüne Gürtel durch teures Innenstadtland. Skirennstrecken von Weltrang liegen direkt oberhalb der Vorstadtgärten. Die Einwohner Vancouvers sind begeisterte Anhänger aller Sportarten unter freiem Himmel.

Dabei war Vancouver noch vor 100 Jahren ein Grenzort, eine abgelegene Holzfällerstadt, die von den durchreisenden Goldsuchern kaum eines Blickes gewürdigt wurde. 1883 waren nur 145 (weiße) Einwohner registriert: Holzfäller, Sägewerksarbeiter, Stauer, Fischer und Händler. Kein Vergleich zum schon kosmopolitischen Victoria am anderen Ufer der Strait of Georgia oder dem aufstrebenden New Westminster am Fraser River.

Doch es gab bereits einige weitblickende Männer mit Unternehmergeist, die das große Potential dieser Stadt als Handelsstandort erkannten. „Man hat nur einmal im Leben eine solche Chance", schrieb ein Autor 1884 für das *West Shore Magazine* aus Portland, „und wir empfehlen jedem Investor, die Möglichkeiten Vancouvers zu überprüfen ... bevor er sein Geld anderweitig anlegt."

Vorherige Seiten: Vancouver ist jung, sportlich und attraktiv / Porträt in der Musikschuke. **Links und rechts**: Sportmoden.

Oft hört man, daß die schönsten Bäume der kanadischen Westküste an der Stelle gestanden haben sollen, wo sich heute der Stadtkern Vancouvers befindet. Angesichts des scheinbar unerschöpflichen Reichtums stellten nur wenige den frühen Raubbau der Holzfäller in Frage. Das Land war so weit, die geographischen Gegebenheiten so ideal, daß sich niemand vorstellen konnte, die Quelle könnte je versiegen. Also wurde über viele Jahre hinweg skrupellos gerodet.

Naturhafen: Darüber hinaus lag Vancouver an einem der besten natürlichen Häfen der Westküste – ein Umstand, der viel zum rasanten Wachstum der Stadt beitrug. Durch die Anbindung an die Kornfelder Westkanadas über die Canadian Pacific Railway spielte Vancouver bald eine wichtige Rolle für die pazifischen Handelsrouten und war gleichzeitig Tor zum wilden – und verheißungsvollen – Landesinneren British Columbias. Bald hatte sich die rauhe Holzfällerstadt emporgearbeitet und zu einer blühenden Metropole entwickelt. Doch die Wurzeln ihres Wohlstands konnte sie nie verleugnen.

Gelassen und leger: Und gerade darin liegt ihr Charme. Denn die Vancouveriten haben etwas vom Pioniergeist der Kalifornier und ebenso etwas von der Unerschütterlichkeit der Australier. Das Schlüsselwort in dieser Stadt ist Lässigkeit. Baumwollhosen und sportliche Hemden verdrängen hier in fast allen Lebensbereichen Anzug und Krawatte. Und Fitneß – feste Muskeln und Sonnenbräune – ist ein Muß. Hier trifft man sich nicht zum Essen, sondern zum Laufen, Schwimmen oder Reiten. Tennis, Golf, Skilaufen, Tauchen, Windsurfen, Kajakfahren, Bergsteigen und Radfahren – all das ist innerhalb der Stadtgrenzen möglich. Den höchsten Stellenwert nimmt in Vancouver nicht der berufliche Erfolg ein, sondern die Freizeitgestaltung.

Die Ostkanadier nennen die drittgrößte Stadt des Landes gern *Lotosland* – Kanadas Mekka des Hedonismus. Für sie ist Vancouver ein subtropisches Paradies, bevölkert von Träumern, Schlitzohren und ausgeflippten Typen. Bei Frost und Schnee sehen sie erschüttert Fernsehbilder von Vancouveriten, die im Januar Tennis oder Golf spielen. Verständnislos schütteln sie den Kopf, wenn von deren Begeisterung für Snowboards oder Bungee die Rede ist. Und verzweifelte Seufzer werden laut, wenn ihre Landsleute von der Westküste in Jeans und Sandalen zu Geschäftskonferenzen erscheinen.

Vancouvers wilde Seele kommt dann am meisten zum Vorschein, wenn indianische Trommeln durch die Nacht hallen und Geistertänzer in Langhäusern am Ufer des Fraser River magische Riten vollziehen. Hinter dem luxuriösen Golfplatz des noblen Stadtteils Point Grey liegen die bescheidenen Holzhäuser des Musqueam-Dorfs über das rauhe Marschgras verstreut, das dem hiesigen Indianerstamm seinen Namen gab.

Es wäre ein Trugschluß zu glauben, daß die Kultur der Musqueam dem Lebensstil der modernen kanadischen Gesellschaft ganz zum Opfer gefallen sei. Sie sind immer noch Sammler und Jäger und leben in vollkommener Einheit mit dem Meer, der Quelle ihres Wohlstands. Lachse, Krabben, Muscheln, Austern und Krebse gibt es in Hülle und Fülle in dem sauerstoffreichen Wasser der Frasermündung um die westliche Landspitze Vancouvers.

Die Musqueam sind nur einer von mehreren Stämmen, die noch immer das Land ihrer Ahnen rund um Vancouver bewohnen. Nachdem sie im letzten Jahrhundert von Pocken und anderen eingeschleppten Krankheiten beinahe ausgelöscht wurden, sind die Musqueam und Burrards, die Kwantlen und Squamish seit einigen Jahren wieder auf dem Vormarsch. Ihr Einfluß bestimmt in zunehmendem Maße den Alltag Vancouvers mit. So betreiben etwa die Musqueam eine gutgehende Werft am Fraser River, während die Squamish vom Nordufer über große Grundstücke begehrten Baulandes gleich unterhalb der Lions Gate Bridge verfügen.

Noch vielversprechender für ihre Zukunft ist aber das Interesse der Stammesjugend an den alten Traditionen ihres Volkes. Früher verbotene Rituale wie Potlatch oder Geistertanz werden heute offen praktiziert. „Es ist eine Art Bestätigung der eigenen Identität", meint Wendy Grant, Führerin der Musqueam und selbst in die Kunst des Tanzes eingeweiht. „Auf diese Weise finden wir in uns selbst die Kraft, der umfassenden Zerstörung unserer Kultur zu trotzen."

Der Geistertanz ist eines der heiligsten Rituale der Salish-Indianer an der Küste. Bei den Musqueam wird er häufig praktiziert, um gestrauchelten Jugendlichen oder Erwachsenen wieder auf den rechten Weg zu helfen. Die Betroffenen melden sich dazu nicht freiwillig, sondern werden – oft gegen ihren Willen – von den Tänzern während der Zeremonie bestimmt. „Es kann traumatisch sein", sagt Wendy Grant über die einwöchige Initiation, die dazu dient, durch Fasten, Meditation, Übungen und Schwitzbäder den persönlichen geistigen Führer zu finden (gewöhnlich ein Tier, etwa Bär, Wolf oder Adler). „Doch", so fährt sie fort, „fast immer wird es zu einer sehr positiven Erfahrung."

Geister der Salish: Das Kulturgut der Indianer fließt in den Charakter Vancouvers ein wie

„Wie kann ein Bewohner dieser Region die Kunst ignorieren, die so sehr mit ihrer Umwelt im Einklang ist?" fragt Vincent Massey, Vancouverit der dritten Generation (und Enkel des Schauspielers Raymond Massey). Der erfolgreiche Töpfer und passionierte Naturfreund lebt im Skiparadies Whistler, 70 Kilometer nördlich von Vancouver. „Die Kunst der Salish vermittelt, wie naturverbunden sie vor der Ankunft der Weißen lebten – nie gegen die Natur, sondern immer mit ihr. Alles war im Gleichgewicht, und alle Dinge wurden mit Respekt behandelt."

In vieler Hinsicht verkörpert Massey selbst dieses Gleichgewicht. Er wuchs auf in einem

in keiner anderen Stadt Nordamerikas. Am deutlichsten zeigt sich dies in der Kunst. Ungebärdige Raben, springende Killerwale, aufsteigende Seeadler oder verspielte Otter – faszinierende geometrische Wiedergaben der Salish-Geister in Holz, Stein oder Edelmetall sind begehrte Sammlerstücke in Amerika, Asien und Europa. Die mächtige Vision der Indianer hat der unter ihrem Einfluß geborenen Stadt unauslöschlich ihren Stempel aufgedrückt.

Links und **oben:** Vancouver, Kanadas Hauptstadt der Lebensfreude.

Haus, das sein Vater, der Architekt Geoff Massey, selbst entworfen und auf den Klippen am Rande von West Vancouver über der Strait of Georgia mit phantastischem Blick nach Westen, Norden und Süden gebaut hatte. Direkt hinter dem Haus erhoben sich die nördlichen Küstenberge wie eine Mauer aus Granit und Bäumen. Idyllischer konnte man zu dieser Zeit nicht wohnen.

„Unser Spielplatz war der Ozean", erzählt Vincent. „Im Sommer verfrachtete uns mein Vater ins Boot und fuhr mit uns irgendwohin die Küste hinauf. Wir fingen Fische und Krebse und gruben nach Muscheln, wir kampierten am Strand und kochten über einem Lagerfeuer aus Treibholz. Das war noch echter Abenteuerurlaub." Im Winter brachte Vater Massey seine Familie zum Skilaufen in die Berge. „Dad interessierten nicht so sehr die angelegten Pisten", ergänzt Vincent. „Viel öfter nahm er uns mit auf abenteuerliche Tiefschnee-Touren ins Hinterland."

Als Teenager konnte Massey ebensogut einen Außenbordmotor zerlegen wie Skifahrer durch einen Schneesturm führen. Doch dies war nur eine Seite seiner Erziehung. Die Mutter, selbst Malerin, förderte früh die künstlerische Begabung ihrer Kinder. Während seine Brüder Filme auf Schmalfilmkameras drehten und seine Schwester sich für Fotografie interessierte, arbeitete Vincent lieber mit den Händen. „Töpfern entsprach meiner Natur", sagt er über seinen Beruf. „Es ist eine körperliche Aktivität. Und doch verlangt es Empfindsamkeit und Seele."

Leben am Meer: Wie die englischen Töpfer, bei denen er lernte, arbeitet Massey zu Hause. Trotz wachsender Nachfrage nach seinen Produkten – und entsprechend weniger Freizeit – achtet Massey auf das Gleichgewicht zwischen Arbeit und Entspannung. Morgens findet man ihn meist an seiner Töpferscheibe oder beim Anmischen von Ton. Die Nachmittage verbringt er auf dem Snowboard in Blackcomb, auf dem Mountainbike in den Hügeln hinter seinem Haus oder auf dem Surfbrett im Howe Sound. Und alles mit ganzer Energie. „Mir macht alles Spaß", sagt er, „die Arbeit und die Freizeit. Das ist es, was das Leben am Meer ausmacht."

So denkt nicht nur Massey. Alle Vancouveriten legen ungemein viel Wert auf Freizeitvergnügen – was nicht so überraschend ist angesichts der Tatsache, daß Vancouvers Charme immer schon im Reichtum der Natur lag. Die Salish kamen des reichen Nahrungsangebots und des milden Klimas wegen. Die ersten Weißen kamen der scheinbar unerschöpflichen Vorräte an Holz, Wild und Fisch wegen. Und die Touristen kommen, um die atemberaubende Landschaft zu genießen.

Von den steilen Abhängen des Küstengebirges über die langen Sandstrände von English Bay und Kitsilano und den spektakulären Pacific Spirit Park von Point Grey bis hin zum Nacktbadestrand Wreck Beach hat die Stadt landschaftlich alles zu bieten. Und ihre Bewohner genießen es in vollen Zügen. In welcher Großstadt kann man schließlich dreißigpfündige Lachse direkt am Hafen fischen?

Interessanterweise erkannten bereits die Gründerväter Vancouvers die Notwendigkeit, die Naturschönheit ihrer Stadt zu schützen. Der urwüchsige Wald von Stanley Park – 400 Hektar, vom Stadtzentrum aus zu Fuß zu erreichen – gehörte von Anfang an zum Stadtbild. Die Entscheidung, die Halbinsel zu erwerben und in einen Park zu verwandeln, fiel bereits 1886 – um genau zu sein, als erster Beschluß des ersten Stadtrats bei dessen zweiter Sitzung. Die Stadt war damals im Süden, Osten und Norden von Regenwald umgeben, und die Bevölkerung kämpfte mit den Folgen eines Großbrandes, der die Stadt nur zwei Wochen zuvor in Schutt und Asche gelegt hatte. Und doch war es das wichtigste Anliegen des jungen Stadtrates, diese Küsteninsel halten die Autofahrer. Tun sie es nicht, drohen ihnen hohe Bußgelder.

Vancouvers Freiluftkultur äußert sich nirgends so deutlich wie im Sommer am Kitsilano Beach. Nur wenige Minuten vom Stadtzentrum entfernt tummeln sich die Massen sonnengebräunter Körper, die Vancouvers sprichwörtlichen Ruf von grauem Himmel und Regentagen Lügen strafen. Muskelbepackte Bodybuilder, drahtige Schwimmer, hochgewachsene Basketballspieler, schlanke Volleyballer, muskulöse Triathleten, Reiter, Jongleure und Akrobaten vermitteln im Gras und Sand von „Kits" einen Querschnitt durch Vancouvers Freizeitaktivitäten im Freien.

mit dem noch unberührten Wald für die Nachwelt zu erhalten – ein Akt weiser Voraussicht, der die neue Stadt nachhaltig prägen sollte.

Vorfahrt für Fußgänger: Dieser grüne Daumen im Nordwesten Vancouvers – durchsetzt von Wanderwegen, Stränden und Spielfeldern – begründete die sportliche Note der Stadt. Der Fußgänger gilt soviel, daß er stets Vorfahrt hat. Sie können in Vancouver an jeder großen Kreuzung die Fahrbahn betreten, und sofort

Links: Das Leben genießen – das steht für Vancouveriten an erster Stelle. **Oben:** Aber nachdenklich können sie auch sein.

Und sie alle haben ihr Revier, das sie eifersüchtig bewachen. „Ein Bild für Götter", meint Joelle Smith, Stammgast am Kits Beach. „Kein Zweifel, die Menschen kommen hierher, um sich einer Gruppe anzuschließen. Jede dieser Gruppen hat ihre eigene Hierarchie und wer unerwünscht ist, bekommt das unverblümt zu spüren."

Fitneß-Wahn: Jedenfalls entstand am Kits Beach ein Sportethos, das in den Großstädten Nordamerikas seinesgleichen sucht. Wo sich in anderen Städten eine rege, intellektuell geprägte Cafékultur entwickelte, rollte in Vancouver die Fitneßwelle. (Das soll nicht heißen,

Selbstbewußte junge Metropole 53

daß es in Vancouver keine Intellektuellen gäbe. Die Körperkultur hat hier einfach ein paar – wesentliche – Pluspunkte gegenüber der geistigen, ohne sie jedoch grundsätzlich zu mißachten. Und schließlich: gelesen wird sogar am Kits Beach ...)

Gebräunte Jogger mit auffälligen Sportschuhen bevölkern in Scharen die Parkanlagen der Stadt, schlankbeinige Radler im teuren Renndress trampeln auf noch teureren Rädern durch die Straßen. Mit Beginn der Skisaison verlagert sich die Szene in die Berge. Vancouvers beliebter Whistler Mountain ist *hip* unter den besten Skigebieten Nordamerikas. Hier macht nicht nur Kanadas Expremier Pierre Trudeau Urlaub, sondern auch Hollywoodstars wie John Travolta, Darryl Hannah und Mel Gibson.

Der Attraktivität der drei Skigebiete im Küstengebirge North Shore – Cypress, Grouse und Seymour – tut dies keinen Abbruch. Alle drei bieten nahezu perfekte Bedingungen, sind stadtnah und von November bis April Tag und Nacht befahrbar. Daher sind an guten Pulverschneetagen viele Vancouveriten nicht im Büro anzutreffen.

Vancouvers Liebe zum Frischluftsport hat eine lange Tradition. Der gefeiertste Sportler der Stadt war Seraphim „Black Joe" Fortes, der 1885 als Vollmatrose in die Stadt kam. Er war ein unermüdlicher Verfechter von körperlicher Bewegung an der frischen Luft und übernahm bald die Aufsicht über den Strand der English Bay. „Er brachte fast allen Kindern Schwimmen bei", schrieb Ethel Wilson. „Bis heute höre ich die sonore Stimme Joe Fortes rufen: ,Spring! Ich sag dir, spring endlich! Wenn du nicht gleich vom Floß runter bist, dann helf ich nach.' Also sprangen wir. Joe war ein Idol."

Fortes' Erbe lebt fort. Die Fitneß- und Sportbegeisterung der Stadt hat im Laufe der Jahre eine Reihe großer Athleten hervorgebracht. Den Stein ins Rollen brachte Sprinter Percy Williams, der bei den Olympischen Spielen 1928 in Amsterdam zweimal Gold gewann. Auch wenn dieser Erfolg nie wiederholt wurde, so stellt das Lower Mainland doch unverhältnismäßig viele Sportler der kanadischen Nationalmannschaften.

Vancouvers Lage hat aber auch Besucher zu athletischen Spitzenleistungen getrieben. Hier, im Empire Stadium, gewann der Brite Roger Bannister knapp vor dem Australier John Landry 1954 das 1500-Meter-Rennen, das als „Miracle Mile" in die Annalen einging. Das erste Mal in der Sportgeschichte hatten zwei Männer die gefürchtete Strecke in unter vier Minuten geschafft.

Die Liste hochkarätiger Sportveranstaltungen ist lang: Internationaler Triathlon, jährlicher Marathon, Drachenbootrennen, Worldcup Skirennen am Grouse Mountain in North Vancouver, Indy NASCAR-Rennen in den Straßen der Stadt, Segelregattas im Jericho Sailing Centre. „Die Stadt ist mein Lieblingsort für Wettkämpfe", meint Star-Triathlet Mark Allen. „Vancouver sprudelt förmlich über vor Vitalität."

Auch wenn Sie Mannschaftssport bevorzugen, sind Sie in Vancouver richtig: Es hat ein gutes Hockeyteam (the Canucks), ein Footballteam (the BC Lions), eine Fußballmannschaft (the 86ers) und ein erstklassiges Baseballteam (the Canadians). Sie alle haben eine große und treue Fangemeinde.

Eine für Vancouver typische und ausgefallene Veranstaltung ist außerhalb des Bezirks weitgehend unbekannt. Sie heißt *Knee Knackering North Shore Trail* und verlangt von den Läufern, 48 Kilometer mit 6000 Metern fast vertikaler Steigung auf einem schmalen Pfad durch den dichten Regenwald des Küstengebirges im Westen Vancouvers zu überwinden. Die Schnellsten schaffen die Strecke (für die Wanderer durchschnittlich zwei bis drei Tage brauchen) in knapp fünf Stunden. Das Zeit-Limit für eine erfolgreiche Teilnahme liegt bei zehn Stunden.

Eigenwilliger Stil: Enzo Federico und Shane Collins, die Erfinder und Initiatoren dieses mörderischen Wettlaufs, suchten 1988 einen Weg, Naturliebe und Lauflust zu verbinden. „Auf Asphalt zu laufen und Abgase einzuatmen entsprach nicht unserer Vorstellung von Spaß und Sport", erläutert Collins. „Also

verschiedener Hinsicht beansprucht. Er braucht Gleichgewicht, Agilität, Flexibilität und natürlich Ausdauer und Kraft. Außerdem ist es ein besonderes Erlebnis, mutterseelenallein durch die Berge zu laufen. Es versetzt einen in den Zustand vollkommenen geistigen Friedens. Es ist", er zögert einen Moment und grinst, „die reine Glückseligkeit."

Vancouver – Kanadas verwaiste Großstadt. Jugendlich, hedonistisch und mit dem Selbstbewußtsein einer neuen Metropole ist diese Stadt das Produkt verschiedener Einflüsse, einerseits geprägt durch die mystischen Visionen der Salish, der Ureinwohner dieser Region, andererseits durch den Pioniergeist kühner

ließen wir uns etwas Neues einfallen." Nur sechs Konkurrenten begleiteten die beiden beim ersten Probelauf 1989. Zwei Jahre später meldeten sich schon 102 Teilnehmer, von denen 89 in der vorgeschriebenen Zeit das Ziel erreichten.

Erstaunlicherweise empfanden die meisten Teilnehmer das Rennen nicht als Schinderei. „Es ist die Art Rennen", so der mehrfache Champion Peter Finlay, „die den Läufer in

<u>Links</u> und <u>oben</u>: In Vancouver ist das Selbstbewußtsein und der Schwung einer großen, jungen Metropole überall sichtbar.

Glücksritter, die es im vergangenen Jahrhundert hierher lockte.

Gesundheitsbewußt, sportbegeistert, liberal eingestellt und voller Schwung und Energie leben die Vancouveriten auf einem der schönsten Fleckchen unserer Erde, in einer Stadt, die zu den schönsten Metropolen der Welt gezählt wird. Und auch das hat sich in ihrer Weltanschauung niedergeschlagen. „Ich habe die ganze Welt gesehen", sagt Vincent Massey, „und ich würde nirgendwo anders als in Vancouver leben wollen. Wozu auch? Alles, was ich brauche, habe ich gleich vor der Haustür."

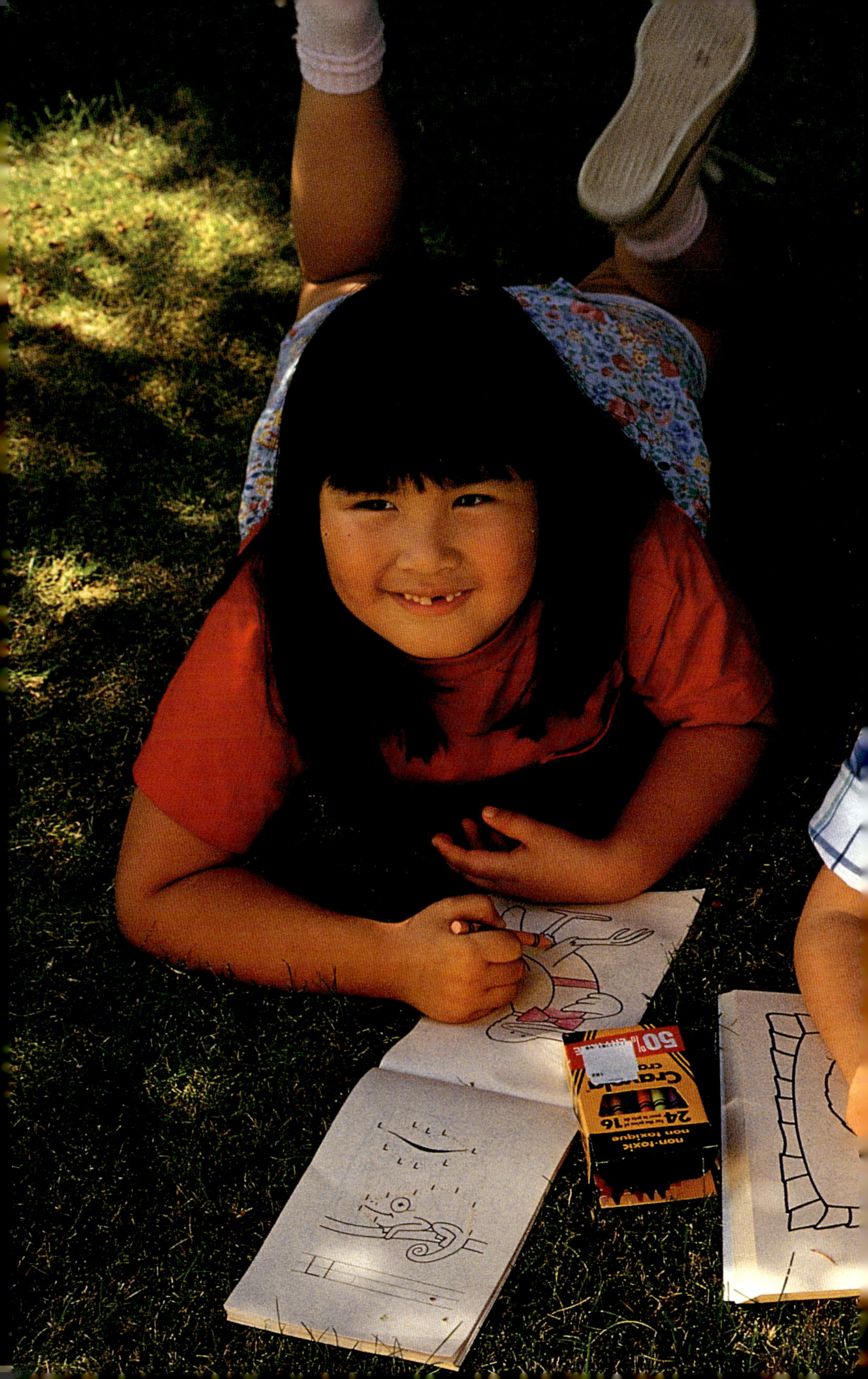
24
non-toxic
non toxique

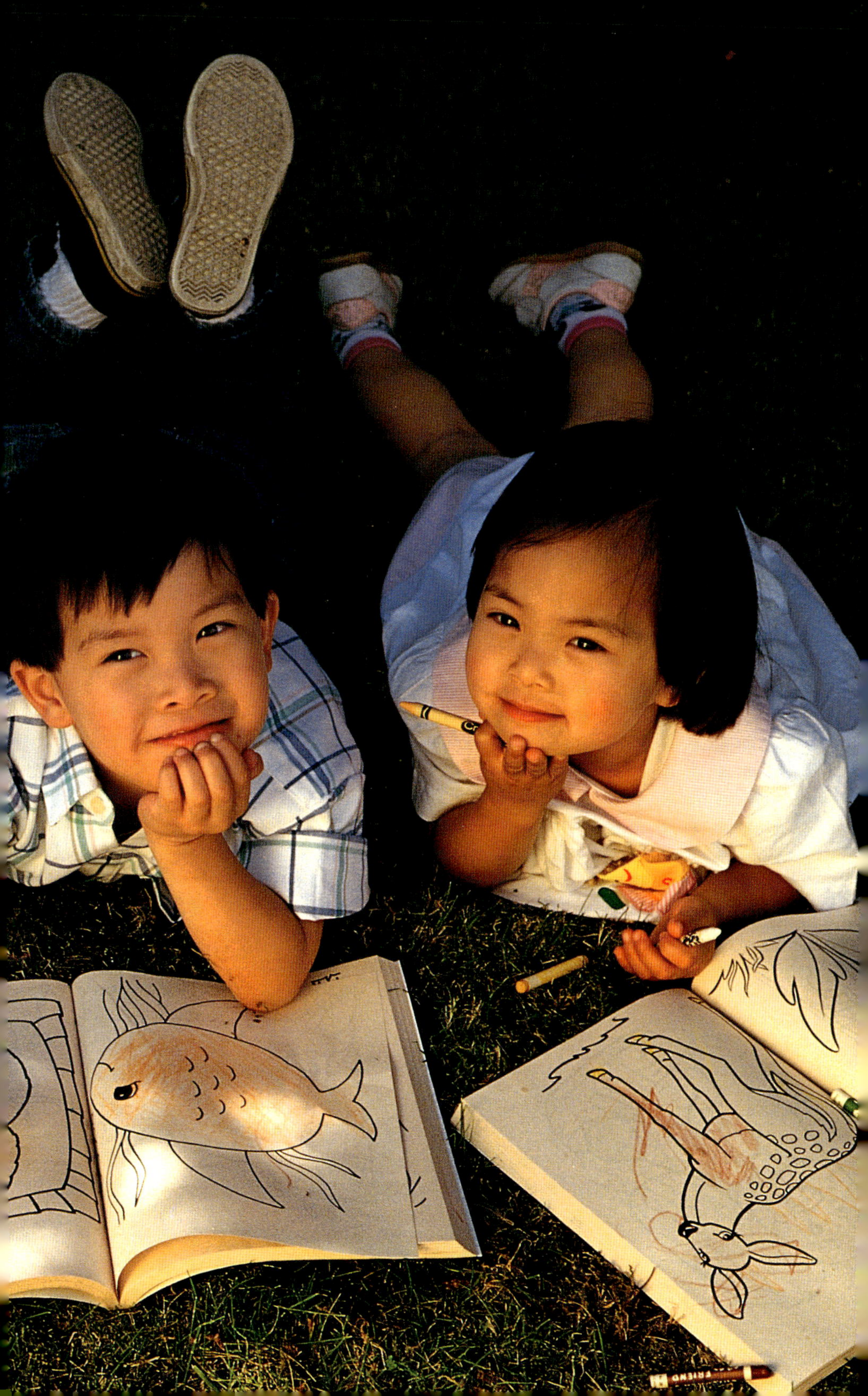

祭

DEN BLICK NACH ASIEN GERICHTET

Mit den Bergen im Rücken hat Vancouver zwangsläufig stets nach Westen, nach Asien geblickt. An dieser Küste ist der Pazifik sowohl das vertraute Meer, das die umliegenden Strände umspült, als auch das Tor zu märchenhaften, exotischen Ländern – und endlich schier unglaublichen geschäftlichen Möglichkeiten und Verdienstspannen.

Vancouver hat entdeckt, daß ein Viertel der Weltbevölkerung an diesem Ozean lebt, zu dem es auch selbst gehört, und daß dort seine wirtschaftliche Zukunft liegt. So hat die Regierung von British Columbia jüngst Handelskammern in Taipeh, Hongkong, Singapur, Tokio und Seoul gegründet und auch die BC Trade Development Corporation für einheimische Firmen, die an einen Einstieg in den Außenhandel denken. (Vancouvers Futurist Frank „Dr Tomorrow" Ogden behauptet, daß Vancouver im ersten Jahrzehnt des 21. Jahrhunderts eine asiatische Stadt sein wird. „Die hiesigen Geschäftsleute werden sich die Augen zu Schlitzen operieren lassen, um sich anzupassen", orakelt er.)

Asiatische Einflüsse sind nicht neu in British Columbia. Die ersten chinesischen Arbeiter kamen bereits 1779 hierher und seither strömen Einwanderer aus China, Japan, Hawaii, der Westküste der USA, Mexiko, Indien, Taiwan, Korea, Australien, Neuseeland, den Philippinen, kurz, allen Pazifikstaaten, nach „Saltwater City", wie die Chinesen die Gegend mit dem milden Klima und der herrlichen Landschaft nennen. Alle sind sie voller Hoffnungen und viele schlagen Wurzeln.

Der Pazifik ist für Vancouver von großer Bedeutung. Er bringt die japanische Meeresströmung, der die Stadt ihr mildes Klima – einen ihrer großen Pluspunkte – verdankt. Er brachte auch die ersten Europäer und war immer der sicherste und billigste Transportweg für Vancouvers Erzeugnisse. Vor über 200 Jahren begann der Handel an Kanadas Westküste mit dem Verkauf von wertvollen Seeotterfellen an die verwöhnten Mandarins im fernen China. Noch heute führen Kanadas Pelze in den noblen Hotelboutiquen die 250 000 japanischen Touristen in Versuchung, die jedes Jahr hierher kommen.

Hotelläden werben auf mit Schildern in japanischer Sprache für kanadische Produkte wie Felle und Lachs. Über 20 Geschäfte haben sich in einem „Little Ginza" genannten Viertel auf japanische Touristen spezialisiert. In Vancouver gibt es mehr als 30 ausländische Banken, und 1990 exportierte Kanada erstmals mehr an andere Pazifikstaaten als an die Vereinigten Staaten, die bis dato wichtigster Handelspartner waren.

Auch die Tourismusindustrie hat sich auf Gäste aus dem pazifischen Raum eingestellt und schult ihr Personal in asiatischen Sitten und Umgangsformen. Die jungen Kanadier sind selbst sehr reiselustig. Beliebte Ziele sind Thailand, Indien und andere asiatische Länder, deren Sprachen in Colleges und Abendkursen gelehrt werden. Das Interesse beruht also durchaus auf Gegenseitigkeit.

In Sommer strömen scharenweise Japaner in die kanadische Landschaft, in die Nationalparks und Wälder. Von 1980 bis 1988 hat der Touristenstrom aus Japan um 105% zugenommen. Außerdem ist Vancouver Ziel von 362 Kreuzfahrten im Jahr, die insgesamt 420 000 Passagiere in die Stadt bringen.

Einwanderer willkommen: Die ersten Einwanderer aus dem pazifischen Raum waren in Kanada willkommen. Kanaken aus Hawaii gingen in Vancouver von Bord und ließen sich nieder, andere kamen im Dienst der Hudson's Bay Company. Goldrausch und Eisenbahnbau lockten viele Chinesen an, die einen Großteil ihres Einkommens nach Hause schickten. Ebenso viele blieben aber endgültig und gründeten Familien in der neuen Heimat.

Um die Jahrhundertwende kamen Japaner und Inder, meist alleinstehende Männer, die als Fischer und Holzfäller arbeiteten. Obwohl sie nun oft zu Zielscheiben und Sündenböcken für Neider und Unruhestifter wurden, brachten es viele mit Geschick und Geschäftssinn zu Wohlstand. Sikhs wurden reich durch den

Vorige Seiten: Zwei Drittel der jüngsten Emigranten stammen aus Asien. **Links:** Vancouvers wirtschaftliche Zukunft liegt in Asien.

Export von kanadischem Holz nach Asien, die Japaner waren gute Fischer und Gärtner, die Chinesen machten Läden und Märkte auf.

Ausländische Einflüsse haben die Stadt immer geprägt. Ein Mahnmal unter Kirschbäumen erinnert in Stanley Park an die Japaner, die im Ersten Weltkrieg auf kanadischer Seite gekämpft haben und gefallen sind. Im Zweiten Weltkrieg wurde eine hochdekorierte Einheit japanischer Kanadier der zweiten Generation in Italien eingesetzt. An der Parkküste erweist die Galionsfigur der *Empress of Japan* (eine Replik) allen Schiffen, die in Vancouvers Hafen einlaufen, ihren stillen Gruß. Die *Empress of Japan* war Vorreiterin einer ganzen Flotte, die Vancouver zu einem großen asiatischen Touristenziel machte.

Zweisprachige Straßenschilder und zurückgesetzte Balkons im oberen Stock der Häuser von Chinatown sind für Gäste aus Hongkong wie ein Stück Heimat, und der Sun-Yat Sen Garden erinnert an den chinesischen Führer, der Vancouver mehrfach besuchte und Geld sammelte für die Revolution, die das moderne China begründete. Die zugezogenen Chinesen unterstützten ihre Familien jenseits des Pazifiks mit Geld und diese schickten dafür Künstler und Handwerker, die dieses Refugium eines Gelehrten authentisch nachbauten. Der Sun-Yat Sen Garden gehört zum chinesischen Kulturzentrum, das mit Ausstellungen und Veranstaltungen das chinesische Erbe der Stadt liebevoll pflegt.

Die Nitobe Gardens auf dem Gelände der University of British Columbia (UBC) von Point Grey, die der Architekt Kannosuki Mori als Denkmal für den japanischen Humanisten Inazo Nitobe schuf, bieten Studenten wie Bürgern Ruhe und Erholung. Daneben liegt die Asienabteilung der Universität. Ein geplantes neues Kunstzentrum soll zum Teil von Tom und Caleb Chan aus Hongkong finanziert werden, die hier im Grundstücksgeschäft ein Vermögen machten und ihrer neuen Heimat nun ihren Dank erweisen wollen. Auf der Terrasse des Gebäudes der Studentenunion hält eine Replik der „Göttin der Demokratie" das Licht der Freiheit hoch im Gedenken an die Opfer des schrecklichen Massakers am Tiananmen-Platz in Peking von 1987.

Die Expo: Über 22 Millionen Besucher verzeichnete Vancouvers Expo 86. Vielen gefiel es hier so gut, daß sie blieben. Von den Philippinen kamen Krankenschwestern, die in Vancouver Arbeit fanden, und Gegner des Marcos-Regimes. Flüchtlinge kamen nach dem Korea- und Vietnamkrieg und auch Immigranten von den Fidschiinseln. Mit den

Einwanderern floß das Geld aus Asien. Zunächst hatten japanische Handelsunternehmen, die „sogo shosha", in den sechziger Jahren in British Columbias Bodenschätze investiert. Hongkong bevorzugte Immobilien, später auch High-Tech- und Bekleidungsindustrie. Das Investitionsvolumen stieg von 1983 bis 1987 jährlich um 44 Prozent und erreichte 1991 über 6 Milliarden Dollar.

Zwei Drittel aller Einwanderer der letzten Jahre stammen aus Asien. Besonders aus Hongkong ist wegen der Machtübernahme durch die Volksrepublik China 1997 ein starker Zustrom zu verzeichnen. Die Asiaten sind oft hochqualifizierte Arbeitskräfte mit Kapital und Erfahrung. Zu Beginn des Jahrzehnts waren nahezu ein Viertel der Einwohner Vancouvers asiatischer Abstammung, und ebenso viele Schulanfänger gaben Chinesisch als Muttersprache an.

Junge Kanadier werden angeworben, an englischsprachigen Schulen in Japan zu unterrichten, wo junge Japaner auf Welthandel und Reisen vorbereitet werden. Der Studentenaustausch ist in wirtschaftlicher Hinsicht ebenso bedeutsam wie in kultureller. Elwood Veitch, Minister für Multikulturelle Angelegenheiten der Provinz, meint: „Man wird immer bereit sein zum Umgang mit Menschen, mit denen man gemeinsam die Schulbank drückte. Das wird die Handelsbeziehungen der Zukunft sehr erleichtern."

Asiatisches Geld spielt in Vancouvers Stadtzentrum eine große Rolle – etwa in Form des hypermodernen Büroturms der Hong Kong Bank of Canada (siebtgrößte Bank des Landes), in dessen Lobby ein berühmtes Pendel unaufhörlich hin und her schwingt. Vancouver wurde Datenbankzentrale dieses britischen Weltunternehmens. Cathedral Place gegenüber dem Vancouver Hotel sowie dem Cathedral Park gehören Hongkongs Filmriesen Ronnie Shon und Sir Runrun Shaw. Das Ramada Renaissance Hotel (New World Developments, Cheng Yu-tung, Hongkong) wurde umgebaut, um den Ansprüchen reicher Gäste aus Asien zu genügen. Ebenfalls am Meer liegt das Pan Pacific Hotel der Tokyo Corporation mit seiner schimmernden, bunten Kuppel. Fast jedes dritte Hotelzimmer in Vancouver ist fest in asiatischer Hand.

Die meisten neueren Hotels und öffentlichen Gebäude haben bereits asiatische Aufschriften in Aufzügen und Toiletten. Im Vor-

Links: Japanisches Fest. Chinesisches Neujahr.
Oben: Bei vielen Festen zeigt sich das pazifische Erbe Vancouvers.

Den Blick nach Asien gerichtet 61

ort Richmond liegt das Aberdeen Centre, Nordamerikas größtes asiatisches Einkaufsviertel. Es gehört dem Sun Hun Kai Konzern, Hongkongs bedeutendster Geschäftsdynastie. Er wird repräsentiert von einem Familienmitglied dieser Dynastie, Thomas Fung, der Vancouver für die asiatenfreundlichste aller kanadischen Städte hält.

Große Versorgungsunternehmen wie BC Hydro stellen Menschen aller Nationalitäten ein, was ihnen ermöglicht, mit ihren Kunden in mehr als 20 Sprachen zu kommunizieren. Ein Psychiater im General Hospital hat sich auf die Probleme junger Menschen spezialisiert, die im Austausch mit fremden Kulturen entstehen. Englisch als Zweitsprache wird an Schulen wie auch in Tages- und Abendkursen für Erwachsene angeboten.

Eile mit Weile: Daneben gibt es zahlreiche Kurse in asiatischem Geschäftsgebaren, wo kanadische Manager lernen, daß besonders bei Chinesen behutsames Vorgehen vonnöten ist. Vancouvers Immobilienmakler haben schnell begriffen, welche Eigenschaften einem Haus ein gutes *feng shui* verleihen, eine glückliche, harmonische Ausstrahlung, ohne die es bei asiatischer Kundschaft nicht ankommt. Die Provinzregierung veranstaltet Seminare zur Bewirtung asiatischer Gäste.

Die Japaner etwa mögen schnellen, professionellen Service, während die Chinesen eine entspannte, gesellige Atmosphäre bevorzugen. Man erfährt auch, daß die Zahlen 4, 14 und 24 im Umgang mit Chinesen zu meiden sind, da diese damit Tod assoziieren.

Als der bekannte japanische Künstler Noburi Toko aus Kushiro Burnaby, die Vorstadt Vancouvers und Partnerstadt seiner Heimatgemeinde, besuchte, revanchierte er sich für die Gastfreundschaft mit dem Ainu-Werk *Garten der Götter*. Auch in der Kultur der Ainus in Nordjapan, die vermutlich mit Kanadas Eskimos und Indianern verwandt sind, spielen geschnitzte Pfähle eine Rolle. Daher thronen über Vancouver Ainu-Totems mit Bären, Walen, Eulen und Raben, gemeinsames Sinnbild der Ainu- und der Indianerkultur von British Columbia. Ein Wegweiser zeigt über den Burrard Inlet in die Richtung, wo Kushiro liegt.

Auf demselben Berg finden jeden Sommer Seminare über indonesische Musik und Tänze, darunter Darbietungen auf *Gamelan*, Schlag- und Windinstrumenten, die der Universität nach der Expo 86 von der indonesischen Regierung überlassen wurden.

Überall in der Stadt macht sich ihr pazifisches Erbe bemerkbar: in den goldenen Kuppeln des Alkali Singh Sikh-Tempels am Freeway, in der zehn Meter hohen tanzenden Statue von Lord Chaitanya, eines Hare-Krischna-Heiligen, im Industriegebiet am Stewardson Way bei Burnaby, im weißen Sikh-Tempel am Marine Drive in South Vancouver, dessen filigrane silberne Zwiebelkuppel ein Entwurf des Architekten Arthur Erickson ist.

Der chinesische Buddha-Tempel im traditionellen rot-gold am Steveston Highway in Richmond mit seinem gekachelten Dach steht inmitten westlicher Vorstadthäuser. Nicht weit entfernt sehen Sie ein Shinto-Heiligtum und den 10-Millionen-Dollar-Bau des Ismaili-Jamatkhana-Tempels etwas abseits des Canada Way im nahen Burnaby hinter den Bäumen und Büschen seines dem Taj Mahal nachempfundenen Vorhofs.

Der chinesische Glückwunsch *Gung Hay Fat Choy* zum neuen Jahr ist in Vancouvers Geschäfts- und Konferenzräumen ebenso oft zu hören wie einen Monat vorher „Happy New Year". Zum Drachenbootfest am False Creek kommen jedes Jahr über 100 000 begeisterte Vancouveriten.

Paradies für Feinschmecker: In Vancouvers Lebensmittelregalen gehören chinesische Gemüse wie *bok choy* oder *lo bak* neben Kopfsalat, Karotten und anderen einst exotischen Produkten zum Standardangebot – genauso wie Saucen und Gewürze von den Philippinen, aus Malaysia, Taiwan und Vietnam. Asiatische Gäste sind oft angenehm überrascht von der großen Palette an erstklassigen, vielfältigen asiatischen Genüssen in den Supermärkten und internationalen Restaurants.

Die alljährliche Pacific National Exhibition stellt Kultur und Produkte der Anrainerstaaten des Pazifik vor, und die halbjährlich stattfindende Lebensmittelmesse Food-Pacific wird zu einem Drittel von Ausstellern aus asiatischen Pazifikstaaten, aber auch aus südamerikanischen Ländern wie etwa Chile bestritten.

Vancouver hat mindestens drei internationale Fernsehprogramme, so daß stets indische Filme, chinesische Serien oder japanische oder koreanische Shows laufen, die teilweise in Kanada produziert werden. Kabelfernsehgesellschaften sind gesetzlich verpflichtet, auf

Links: Philippinischer Tanz. **Rechts:** Einflüsse aus West und Ost.

mindestens einem Kanal ein multikulturelles Programm zu senden. Daneben gibt es ausländische Radiosender und zahllose fremdsprachige Zeitungen und Zeitschriften.

Die Präsidentin des Senders Cathay TV, Lucy Roschap, in Hongkong als Kind berühmter Filmemacher geboren, übernahm nach dem Studium an der University of British Columbia die chinesische Kinokette ihrer Familie in Kanada. Später boten ihr die drei chinesischen Gründerfamilien von Cathay TV die Leitung des Senders an, der ein chinesisches, vietnamesisches, indisches und ein Thai-Programm zeigt und über lokale Ereignisse berichtet.

„Nur wenigen Menschen ist klar, welche Positionen und Gehälter manche Immigranten aufgeben, um in Kanada unter einem stabilen Regime leben und ihren Kindern eine gute Ausbildung ermöglichen zu können", meinte sie vor Jahren. „Diese Menschen kommen, um zu bleiben. Sie wollen sich eingliedern und Teil der Gesellschaft werden. Diesem Bedürfnis widmen wir viel Sendezeit."

Rühriger Wohltäter: Der Vizegouverneur von British Columbia ist gegenwärtig David C. Lam, ein 71jähriger Exilchinese und Immobilienmillionär aus Hongkong, der sein Geld in verschiedene Universitäten und Stiftungen

Den Blick nach Asien gerichtet 63

steckte. An sich wollte er seinen wohlverdienten Ruhestand genießen, doch betrachtete er das Amt als Möglichkeit, sein größtes Anliegen zu fördern, das harmonische Zusammenleben der Rassen. Sein Arbeitspensum wäre so manchem jüngeren Mann zuviel. Er empfängt monatlich 1000 Gäste aus dem In- und Ausland im Government House und nimmt täglich bis zu zwölf Termine wahr. Der Sohn eines Baptistengeistlichen verbindet Christentum und Konfuzianismus mit hintergründigem Humor und Spontaneität. So antwortete er einem Kind auf die Frage nach seinem Beruf: „Meine Aufgabe ist es, die Macht der Regierung zu beschneiden."

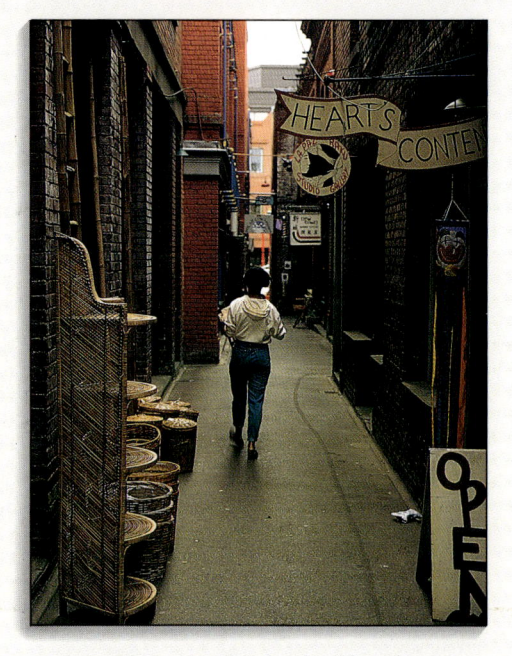

Angesichts der Rückgabe Hongkongs an China 1997 wanderten immer mehr Menschen aus der ehemaligen Kolonie aus und zogen ihr Vermögen ab. Vancouver galt als bevorzugtes Ziel für Bürger Hongkongs, die Geld anlegen wollten. Gleichzeitig hat China begonnen, um westliche Unternehmen und Know-how zu werben. Für große und kleine Firmen in British Columbia, die die Energiebranche beliefern, etwa mit Hochspannungsanschlüssen für Bergbau oder Bauprojekte, entpuppte sich China als guter Markt für ihre Produkte. Die Volksrepublik China betreibt etwa 40 Unternehmen mit Sitz in Vancouver.

Vancouver liegt aus finanzieller, geographischer und logistischer Sicht einfach ideal – direkt in der Mitte zwischen Europa und Asien, was für Reise und Kommunikation unschätzbare Vorteile bietet. „In Vancouver hat man nicht nur Verbindungen zu den Anrainerstaaten des Pazifiks, sondern auch zur Westküste der Vereinigten Staaten", meint der Minister für Multikulturelle Angelegenheiten. Da Vancouver nun als wichtiges Zentrum der internationalen Schiffahrt anerkannt ist – mit entsprechenden Steuervergünstigungen – erwarten wir viele tausend neue Arbeitsplätze und eine steigende Attraktivität Vancouvers als Hauptsitz internationaler Firmen, die sich auf dem nordamerikanischen Kontinent etablieren wollen."

Als der Handel mit Japan nach dem Zweiten Weltkrieg wieder auflebte, wurden japanische Schiffe aus Sicherheitsgründen nur nachts beladen. Heute ist Japan mit über 3,6 Milliarden Dollar in den letzten Jahren größter asiatischer Investor in British Columbia – etwa mit der Mitsubishi/Choguku-Eßstäbchenfabrik im Norden der Provinz, die 10 Millionen Paar täglich produziert und die größte ihrer Art ist, oder mit Toyotas Übernahme des Reifenherstellers Delta mit Produktionszahlen von 960 000 Stück im Jahr. Ein japanisches Großprojekt ist die Strumpfhosenfabrik der Atsugi Nylon Industrial Corporation für 200 Millionen Dollar im Lower Mainland.

Viel Geld und Einfluß: Die neuen Einwanderer – über 10 000 im Jahr – üben in ihrer neuen Heimat praktisch sofort Einfluß aus. Viele zum Verkauf stehende Häuser erscheinen unverzüglich auf den Bildschirmen der Immobilienmakler Hongkongs und werden oft unbesehen aufgekauft. Viele Immigranten bringen ihre Familien und ihr Geld nach Vancouver, da Wohnraum und Ausbildung hier billiger sind als in Hongkong.

In einem einzigen Jahr pumpten asiatische Einwanderer 122,9 Millionen Dollar in die Wirtschaft von British Columbia. Allein aus Hongkong erwartet man nun schätzungsweise über zwei Milliarden im Jahr. Die Tigerbalsam-Erbin Sian (Sally) Aw aus Hongkong kaufte 1985 IMPARK auf, Vancouvers größte Parkplatzverwaltungsgesellschaft. Zehn Jahre später verkaufte sie das Unternehmen für 20 Millionen Dollar.

Als das Gelände der Expo 86 zum Verkauf stand, machte Hongkongs Milliardär Li Ka-shing mit 125 Millionen Dollar das Geschäft des Jahrhunderts. Er plant dort eine Siedlung im Wert von zwei Milliarden Dollar. Sie soll von Concord Pacific unter der Leitung des Architekten Stanley Quok aus Hongkong verwirklicht werden. Ka-shings Sohn Victor Li kümmert sich von Vancouver aus um die Teile des Familienvermögens, die in kanadischem Öl, Gas und Immobilien angelegt sind. Filmstar Patrick Tse aus Hongkong wählte Vancouver als Wohnort und gründete eine Sportartikelfabrik mit heute 100 Angestellten und über drei Millionen Dollar Jahresumsatz.

Erfolgsstorys: Einige in Kanada geborene Asiaten wie Andrea Eng, die erfolgreiche ehemalige Schönheitskönigin und Präsidentin der Hong Kong-Canada Business Association, haben sich schnell auf die neuen Märkte eingestellt und tätigen Immobiliengeschäfte in Millionenhöhe. Asa Jahal kam mit 18 Monaten aus Indien nach Kanada und arbeitete im Alter von 14 Jahren bereits in einem Sägewerk. Heute ist er British Columbias größter unabhängiger Sägewerksbetreiber und unter-

stützt großzügig staatliche und private Institutionen wie die Universität und Kinderklinik.

Da die Wirtschaft von British Columbia den Schwerpunkt heute auf Produktion und Verarbeitung legt, anstatt sich auf die Ressourcen zu verlassen, setzt sie – in Verbindung mit den starken Impulsen aus den Pazifikländern – im kanadischen Vergleich immer wieder zu konjunkturellen Höhenflüge an.

„Vancouver entwickelt sich zu einer internationalen Stadt, ja, zu einem Stadtstaat", meint Professorin Jean Barman in ihrem Buch *A History of British Columbia*. „Die Stadt, die sowohl am Pazifik als auch in Nordamerika günstig liegt, bietet Bürgern und Geschäftsleuten das Beste der Kulturen Europas, Amerikas und Asiens."

Der Operndirigent und Impresario Irving Guttman gab über Vancouver folgende Beobachtung zum besten: „Mein Eindruck ist, daß die Menschen hier ungeachtet ihrer Herkunft ungezwungen sie selbst sein können."

Vancouvers Vergangenheit und Zukunft wurzeln tief in seiner Lage am Pazifik und dessen Anrainerstaaten. Nachdem es hundert Jahre lang versuchte, die Berge zu überwinden, die es vom übrigen Kanada trennen, wendet es sich nun mit offenen Armen den Ländern jenseits des Meeres zu.

<u>Links</u> und <u>oben</u>: Asiatische Unternehmer investieren viele Millionen Dollar in British Columbia.

JESUS IS COMING BE YE
FEAR GOD AND
FOR THE HOUR OF HIS
HEAVEN AND EARTH AND
HE WAS WOUNDED FOR
COME UNTO ME, ALL YE THAT LABOUR AND
LADEN, AND I WILL
FOR MY YOKE IS EASY AND MY BURDEN IS LIGHT.
COME NOW, AND LET US REASON TOGETHER, SAITH THE
YOUR SINS BE AS SCARLET, THEY SHALL BE AS WHITE
THOUGH THEY BE RED LIKE CRIMSON, THEY SHALL
IS TENDERLY CALLING
TODAY IF YE
AS I LIVE, SAITH THE LORD, I HAVE
NO PLEASURE IN THE DEATH OF THE WICKED;
BUT THAT THE WICKED
TURN FROM HIS WAY
AND LIVE.
REV. 11:18
...SHOULDEST DESTROY
THEM WHICH DESTROY
THE EARTH.

EADY: FOR IN SUCH AN HOUR AS YE THINK NOT THE SON OF MAN COMETH

VE GLORY TO HIM

IS COME: AND WORSHIP HIM THAT MADE

EA AND THE FOUNTAINS OF WATERS

FOR JESUS CHRIST OUR RIGHTEOUSNESS

TAKE MY YOKE UPON YOU AND LEARN OF ME; FOR I AM MEEK AND LOWLY IN HEART: AND YE SHALL FIND REST UNTO YOUR SOULS.

GRIEVE NOT THE HOLY SPIRIT OF GOD, WHEREBY YE R SEALED UNTO THE DAY OF REDEMPTION... YE MUST B BORN AGAIN. BY WATER + SPIRIT.

THE LORD IS NOT SLACK CONCERNING HIS PROMISE, BUT IS LONGSUFFERING TO US-WARD, NOT WILLING THAT ANY SHOULD PERISH, BUT THAT ALL MAY

REPENTANCE COME

AR HIS VOICE, HARDEN NOT YOUR HEARTS.

ORK OF RIGHTEOUSNESS SHALL BE PEACE;

FFECT OF RIGHTEOSNESS QUIETNESS AND

ANCE FOR EVER. BLESSED IS THE MAN THAT KEEPETH

E OUT OF THE BOOK OF THE LORD, AND READ:

ONE OF THESE SHALL FAIL! THY WORD IS

MP UNTO MY FEET, AND A LIGHT UNTO MY

JESUS, SAVIOUR, PILOT ME: THY WORD IS TRUTH:

ENT AND BE CONVERTED THAT YOUR SINS MAY BE BLOTTED OUT. REPENT! BELIEVE AND BE BAPTIZED

ANSGRESSION OF THE LAW. THE WAGES OF SIN IS DEATH! TURN FROM SIN TODAY

DECREE BRING FORTH, BEFORE THE DAY PASS AS THE CHAFF, BEFORE THE

ER OF THE LORD COME UPON YOU, BEFORE THE DAY OF THE LORD'S ANGER

YOU. SEEK YE THE LORD, ALL YE MEEK OF THE EARTH, SEEK RIGHTOUSNESS!

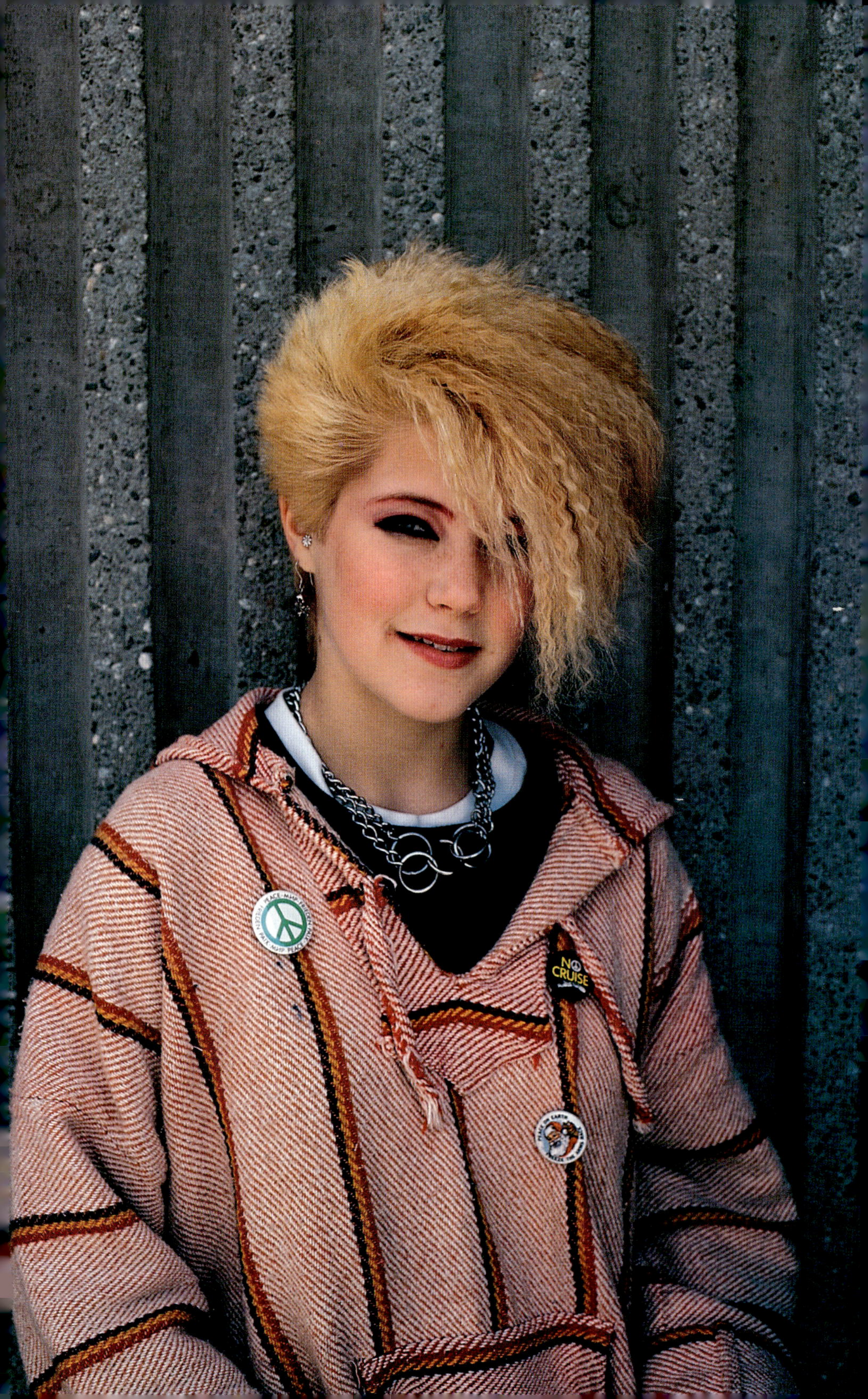

WEIT DRAUSSEN IM WESTEN

„Gehen Sie nach Westen, junger Mann", soll Zeitungsmagnat Horace Greely im 19. Jahrhundert einem ehrgeizigen jungen Burschen geraten haben. Wie in Europa und Asien sind rastlose Horden auch in Amerika nach Westen gezogen, bis sie, vom Pazifik gestoppt und vom milden Klima angetan, seßhaft wurden. Die alte Abenteuerlust äußert sich an der Westküste immer wieder in allerhand Spleens und Verrücktheiten. Zielstrebige Menschen, die östlich der Rocky Mountains leben, haben zuweilen ihre Probleme mit den gelassenen, etwas exzentrischen Vancouveriten.

Von Anfang an hielt man in Vancouver nicht viel von Förmlichkeit. Morris Paynch, preisgekrönter Autor und Schauspieler, sagt über seine Wahlheimat: „Vancouver wirkt ... zusammengeschustert, ein Durcheinander, das am Rande der Zivilisation entlangbalanciert und erst nach und nach Form bekommt."

Fromme Trinker: Beim ersten Saloon-Wirt der Gegend, Gassy Jack, strömten die Worte so großzügig wie der Schnaps. Er war ein Unikum und setzte seine Gäste jeden Abend pünktlich um zehn Uhr vor die Tür, damit sie am nächsten Tag fit waren, um in den Sägewerken Geld zu verdienen, das sie dann wieder zu ihm tragen konnten. In seinem Saloon fanden auch Gottesdienste statt, eine Erscheinung, die es bis heute in Vancouver gibt.

Vancouver ist wohl die einzige Stadt, in der eine Straße nach einem unbekannten Bein benannt ist. Am False Creek liegt der „Leg in Boot" (Bein im Stiefel) Square, im Gedenken an das, was von einem unglücklichen Abenteurer übrig blieb, der 16 Kilometer durch den Busch nach New Westminster wollte.

Die junge Stadt Vancouver wurde im April 1886 gegründet. Kaum zwei Monate später war sie vollständig abgebrannt. Unverzagt versammelten sich die Stadtväter am Tag nach der Feuersbrunst in einem Zelt. Der erste Punkt der Tagesordnung war ein Gruppenfoto vor den Ruinen *(siehe Bild auf S. 30)*, was für manche symptomatisch ist für die politischen Prioritäten in British Columbia.

Von Anfang an waren die Politiker hier eine Spezies für sich. Der erste Premierminister, Amor de Cosmos, war ein kalifornischer Fotograf, den es mit dem Goldrausch hierher verschlagen hatte. Er kritisierte in seiner Zeitung in Victoria vehement die Politiker, bis er schließlich selbst einer wurde. Sein Name, so sagte er, bedeute „Der das Universum liebt", doch Kritiker beschrieben ihn als „boshaften Mann mit einer giftigen Feder".

Ein späterer Premier der Provinz begann als einfacher Tulpenverkäufer und baute später einen Vergnügungspark mit biblischen Motiven auf, Fantasy Gardens, den er, wie böse Zungen behaupteten, zuweilen mit der ganzen Provinz verwechselte. Seine spontanen Äußerungen boten Stoff für ein kleines rotes Buch mit dem Titel *The Sayings of Chairman Zalm* (Worte des Vorsitzenden Zalm).

Einer seiner Vorgänger mit Spitznamen „Wacky" ernannte einen Anhänger der Pfingstbewegung zum Verkehrsminister, der

Vorherige Seiten: Jesus kommt – hier recht auffällig. **Links und rechts:** Viele Kanadier haben ihre Probleme mit der eigenwilligen, zuweilen exzentrischen Lebensart Vancouvers.

wegen wiederholter Geschwindigkeitsübertretungen „Fliegender Phil" genannt wurde. Heute ist der über 70jährige Bürgermeister von Kamploops, wo er jüngst äußerte: „Wenn ich lüge, dann nur, weil ich denke, ich sage die Wahrheit."

Gesetzesblüten: Auch die Gesetze treiben in Vancouver zuweilen seltsame Blüten. So wurde etwa gesetzlich verboten, jemandem beim Sprechen die Kleidung mit Speichel zu bespritzen oder auf einem Kamel Hauptverkehrsstraßen entlangzureiten.

Es muß die Atmosphäre sein, die Luft, das Klima, das skurrile wie liebenswerte Exzentriker anzieht oder hervorbringt. Manche behaupten, schon das Wetter Vancouvers kann einen verrückt machen. Man kann morgens Golf spielen und nachmittags Ski fahren, doch es kann auch wochenlang neblig sein, nieseln oder gießen. Ein beliebtes Postkartenmotiv sind zwei gleiche Bilder: tropfnasse Gestalten im Regenmantel mit den Unterschriften „Vancouver im Sommer" und „Vancouver im Winter". Das Gerücht, daß den Einwohnern nach zehn Jahren Schwimmhäute wachsen, ist jedoch übertrieben.

Wer Vancouver sagt, meint Wasser. Seine Bürger zeigen ihre Liebe zum Meer auf ungewöhnliche Art. Das traditionelle 61-Kilometer-Rennen in Badewannen von Nanaimo über die Georgia Strait ist hier ebenso normal wie ein Bad in der eisigen English Bay am Neujahrstag. Als todsicheres Mittel gegen Kater beginnen seit 1927 viele Menschen das Jahr in Abendkleidung oder verrückten Kostümen im Wasser, um zu sehen, wer es am längsten aushält. Vancouvers Autor und Humorist Eric Nicol bezeichnet es als „eine Form des Massenwahns, die den Hang der Stadt zum Masochismus als Sportart demonstriert".

Unbekümmertes Treiben herrscht den ganzen Sommer über am Wreck Beach, wo an sonnigen Wochenenden an bis zu 12 000 Nakkedeis Würstchen, Bier und mit Schokolade überzogene *„magic" mushrooms*, englische Pasteten oder Mousse au Chocolat verkauft werden. Bei einer der vielen Strandhochzeiten trug die Braut einen Schleier, der Bräutigam eine Fliege – und sonst nichts. In den letzten zehn Jahren legte Vancouver eine Vorliebe für chinesische Drachenbootrennen an den Tag. Beim letzten Rennen ruderte der Vorsitzende einer Bank mit seinen Angestellten gegen den Vize einer Luftverkehrsgesellschaft und dessen Bodenpersonal.

Noch mehr Wirbel macht jedes Jahr der Ex-Footballspieler und Geschäftsmann „Butts" Girard mit dem Großen Amerikanischen „Bauchplatscher" in einem der pompösen Hotelswimmingpools von Vancouver. Einzige Voraussetzung zur Teilnahme ist die Figur eines Sumo-Ringers, denn es gewinnt, wer das meiste Wasser verdrängt.

Fallschirmfreaks: Es dürfte niemanden verwundern, daß 1912 der erste kanadische Fallschirmabsprung in Vancouver stattfand. Den ersten Flugzeugabsturz gab es sechs Jahre später, als ein Pilot (der wohl mit der Post nicht zufrieden war) an einem Dach im West End hängen blieb bei dem Versuch, einen Brief in den Garten seiner Tante fallen zu lassen. Der ebenso galante wie wagemutige George McKay baute zur Unterhaltung seiner Freundin eine der großen Touristenattraktionen Vancouvers, die schaukelnde Capilano-Hängebrücke, auf der sich schon Generationen Vergnügungssüchtiger die Nerven kitzeln ließen. Schon der Pionier Colonel Moody war für die holde Weiblichkeit empfänglich und nannte die Gegend des heutigen Vororts Richmond nach einer Tänzerin namens Lulu Sweet

„Lulu Island". Nicht überliefert ist, wie seine Frau ihn genannt hat, als sie davon erfuhr.

Skurrile Persönlichkeiten fühlten sich von der Westküste seit jeher magisch angezogen, denn dort waren sie unter sich. Tom Campbell, Bürgermeister in den sechziger Jahren, hat einmal gesagt: „Wo sonst könnte ein Großmaul wie ich eine Wahl gewinnen, wenn nicht in einer verrückten Stadt wie dieser?" Andere Städte hatten in den sechziger Jahren Hippies und Blumenkinder, Vancouver einen eigenen Stadtnarren. Joachim Foikis, der in Berlin und British Columbia Philosophie studiert hatte, erhielt 1967 vom Canada Council den mit 3500 Dollar dotierten Auftrag, als Stadtnarr Vancouvers in Narrenkostüm und Schellenkappe „Straßentheater" zu machen. Die Stadtväter waren zunächst empört, doch beruhigten sich schnell, als sie die nationale Beachtung registrierten, die ihrer abgelegenen Stadt dadurch zuteil wurde.

Foikis Vorschlag, ihn nach Ablauf seines Engagements aus Steuermitteln (ein Cent pro Bürger, zwei Cent pro Politiker) weiterzufinanzieren, fand jedoch kein Gehör. Sein Vertrag wurde nicht erneuert. Englischprofessor Warren Stevenson dazu: „Foikis verschaffte Vancouver den außergewöhnlichen Ruf einer Stadt, in der Außergewöhnliches alltäglich ist." Etwas später kandidierte ein Mr. Peanut in Foikis Kostüm als Bürgermeister und erhielt sogar ein paar Stimmen. Sonst spielte er unter dem Namen Dr. Brute im Leopardenkostüm Saxophon, oft in Begleitung seiner Frau, der ebenfalls leopardengetupften Lady Brute, und der jungen Künstlerin Anna Banana (selbstredend als Banane verkleidet).

Ausgeflippte Typen haben in Vancouver Tradition. Der stadtbekannte Exzentriker der dreißiger Jahre war „Professor Francis", ein ehemaliger Pianist, der barfuß in alten Schuhen, einem schäbigen Mantel mit vollgestopften Taschen und einer welken Blüte im Knopfloch herumlief. Er störte Konzerte und Veranstaltungen, wo er die wichtigsten Gäste mit langwierigen Erzählungen in Beschlag nahm. Eine feine Dame, die sich auf ihrer Gartenparty mit Freunden unterhielt, unterbrach er unvermittelt mit der Geschichte einer unglücklichen Liebe, die ihn aus der Bahn geworfen habe. Beim Sprechen drückte er der Gastgeberin auf der Suche nach dem letzten Brief seiner verflossenen Liebsten Zettel, undefinierbare, in Servietten gewickelte Objekte und einen alten Pfannkuchen in die Hand.

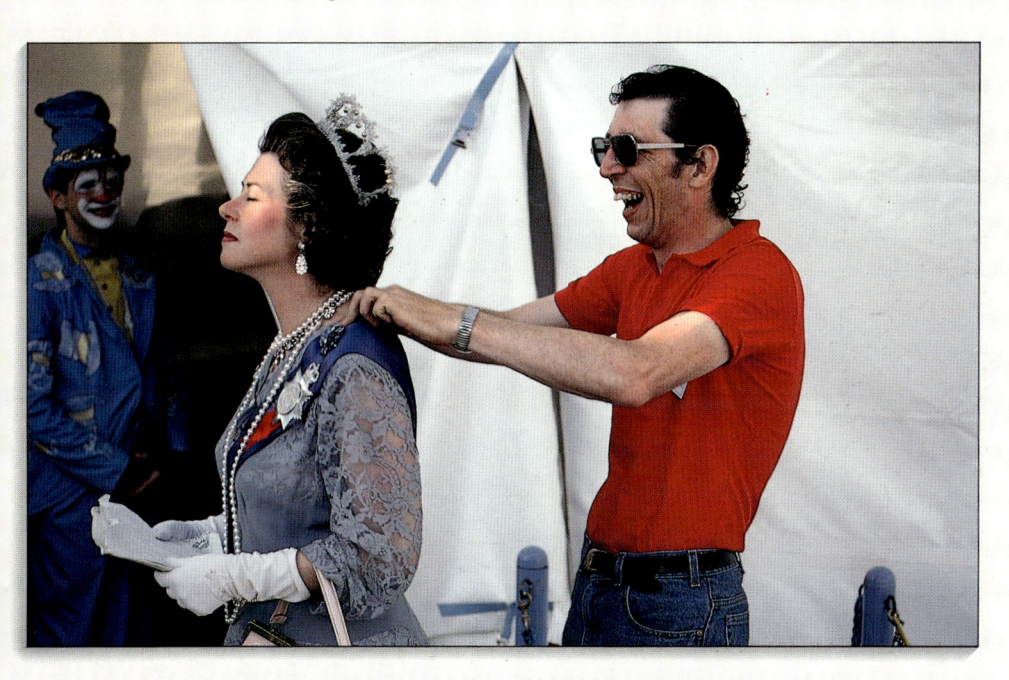

Links und oben: Vancouvers Exzentriker sind skurril, aber liebenswert.

Der Direktor des Orpheum Theatre postierte einmal Wachen, um Francis fernzuhalten. Nachdem dieser es geschafft hatte, zweimal hereinzukommen, und postwendend wieder hinausgeworfen worden war, bot man ihm an, zu bleiben, falls er verriete, auf welchem Wege er eingedrungen sei. „Über die Kohlenrutsche", sagte er und klopfte sich den Ruß ab. Zum Schluß galt sein Erscheinen bei einer Veranstaltung als gutes Omen.

Religiöse Fanatiker gibt es überall, doch in Vancouver waren sie besonders zahlreich. In den fünfziger Jahren gewöhnten sich die unerschütterlichen Vancouveriten an nackte Fleischmassen beleibter, älterer Damen, die sich in und vor dem Gerichtgebäude splitternackt auszogen, um so in der Blütezeit der Doukhobour-Sekte für das Recht zu demonstrieren, ihre eigenen und die Häuser von Abtrünnigen in Brand zu stecken.

Ebenfalls in den fünfziger Jahren gründete ein Sektenführer, der sich „Papst Johannes" nannte, den „Tempel für mehr Lebensfülle" außerhalb der Stadt. Er hatte viele Anhänger, bis er den Namen seiner Kirche dahingehend auslegte, daß er sich mit ihrem Geld und zwei ihrer hübschesten Dienerinnen aus dem Staub machte. Heute ist in dem Bau die populäre Burnaby-Kunstgalerie untergebracht.

Außenseiter als Bürgermeister: Vancouver hatte auch überproportional viele eigenwillige Politiker. Anfang des Jahrhunderts kaufte sich der spätere Bürgermeister Louis D. Taylor etwas Grund und baute eine Garage darauf. Damit war der Besitz 1000 Dollar wert und genügte den Kandidaturanforderungen als Wohnsitz. Er hat jedoch weder dort gelebt, noch besaß er ein Auto, das er dort hätte unterstellen können. Der Unglücksrabe geriet 1928 in einen Flugzeugpropeller und hatte sich kaum davon erholt, als er auf einer Kanutour um ein Haar ertrunken wäre.

Sein Nachfolger Gerald McGeer, erst Milchmann, später Anwalt, liebte auffällig karierte Anzüge und war von Natur aus sehr beredt, doch Kritiker monierten an seiner Aussprache eine „Entzündung der Vokale". Seine wenig taktvolle Reaktion auf die Depressionsjahre war ein teurer, monolithischer Rathausneubau, ein beleuchteter Brunnen in Lost Lagoon und als Krönung aufwendige Feiern zum Goldenen Jubiläum.

Bürgermeister Dr. Lyle Telford war ein Reformer. Er wollte Bordelle abreißen, aber ungern die Mädchen vor die Tür setzen. Seine Worte: „Es ist wirklich nicht fair, sie nach Revelstoke, Calgary, Winnipeg oder anderswohin zu schicken." Für wen das nicht fair gewesen wäre, sei dahingestellt. „Tom Terrific", Bürgermeister in den siebziger Jahren, führte seinen Wahlkampf mit dem Versprechen, „alle Hippies zu rasieren".

Auch die Kunstszene ist anders in Vancouver. Touristen, die in einem der letzten Sommer durch Gastown bummelten, konnten eine als streunende Katze verkleidete junge Schauspielerin sehen, die bei Dreharbeiten zu der Avantgarde-Produktion No 5 Blood Alley an einem Haus herunterkletterte. Die Einheimischen und der Penner, der im Abfall nach Essenresten suchte, achteten kaum auf das Geschehen oder auf die höflich-irritierten Zuschauer von auswärts.

Die konservative Minderheit gerät regelmäßig in Rage über die Aktivitäten der engagierten avantgardistischen Kunstszene. Die Künstlerin Evelyn Roth wurde in den siebziger Jahren bekannt für aus Filmspulen gehäkelte Volkswagenkarosserien sowie riesige aufblasbare Lachse und Weihnachtsmänner. Sie hat einmal geschrieben: „Über den Strömungen des Pazifiks schwebt ein spirituelles Etwas, das unser Leben beeinflußt." Nicht von ungefähr hat mancher den Eindruck, dieses „Etwas" seien wohl Halluzinogene gewesen. Doch als der Lokalkünstler Rick Gibson jüngst ein „Happening" ankündigte, auf dem er die Ratte Sniffy durch ein herabfallendes

Die schlechteste Kunst der Welt: Die Kunst hat die vehementen Attacken des UBC-Professors Dr. Norm Watt überlebt, der 14 Jahre lang Secondhandshops und Trödelmärkte nach den schlechtesten Bildern der Welt absuchte. Ihre Versteigerung brachte der kanadischen Behindertenhilfe immerhin über eine Viertel Million Dollar ein. In seinem „Salon de Réfusés" finden sich Werke, die der Louvre, das Smithsonian oder andere namhafte Galerien abgelehnt hatten.

Links: Log Birling, ein Wettkampf aus der Zeit der Holzfäller. **Oben:** Laternen für den Frieden.

Gewicht töten wolle, ging ein Aufschrei durch Vancouver. Spinner werden hier toleriert, Tierquäler nicht.

Auch die oberen Zehntausend frönen in Vancouver ihren Spleens. Nelson Skalbania etwa, ehemals Promoter und Hotelier, spendete dem YMCA über 250 000 Dollar zum Bau von Racquet-Ball-Feldern – unter der Bedingung, das ihm lebenslang täglich um 17 Uhr ein Platz reserviert würde. „Chunky" Woodward, Warenhauserbe, treibt am liebsten Vieh auf seiner Ranch im Cariboo oder versucht sein Glück mit Lotterielosen. Jimmy Pattison, ehemals Autoverkäufer, heute Multimillio-

Weit draußen im Westen 73

när, kann man sonntags in seiner Fundamentalisten-Kirche Trompete spielen hören.

Murray Pezim, ein ehemaliger Metzger aus Toronto, gewann und verlor in Vancouver mehrmals ein Vermögen mit Bergbauaktien, während er nacheinander eine Reihe hübscher junger Frauen ehelichte und sich wieder scheiden ließ. Vor kurzem erwarb Pezim das glücklose Footballteam BC Lions und feuerte sie zum Sieg an, indem er aus seiner Loge mit überdimensionalen orangefarbenen Handschuhen winkte.

Selbst die Restaurantwerbung Vancouvers ist zum Teil skurril. Das Café Django etwa verspricht „Jeffrey, den Oberkellner aus der Hölle". The Elbow Room schließlich rühmt sich eines unmöglichen Service nach dem Motto „Schimpfen macht Spaß".

Große Teile des Romans *Unter dem Vulkan* von Malcolm Lowry aus den vierziger Jahren wurden in einer schäbigen Hütte am Burrard Inlet geschrieben. Lowry paßte gut nach Vancouver, und in seinem Schuppen trafen sich die berühmten Autoren der Stadt, die zahllose Anekdoten über Lowry kennen: wie er beim Gitarrespielen aus dem Fenster fiel oder wie er einmal ein Hotelzimmer in der Innenstadt nahm, um sich vor seinem New Yorker Agenten zu verstecken, der ein versprochenes (und natürlich nicht fertiges) Manuskript abholen wollte.

Alternative Aktivisten: Doch auch Exzentrizität wird salonfähig, wenn sie aus dem Westen kommt. Als vor über einem Jahrzehnt ein paar engagierte Umweltschützer von Vancouver aus in einer Nußschale bei der französischen Marine im Pazifik gegen Atomtests protestierten, hielt alle Welt sie für verrückt. Heute sind sie unter dem Namen *Greenpeace* weltbekannt und kämpfen überall auf der Erde gegen unbelehrbare Walfänger, gegen Atomschiffe und andere Umweltsünden.

Vancouvers Futurist „Dr. Tomorrow" Frank Ogden lebt in einem schwimmenden, elektrobetriebenen Bungalow unter den Hochhäusern am Coal Harbour, hat drei Roboter, zwei riesige Satellitenanlagen, die ihm 200 Kanäle ins Haus bringen und drei Computer, die ihm Zugang zu 40 000 Datenbanken weltweit verschaffen. Er betreibt einen internationalen Informationsservice, ist als Redner auf der ganzen Welt gefragt und will, obwohl bereits über 70, noch mindestens 15 Jahre so weiter machen – im Gegensatz zu den meisten Menschen, die laut ihm „nur ein Prozent ihrer Hirnkapazität nutzen".

Nach eigenen Worten erhält Ogden „obszöne" Summen von kanadischen Unternehmen für Aussagen wie „im 3. Jahrtausend wird es Ehen zwischen Menschen und Robotern geben". Er ist die Verkörperung der Westküstenexzentrizität, eigenwillig, schockierend, manchmal haarsträubend, doch wie alle Freigeister Vancouvers stets unterhaltsam und hin und wieder ungeheuer treffsicher.

Vancouvers zivilisierte Autofahrer erstaunen den Touristen mit einem freundlichen Piepsen anstelle des gewohnten Hupkonzertes, wenn man das Umschalten der Ampel verschläft. An der Lions Gate Bridge gibt es oft lange Schlangen, weil ein Fahrer geduldig eine Gans mit ihrer Kükenschar passieren läßt. Ungeduldige Besucher aus anderen Städten Kanadas beklagen sich über zu große Gelassenheit, Gleichgültigkeit und Toleranz. Und wenn die Vancouveriten sehen, wieviele dieser Nörgler in ihre Stadt übersiedeln, sind sie geneigt, ihnen beizupflichten.

<u>Links</u>: Flotter Käfer. <u>Rechts</u>: Persönliches Wachstum – innen wie außen.

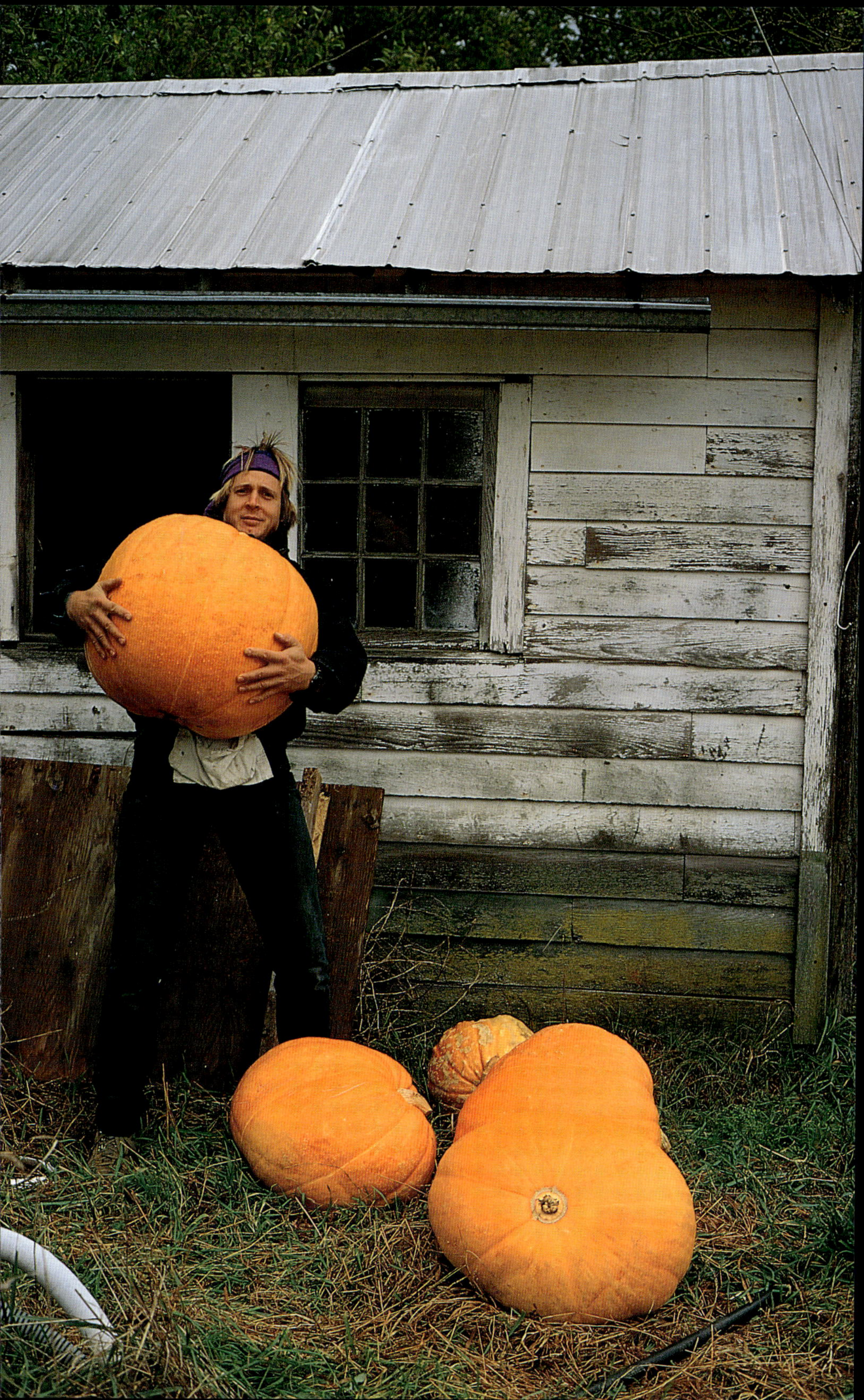

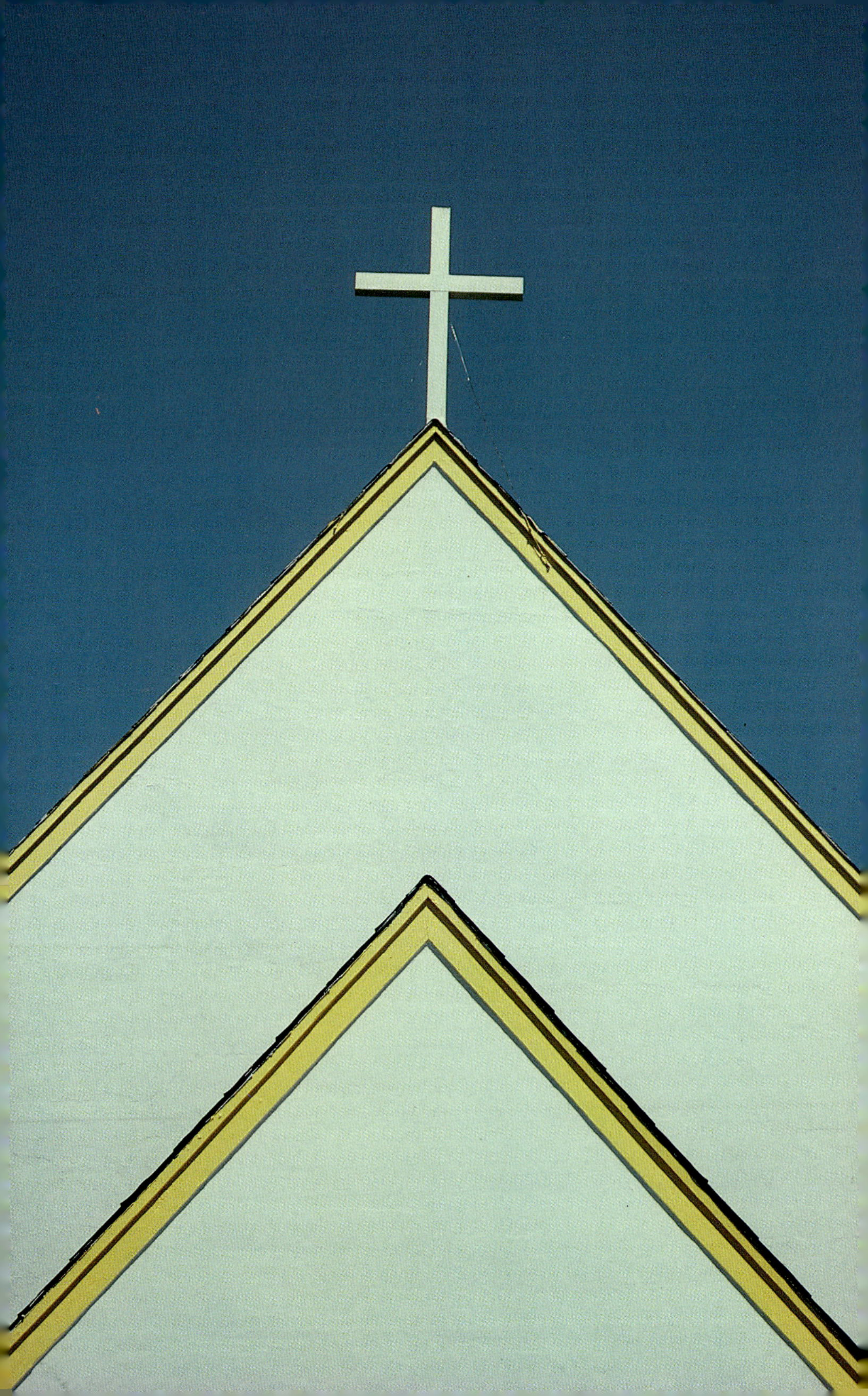

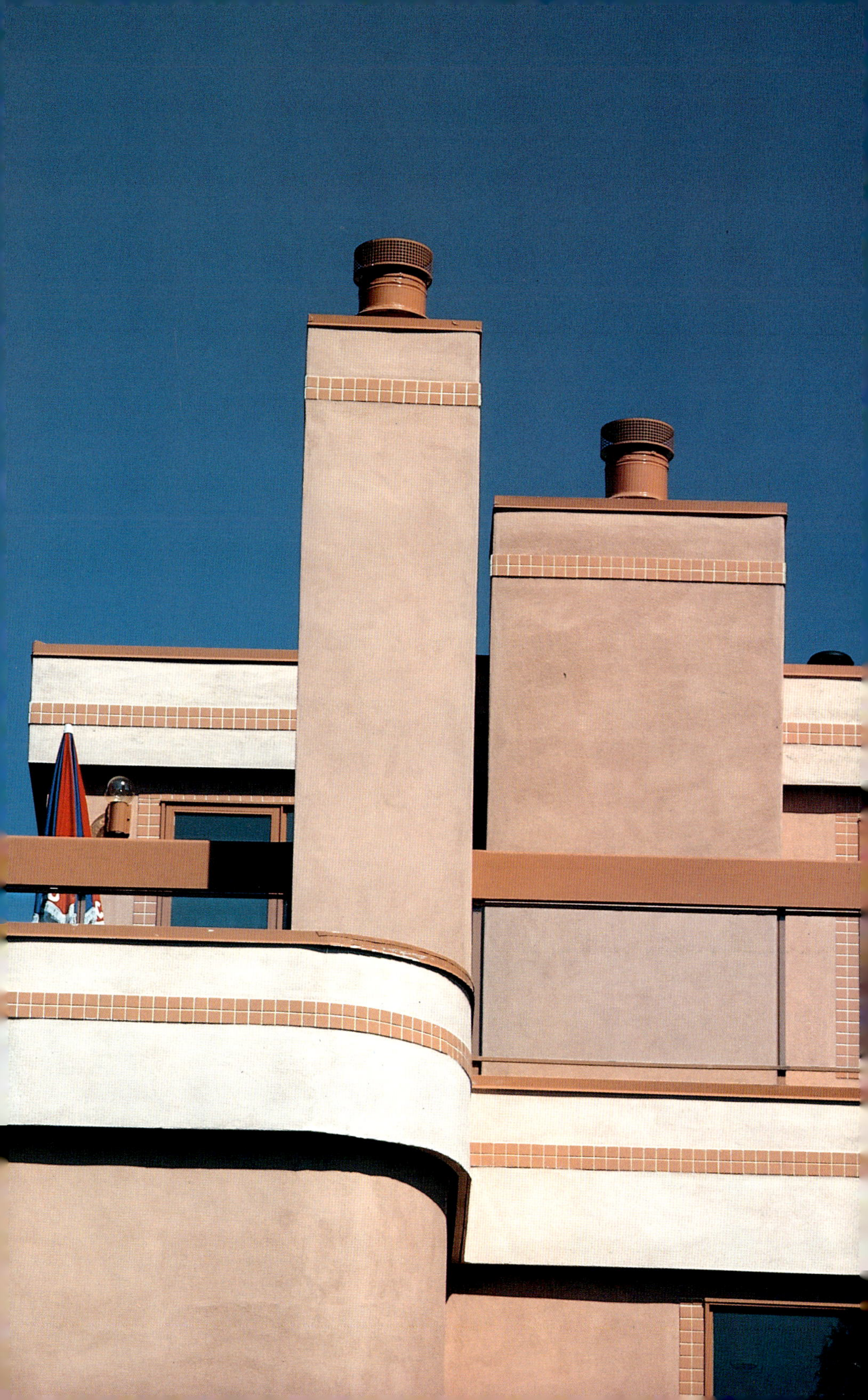

Ein Mann und seine Stadt

Der bekannte Journalist und Schriftsteller Chuck Davis, der oft „Mr. Vancouver" genannt wird, schreibt über seine Liebe zu dieser Stadt.

Ich liebe Vancouver. Als ich mit meinem Vater im Dezember 1944 hier ankam, blühten die Blumen vor dem Bahnhof der Canadian Pacific Railway. Wir waren aus Winnipeg gekommen, wo man im Dezember Temperaturen von minus 20 Grad gewohnt war. Das Klima stellte meine Beziehung zu Vancouver von Anfang an unter einen guten Stern.

Auch die Küste zog mich gleich an. Nichts kommt einem Bummel am geschäftigen Südufer des Inlet gleich – man sieht, wie Schiffe be- und entladen werden und große Lastwagen auf die Docks rumpeln, man erhascht einen Blick in eine Fischfabrik, riecht die feuchte Seeluft und hört das schaurig-schöne Kreischen der Seemöwen. Die Geräuschkulisse der Stadt wäre ärmer ohne sie.

Apropos Geräusch: Zwei einzigartige und unvergeßliche Klänge ertönen Tag für Tag in Vancouver. Mittags schmettert eine Sirene auf dem BC Hydro Building die ersten vier Töne der Nationalhymne „Oh Canada", und um neun Uhr abends donnert das Nine O'Clock Gun im Stanley Park einmal ein Zeitzeichen, das – abgesehen von einer kurzen Unterbrechung während des Zweiten Weltkriegs – eine hundertjährige Tradition hat.

Europäer mögen lächeln, wenn wir von „Tradition" oder „Erbe" sprechen, denn wir sind ja kaum 150 Jahre hier. Die Ureinwohner dieser Gegend können auf eine 8000jährige Geschichte zurückblicken. Einer ihrer berühmten *middens* (Abfallhaufen), der größte, der jemals in Nordamerika entdeckt wurde, liegt noch unter dem Parkplatz des Fraser Arms Hotel.

Beeindruckende Bildhauerkunst: In der Stadt selbst gibt es nur wenige Hinweise auf die Indianerkultur. Eine Vorstellung vom Leben der früheren Bewohner dieses Gebiets vermittelt das Museum of Anthropology auf dem Gelände der University of British Columbia. Der hohe, imposante Bau ist ein Werk des bekannten Architekten Arthur Erickson. Seinen Eingang beherrschen riesige Totempfähle und Bill Reids außergewöhnliche Skulptur *Raven and the First Humans* – Der Rabe und die ersten Menschen.

Reids Darstellung zeigt einen Raben, wie er mit seinem Schnabel eine riesige Muschel öffnet, aus der zaghaft die ersten Menschen blinzeln. (Reid ist übrigens Sohn einer Haida-Indianerin, und einer der renommiertesten Bildhauer Vancouvers. Seine ebenholzschwarze Skulptur *The Spirit of Haida Gwai'i* prangt mächtig und eindrucksvoll vor der Kanadischen Botschaft in Washington.) Wenn mich Freunde besuchen, die in ein bis zwei Tagen die Stadt kennenlernen wollen, schicke ich sie immer in dieses Museum.

Aber ich zeige meinen Gästen auch andere Wahrzeichen der Stadt, etwa das Marine Building in Hastings und Burrard. Der prächtige Bau, heute von pompöseren Nachbarn überragt, wurde gerade zur Weltwirtschaftskrise fertig. Er beherrschte die Skyline, doch stand er jahrzehntelang fast leer, da niemand die hohen Mieten zahlen konnte. Dann kehrte der Wohlstand zurück und mit ihm zahlungskräftige Mieter. Betrachten Sie das Gebäude, das kunstvoll geschnitzte Hauptportal, die Vögel und Flugzeuge, die Schiffe und Seepferdchen, bevor Sie die Halle betreten. Wow! Der Mann, der diese Halle schuf, ging später nach Hollywood und machte Filmdekorationen. Das Marine Building ist immer noch Lieblingskind der meisten Vancouveriten.

Ein Blickfang ist auch das Westcoast Building im westlichen Abschnitt der Georgia Street: Der Bau wird von dicken Drahtseilen gehalten und hängt quasi an einem zentralen Kern. Seines unverwechselbaren Aussehens wegen wurde er für die Fernsehserie *MacGyver* als Hauptquartier der geheimnisvollen Operationen MacGyvers ausgewählt.

Bogue Babicki, der Ingenieur, der dieses Gebäude entwarf, arbeitete auch für die Expo 86 an der *Science World* von Bruno Freschi mit, im Volksmund respektlos „Golfball" genannt. Gerne zeige ich Besuchern diese leuchtende Kugel an der Quebec Street. Hier finden häufig wechselnde Ausstellungen und Shows zum Thema Wissenschaft statt, mit Schwerpunkt auf Veranstaltungen, bei denen Kinder aktiv mitwirken können.

Sakralbauten: Auch einige Kirchen sind unter den Gebäuden, die ich meinen Gästen zeige. Da ist die kleine russisch-orthodoxe Kirche in der Campbell Street mit dem blauen Zwiebelturm. Der russische Priester hatte sie selbst erbaut und fand bei den Arbeiten am Turm den Tod. Oder St James's Anglican, ein merkwürdiger byzantinischer Bau; der Bauherr war aus dem Nahen Osten gekommen und steckte sein Vermögen in dieses etwas skurrile Gotteshaus.

Und schließlich Holy Rosary Cathedral, die schöne katholische Kirche, deren Standort auf eine eine romantische Geschichte zurückgeht. Als der damalige Bischof der Stadt um Rat gebeten wurde, wo die neue Kirche gebaut werden sollte, blickte er auf die hohen Wälder, die das heutige Zentrum Vancouvers bedeckten, und deutete auf den höchsten Baum. „Dort", sagte er, „baut sie dort!"

Neben Glen Brae gibt es in der Gegend von Shaughnessy Heights Dutzende riesiger und eindrucksvoller Häuser, viele ursprünglich für die höheren Angestellten der Eisenbahngesellschaft gebaut. Eine Fahrt durch die kur-

Vorhergie Seiten: Zwei bemerkenswerte Fassaden der Stadt. **Links**: Chuck Davis in seinem Lieblingsrestaurant, dem *On On Tea Garden*. **Oben**: Indianische Schöpfungsgeschichte: *Der Rabe und die ersten Menschen*.

vigen, ruhigen, baumgesäumten Straßen dieses Viertels ist immer wieder ein Genuß.

Wenn Sie Chinatown besuchen (nicht, wie in jedem Stadtführer steht, das zweit-, sondern das drittgrößte Chinesenviertel Nordamerikas – wir werden von San Francisco *und* New York ausgestochen), müssen Sie sich das World's Famous Building ansehen. So wird es von Eigentümer und Immobilienmakler Jack Chow genannt. Das Sam Kee Building von 1912, das der geschäftstüchtige Mr. Chow gekauft und teilweise selbst bezogen hat, ist nur zwei Meter breit und damit das schmalste Geschäftshaus der Welt. Es beherbergte zeitweise bis zu 14 Firmen und im Dachgeschoß sogar einmal eine fünfköpfige Chinesenfamilie. Das war absoluter Weltrekord und somit einen Eintrag ins Guinness-Buch wert.

Ausgefallene Fassaden: In Chinatown gibt es noch mehr ausgefallene Fassaden. So gilt der Nordteil der Pender Street als schönste historische Häusergruppe Kanadas. Die Bauten von 1886 bis 1920, so ein bewundernder Architekt, zeigen einen Stil, „der an die Geschäftshäuser der stolzen Städte Shanghai und Peking und der Provinz Kanton erinnern. Zurückgesetzte Balkons, Simse und Giebel zieren die Ziegelfassaden, die oft die Daten ihrer Entstehung tragen."

Chinatown ist ein Erlebnis für Auge und Ohr: Gegrillte Enten hängen in den Fenstern, „hundertjährige" Eier ruhen im *bok coi,* seltsam geformte Gemüse liegen Seite an Seite mit alltäglichen Nahrungsmitteln in Hunderten von Straßenständen, in den Läden stapeln sich Woks, Laternen, Buddhastatuen, Lampen, Kräuter, Bücher und anderer Krimskrams. Helle Neonschriftzeichen locken Sie in Restaurants mit ellenlangen Speisekarten, Seite um Seite voller abwechslungsreicher kulinarischer Köstlichkeiten. Samstag und Sonntag sind die geschäftigsten Tage. Dann kaufen die vielen tausend Chinesen Vancouvers ihre Lebensmittel ein.

Reicht die Zeit nur für ein Restaurant, würde ich On On Tea Garden empfehlen, ein kleines, informelles Juwel, das schon seit 25 Jahren das Lieblingslokal meiner Familie ist.

Das Gebäude des Museum of Exotic World in der Main Street ist wenig reizvoll, doch gehen Sie trotzdem hinein. Es beherbergt eine ungewöhnliche Fotosammlung (viele aus dem *National Geographic Magazine*) und Kunstgegenstände aus allen Winkeln der Erde – aus Afrika, dem Fernen Osten, Südamerika und noch weiter – die Harry Morgan und seine Frau auf ihren Weltreisen zusammengetragen haben. Harry freut sich über Besucher und erzählt gern von den Abenteuern, die er in fernen Ländern erlebt hat – oder die Sie dort erleben könnten. Ein kostenloses Vergnügen, das Sie sich nicht entgehen lassen sollten.

Die Mode, alte Gebäude in glitzernde Ladenpaläste zu verwandeln, hat auch in Vancouver Einzug gehalten. Besonders gute Beispiele für solche Projekte sind Sinclair Centre und City Square. Der Vorreiter für derartige Vorhaben war Gastown: Ein ganzer Häuserzug heruntergekommener Geschäfte und schäbiger Büros wurde vor 20 Jahren in eine stark frequentierte und sehr populäre Ladenstraße mit kleinen Boutiquen, Bistros und Cafés verwandelt.

Gastown ist immer noch einen Bummel wert. Der Hafen, nur ein paar Schritte entfernt, ist immer wieder zwischen den Häuserreihen sichtbar. Kunstgalerien, Buchhandlungen – allen voran William Hoffers große, einmalige Canadiana-Sammlung, die jedem ernsthaften Buchsammler mit dem nötigen Kleingeld einen Besuch wert sein sollte –, Andenkenläden, Antiquitätenhandlungen, ausländische Geschäfte… es gibt unendlich viel zu sehen und genügend Einkehrmöglichkeiten mit enormer Speisenvielfalt.

Schnappschuß: Eine der bekannteren Skulpturen der Stadt steht in Gastown. Sie soll Gassy Jack darstellen, den redseligen Saloonbesitzer, nach dem Gastown benannt wurde. Ich sage „soll", weil die Statue von Vern Simpson nach einem Foto angefertigt wurde, das man vor 20 Jahren willkürlich auswählte. Ein Komitee suchte auf alten Fotografien nach einem Mann wie Jack und entschied sich für einen beleibten, bärtigen Gentleman – Name unbekannt –, der sich an einen Stuhl lehnt. Diesen Herrn sehen Sie heute als Gassy Jack.

Für Statuen zweifelhaften Ursprungs müssen wir eine besondere Vorliebe haben – so wird uns jedenfalls häufig nachgesagt. Stadtbekanntes Beispiel ist der lebensgroße Captain George Vancouver nördlich der City Hall, der bedeutungsvoll irgendwohin zeigt. Die Statue wurde nach einem Gemälde gefertigt, daß lange Zeit in dunklen Ecken hing, weil man nicht sicher war, ob es tatsächlich Vancouver darstellt. Manche tippen auf Georges Bruder Charles Vancouver, Autor botanischer Werke. Wenn ich bei Schulveranstaltungen zur Stadtgeschichte Dias dieser Statue zeige und frage, wen sie darstellt, kommt unweigerlich die Antwort: „George Washington".

Dieses Bildnis und andere Statuen der Stadt schuf Charles Marega in den dreißiger und vierziger Jahren. Der gebürtige Schweizer kam mit seiner Frau auf der Durchreise nach Vancouver, verliebte sich in die Stadt und blieb. Marega verdanken wir viele unserer besten Skulpturen und auch die imposanten Löwen im ägyptischen Stil, die das Südende der Lions Gate Bridge zieren. Leider hat seine persönliche Geschichte kein Happy End – kurz nach der Fertigstellung der Brückenlöwen in der Zeit der Wirtschaftskrise starb er mit nur acht Dollar auf der Bank.

Da wir gerade bei Skulpturen sind, *The Crab* (der Krebs), das schimmernde, stachlige Werk von George Norris vor dem Komplex des Vancouver Museum und MacMillan-Planetariums *(siehe Bild auf S. 155)* gilt als meistfotografiertes Objekt der Stadt. Ein Brunnen füllt das Innere dieses ungewöhnlichsten Freilichtkunstwerks der Stadt mit Wasser. Das Museum selbst sieht aus wie ein Raumschiff und ist unbedingt besuchenswert.

In den bald 50 Jahren, die ich Vancouver jetzt kenne, hat die Stadt durch mehrere Einwandererwellen unglaublich gewonnen. Die Stadt zog eine erstaunliche Mischung von Nationalitäten an: Griechen, Deutsche, Italiener, Ungarn, Tschechen, Polen, Thais, Chinesen, Japaner, Vietnamesen, Filipinos. Ihre Lokale und Läden beleben fast jede Straße Vancouvers und machen es möglich, an Ort und Stelle international zu essen und einzukaufen. Das kosmopolitische Flair der Stadt ist überall spürbar. In Vancouver und Umgebung gibt es über 3000 Restaurants. Ich hoffe, daß Sie Zeit haben, viele davon zu besuchen.

Und ich wünsche Ihnen, daß Sie Zeit genug haben, möglichst viel von Vancouver und seiner Umgebung kennenzulernen. Wenn Sie mit mir unterwegs wären, wäre der Anfangs- oder Endpunkt unserer Stadtrundfahrt eine Stelle am Upper Levels Highway, gleich über dem Inlet, auf halber Höhe in den Bergen. Von hier überblicken Sie die ganze Stadt. Ein unvergeßlicher Anblick!

Links: Füllhorn. **Rechts:** Die Zwillingskuppel von Glen Brae von 1910, Wahrzeichen des Stadtteils Shaughnessy Heights.

Ein Mann und seine Stadt

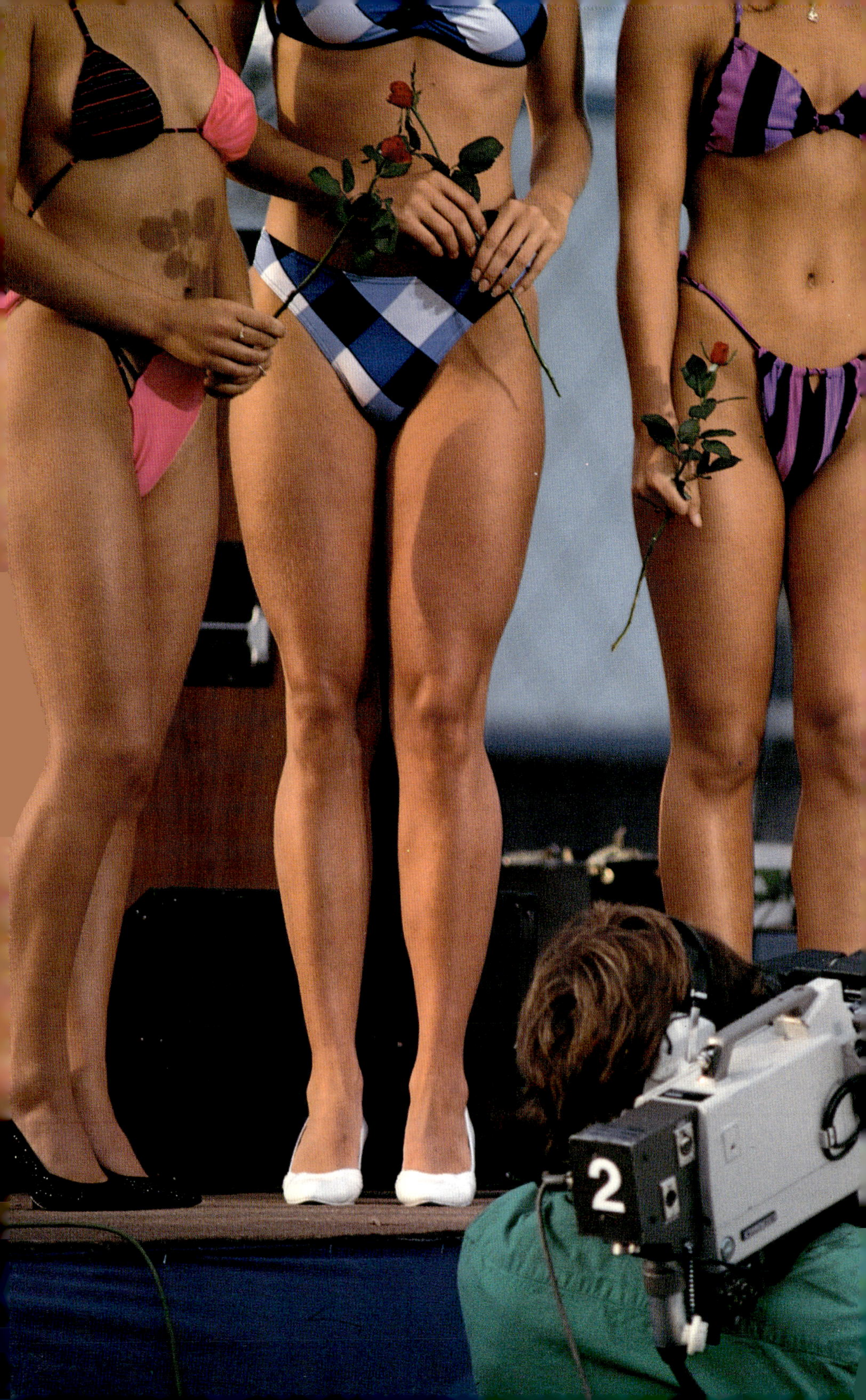
2

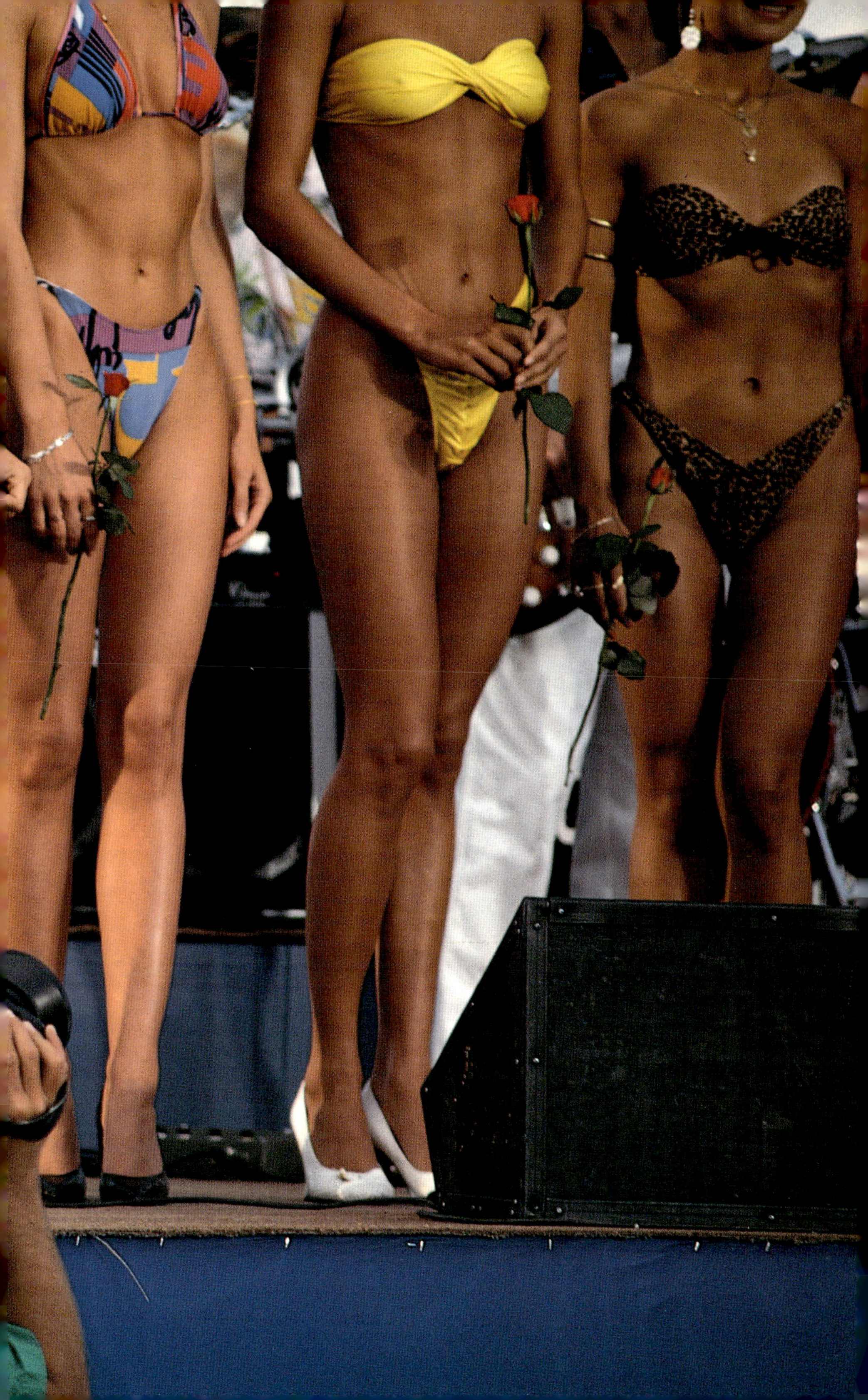

HOLLYWOOD DES NORDWESTENS

Wenn in Vancouver von einem „Schuß" in der Georgia Street die Rede ist, geht es nicht etwa um ein Verbrechen. Den Vancouveriten sind die Fahrzeuge und die Teams, die Kabel und die Geräusche einer Filmproduktion so vertraut wie das Fachchinesisch dieser ihrer größten Wachstumsbranche.

Seit 1978 ist das Filmgeschäft in British Columbia von 12 Millionen auf 350 Millionen Dollar zu Beginn der neunziger Jahre angewachsen. Hinzu kommt die halbe Milliarde Dollar, die direkt oder indirekt durch die Filmindustrie in die regionale Wirtschaft fließt. Schätzungsweise 4000 Menschen arbeiten in der Filmbranche. Mit den viertgrößten Studioanlagen Nordamerikas nimmt Vancouver bei der Serienproduktion fürs Fernsehen Platz zwei hinter Los Angeles ein. In einem der letzten Jahre wurden 332 Stunden Serien, Pilotfilme und Fernsehproduktionen gedreht. Dieser Rekord wurde dann von Florida wieder gebrochen. Ansonsten wird nur in Kalifornien und New York noch mehr produziert.

Wie ihr Gegenstück weiter südlich an der Pazifikküste hat Vancouvers Filmindustrie viele Legenden und Anekdoten hervorgebracht. Da war die Frau, die in der Eisdiele dem Kinohelden Mel Gibson begegnete – „oder war es Paul Newman?" –, völlig entrückt ihre Waffel mit Kirscheis in die Handtasche schob und den Star um ein Autogramm bat. Da war das Ehepaar, dessen Haus innerhalb von 24 Stunden von oben bis unten für Filmaufnahmen renoviert wurde, „und nicht nur das ... wir bekamen sogar noch Geld dafür!" Und dann war da noch der verkaterte Pendler, der an einem Julimorgen verstört ins Büro kam und erzählte, er habe gerade den Weihnachtsmann gesehen.

Scheinwerfer, Kamera, Action: Die Nähe zu Los Angeles – nur knapp drei Flugstunden – ist nur ein Grund, warum es Filmteams nach Vancouver zieht. Außerdem sind hier erfahrene Crews, exzellente Studios und modernste

Vorige Seiten: Langstielige Rosen für langbeinige Nixen. **Rechts**: Drehort in West Vancouver.

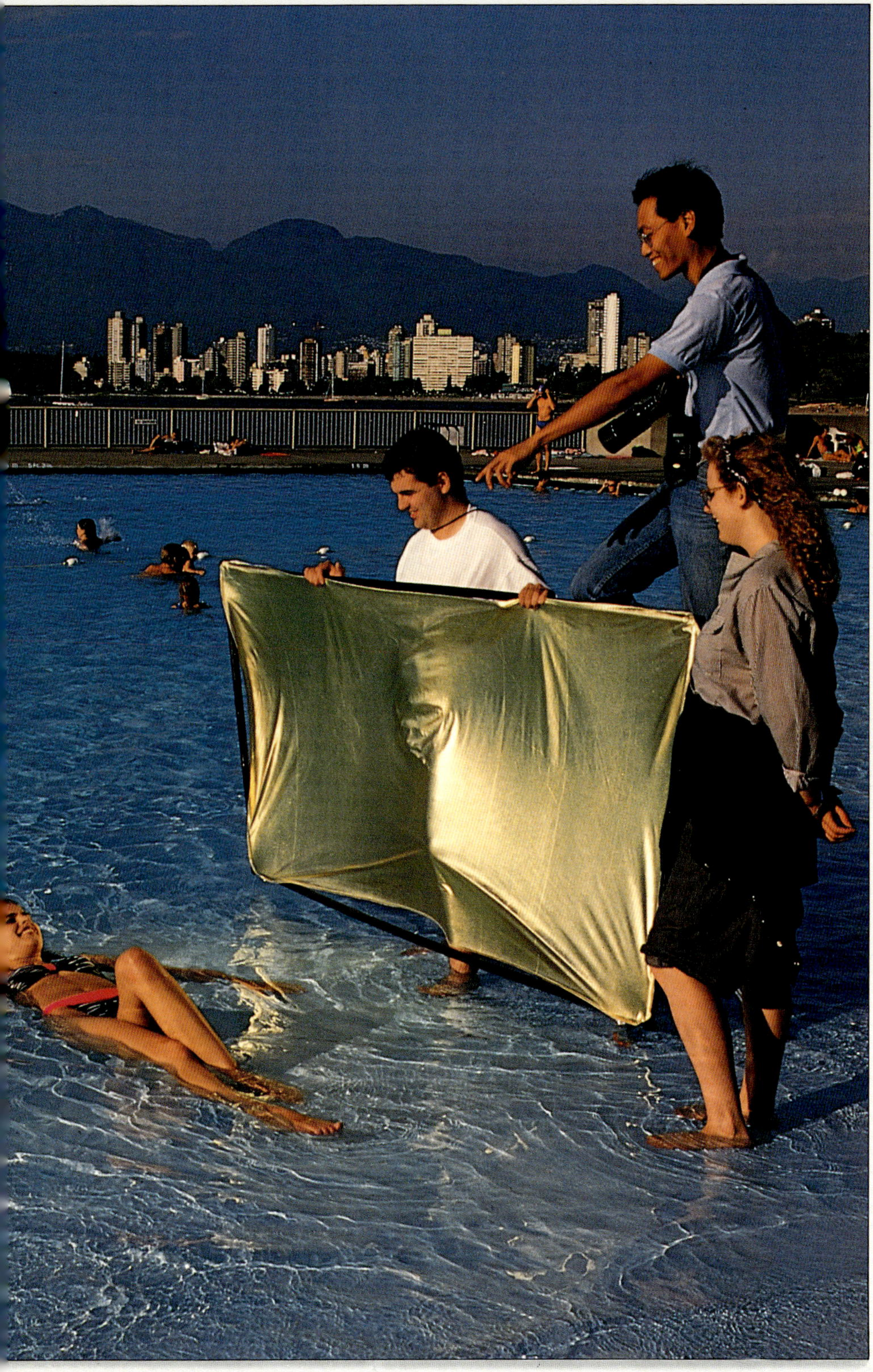

Aufbereitungstechnik zu finden. Und schließlich werden in Vancouver Regisseur- und Autorenstreiks weder angedroht noch durchgeführt. Doch der Hauptgrund dafür, daß Vancouver und Umgebung sich zum Hollywood des Nordwestens gemausert haben, ist die Vielfalt an leicht zugänglichen Drehorten. „Alles, was man sich vorstellen kann, hat die Filmindustrie verwendet, verlangt oder in die Luft gejagt", meint Mark Desrochers, ehemaliger Direktor der BC Film Commission.

Ursprünglich und ungeschliffen präsentiert die Natur in Vancouver schneebedeckte Gipfel, weite Sandstrände und blaues Wasser in nächster Nachbarschaft. Für Produzenten mit

te Schlucht mit abenteuerlicher Hängebrücke oder per Seilbahn und Sessellift zu den Skipisten des Grouse Mountain. Das Gelände der Simon Fraser University auf einem Berg weiter östlich mit seinem futuristischen Glasaufbau eignet sich ideal für Science-fiction-Abenteuer. Nur 30 Autominuten weiter liegt Pitt Polder, ein Stück Land, das holländische Einwanderer vor über 50 Jahren aus dem Meer gewannen. Das flache, leere Gelände, das an Bilder van Dycks oder Rembrandts erinnert, ist ein Paradies für Bühnenbildner.

Für die auch in Europa bekannte Serie *MacGyver* wurde Pitt Polder mit einer paar Hütten und leeren Ölfässern zu einem kambodschani-

einem riesigen Rattenschwanz von Beleuchtern, Regieleuten, Requisiteuren, Kameramännern, Assistenten, Arbeitern, Helfern und Schauspielern birgt dieser Umstand unschätzbare finanzielle Vorteile.

Die Vancouveriten preisen mit wachsender Begeisterung und auch Schamlosigkeit die Vorzüge ihrer Stadt. „Vormittags Skifahren, nachmittags Segeln" ist ein beliebter Slogan, stets gefolgt von einem überlegenen und zufriedenen Lächeln. Tatsache ist, man kann das wirklich.

In kürzester Zeit gelangt ein Aufnahmeteam aus einer Stadtwohnung in eine bewalde-

schen Flugfeld umfunktioniert. Ted Danson und Isabella Rossellini verlieben sich hier in dem Film *Seitensprünge*, der Bilderbuchansichten von Vancouver beinhaltet. Die Stadt war außerdem Schauplatz für *This Boy's Life* mit Robert De Niro und Ellen Barkin und für Burt Reynolds' Produktion *Schrei im Morgengrauen* mit Ryan O'Neal und Katharine Hepburn in den Hauptrollen.

Idyllische Wasserfälle, saftige Wiesen, weites Grasland, Landstraßen, Seen und Teiche, Bergwiesen (falls je ein zweiter Teil von *The Sound of Music* gedreht werden sollte) und sogar Savanne – Vancouver hat alles vor der Haustür, was die Natur bieten kann. Es fehlt nur die Landschaft, die in der Branche *Big Western Look* heißt – Wüste, Steppenroller, Salbeibüsche. Dafür muß man einen halben Tag ins Landesinnere fahren.

Chamäleon-City: Am meisten gefilmt wird im Lower Mainland, dem Gebiet, das ungefähr die Stadt Vancouver und ihre Vororte umfaßt. Mit seinen typisch amerikanischen anonymen Hochhausblocks in der Innenstadt, Seite an Seite mit alten, teilweise verfallenen Lagerhäusern, kann Vancouver je nach Bedarf als New York, Hongkong, Los Angeles, das Boston der Jahrhundertwende, Detroit, London oder San Francisco herhalten.

tauscht man lediglich das Ahornblatt gegen das Sternenbanner, stellt ein paar Briefkästen an den Straßenrand und steckt statt der *Vancouver Sun* den *Philadelphia Star* hinein. Mit magnetischen Nummernschildern aus den USA an den Autos ist die Illusion perfekt.

Wie jede Hafenstadt hat auch Vancouver eine schäbige, schmutzige Seite. Lagerhäuser, Fabriken, Docks und Ölraffinerien säumen Teile der Küste, und wenn ein Drehbuch für die Schlußszene eine schäbige, dunkle Gasse vorsieht – was nicht selten vorkommt –, bietet Vancouver eine große Auswahl, darunter die Blood Alley mit dem vielsagenden Namen sowie die wohl am meisten fotografierte Gas-

Yaletown, ein Viertel mit alten Ziegellagerhäusern, das gerade restauriert wird, und Gastown mit dem bügeleisenförmigen Europa-Hotel und Kopfsteinpflaster verwandelt sich nach Wunsch problemlos in Baltimore oder Philadelphia. Gastown verwandelte sich für *Die unendliche Geschichte I* und *II* in München. In dem Thriller *Shoot to Kill* war Vancouver ausnahmsweise als Vancouver zu sehen. Um Vancouver in die USA zu versetzen,

se Nordamerikas beim Block 100 der East Hastings Street.

Nur die radikalsten Dokumentarfilmer wollen die Gassen aber so, wie sie sind. Aus hygienischen Gründen werden sie normalerweise mit Hochdruckschläuchen gereinigt und mit „sauberem" Unrat wie Tüten voller Recycling-Schaumstoff dekoriert. Nach den Dreharbeiten wird die Gasse dann ein zweites Mal gereinigt. Verglichen mit amerikanischen und europäischen Großstädten ist Vancouver ausgesprochen sauber. Es wird erzählt, daß einmal ein amerikanisches Filmteam, dem eine Gasse zu sauber war, darin Abfall verteilt

Links: Gut zugängliche Drehplätze sind finanziell interessant. **Oben:** North Shore Studios, größtes Studio Kanadas, sind nicht zu besichtigen.

Die Filmstadt 87

hat. Während das Team nach Vorbereitung des Sets zum Mittagessen war, leistete ein übereifriger Reinigungstrupp der Stadtverwaltung ganze Arbeit …

Ideale Drehorte: Am reizvollsten für kostenbewußte Produzenten sind Drehorte, die wenig oder gar nicht verändert werden müssen. Das ehemalige Provinzgericht in der Robson Street, in dem heute die neoklassizistische Kunstgalerie Vancouvers untergebracht ist, wird gern für Prozeßszenen genutzt. Das Burnaby Heritage Museum bietet vollständig restaurierte, historische Gebäude: Wohnhäuser, ein Schulhaus, sogar einen Miniaturbahnhof. Es gibt auch zwei echte Bahnhöfe, das separat gelegene Bahnhofsgebäude von Canadian National in der Main Street, von wo bis zum Ende der achtziger Jahre Neuankömmlinge aus Ostkanada einen ersten Blick auf Vancouver warfen, und der berühmte Bahnhof der Canadian Pacific Railway. Er beherbergt heute die Endstation für die Fähre SeaBus sowie die BC Film Commission. Den *Royal Hudson*, Kanadas letzten dampfbetriebenen Zug, und das *Love Boat*, das häufig in Vancouver festmacht, kennen Sie vielleicht auch schon von der Leinwand.

Vancouvers Wohnhäuser sind kaum 100 Jahre alt, doch von großer architektonischer Vielfalt. Außer den „Vancouver Specials" (faden, schuhkartonähnlichen Zweifamilienhäusern ohne jeden Schmuck) gibt es keine ortstypische Bauweise. Die Holzbarone des letzten Jahrhunderts zeigten ihren Reichtum in imposanten Anwesen. Heimwehkranke Einwanderer bauten sich englische Cottages mit Holzschindeldächern, säulenverzierte griechische und italienische Villen und spanische Häuser mit Stuck und Kacheln.

Die sogenannten Monsterhäuser sind unglückliche Verbindungen von Rokoko, Olde English und Renaissance, unschöne Hybriden mit schmiedeeisernen Toren und Steinlöwen. Doch gerade dieser Stilmischmasch macht Vancouver für Filmemacher so interessant. Das, was man als „Westküstenarchitektur" bezeichnet – harmonische Konstruktionen aus Holz und Glas –, findet sich in den Klippen und Cañons von North und West Vancouver und muß oft für die Hollywood Hills herhalten. Die BC Film Commission meint dazu: „Man braucht nur ein paar Palmen, und plötzlich sieht man ein exklusives Haus in einer exklusiven Wohngegend."

Die Filmindustrie ist eine aufwendige Branche: Es werden ganze Straßen gesperrt, Autos umgeleitet und Parkplätze belegt. Für den einen sind Kabel im Vorstadtrasen, Scheinwerfer, Kameras und das Filmteam ein Ärgernis, der andere lebt nicht schlecht davon. Die BC Film Commission hat über 1000 Häuser als potentielle Filmschauplätze in ihren Akten, und Agenten klopfen an viele Türen, um weitere zu finden.

Zu diesen Akten haben Produzenten aus aller Welt Zugang. Jeden Tag registriert die BC Film Commission bis zu 17 kanadische, amerikanische, europäische und asiatische Produktionen. Vancouver war langfristiger Serienschauplatz, etwa für *MacGyver, 21 Jump Street* (mit Johnny Depp, der später Edward mit den Scherenhänden spielte) und *Danger Bay*, das vor allem im Vancouver Aquarium und im malerischen Dorf Deep Cove spielte.

Nackte Polizisten: Im Drehortarchiv der BC Film Commission findet sich alles vom Flughafen bis zum Kriegerdenkmal, doch trotz 70 000 vorhandener Fotografien wird es manchmal bis an seine Grenzen strapaziert. Für *Flesh Gordon Meets the Cosmic Cheer-*

leaders etwa wünschten sich die Produzenten ein Berggelände, das aussehen sollte wie zwei weibliche Brüste. Ein anderes Mal wurde der Commission ein Wunsch nach Bäumen mit so starken Ästen vorgelegt, daß als Feen verkleidete Tänzerinnen darauf stehen und tanzen könnten. Und schließlich suchte ein US-Kabelkanal einen Drehort für eine Show mit nackten Polizisten.

Serien oder termingebundene Filme können bei jedem Wetter gedreht werden: der Regen ist selten so stark, daß man ihn im Film wahrnimmt. Verlangt das Drehbuch einen Regenguß, benutzt man Regentürme, um das hiesige halbherzige Nieseln zu verstärken.

Städtische Stars: Im Laufe der Zeit brachte Vancouver auch eigene Stars hervor. Manche wurden berühmt, manche gerieten in Vergessenheit, und viele ergriffen die erstbeste Gelegenheit, nach Hollywood zu gehen – wo sie dann mehr oder weniger erfolgreich waren: Yvonne De Carlo, heißblütige Hauptdarstellerin in *Salome Where She Danced, Lied des Orients* und *Falsche Sklavin*; June Havoc, *Dainty Baby Jane*, schon mit sieben Jahren beim Varieté, spielte in *Meine Schwester Ellen*, doch wurde sie bekannter als Schwester der Stripperin Gypsy Rose Lee; Barbara Parkins, die fünf turbulente Jahre die Betty Anderson in der Fernsehserie *Peyton Place*

Nur manchmal spielt das Wetter überhaupt nicht mit. Die Paramount baute am Stave Lake eine Filmstadt für *Wir sind keine Engel*, weil ihr das übrige Kanada zu kalte Winter hatte. Prompt folgte der kälteste Winter, den Vancouver je erlebt hatte. Vom Regenwald angezogen kam das Film- und Kamerateam für *Ferner Donner* nach Vancouver, aber wie es der Teufel wollte, regnete es 61 Tage lang keinen Tropfen.

Links: Yvonne De Carlo in Stanley Park. **Oben**: Mariel Hemingway spielte das Pin-Up-Girl Dorothy Stratten in dem Film *Star 80*.

(deutscher Titel *Glut unter der Asche*) spielte; Beverley Adams, Autorin, Ex-Frau des Starfriseurs Vidal Sassoon und Star von *How To Stuff a Wild Bikini*; Katherine DeMille, eine von Cecil B. DeMille adoptierte Waise, die in den dreißiger und vierziger Jahren exotische Hauptrollen spielte. Und dann Dorothy Stratten, die die rauhe Straße nach Hollywood zu einem Leben als Playboy Bunny führte, bis sie von der Hand ihres eifersüchtigen Ehemannes starb und von Mariel Hemingway in *Star 80* unsterblich gemacht wurde.

War Sinnlichkeit das Merkmal der weiblichen Stars aus Vancouver, so hat man selten so

Die Filmstadt

solide, phlegmatische und wenig erotische Männertypen gesehen wie Vancouvers Schauspieler: Raymond Burr, neun Jahre lang *Perry Mason*, acht Jahre *Ironside*, stammt aus Vancouvers ältestem Stadtteil New Westminster. James Doohan wurde als Scotty aus der Serie *Raumschiff Enterprise* und bekannt. Chief Dan George, kurz vor der Jahrhundertwende im Burrard Indianerreservat North Vancouvers geboren, erhielt 1970 für seine Rolle als Cheyenne-Häuptling in *Little Big Man* für einen Oscar.

Erst Yuppie-Inbegriff Michael J. Fox aus *Family Ties* ließ Frauenherzen höher schlagen – und er blieb nicht der einzige. „Hier haben hier die Serie *MacGyver* verfilmt, bis sie nach vier Jahren in Los Angeles fortgesetzt wurde. Die größte Studioanlage Kanadas haben die North Shore Studios in North Vancouver. Ihre sieben Tonstudios und Bürobauten haben moderne und historische Fassaden, von Reihenhäusern bis zu Kleinstadtwohnhäusern, sozusagen eine Front als Hintergrund.

Während man den Spürsinn eines MacGyver braucht, um einen geeigneten Drehort ausfindig zu machen, kostet es nur wenig mehr als einen Anruf, wenn man als „Extra" in die Filmbranche einsteigen will. Die rund 40 Vermittlungsagenturen in Vancouver brauchen lediglich folgendes: „Kommen Sie vor-

schon deutsche Mädchen heulend an die Tür getrommelt, um MacGyver zu sehen", erzählt ein Studiosprecher. Um Richard Dean Anderson, Michael J. Fox oder andere Publikumslieblinge vor stürmischen Fans zu schützen, sind Vancouvers Film- und Fernsehstudios im Gegensatz zu denen Hollywoods für die Öffentlichkeit nicht zugänglich.

Das ist bedauerlich, denn sie gehören zu den besten in Amerika. Auf einem ehemaligen Brückenbaugelände (Teile der Golden Gate Bridge stammen von hier) eröffneten 1987 die Bridge Studios Nordamerikas größte Effektbühne und drei Tonstudios. Als erstes wurde bei und geben Sie uns Ihre Daten: Größe, Gewicht und Maße. Wir machen ein Bild, und dann schicken wir Sie zur Arbeit." Über tausend Staranwärter im Alter von 6 bis 90 sind bei ihnen registriert.

Nur selten macht jemand damit ein Vermögen, doch viele arbeiten gerne umsonst. Man denke nur an die Massen, die sich an einem Sommertag in glühender Hitze freudig ihre dicken Wintersachen anzogen, um beim Kampf von Sylvester Stallone und Dolph Lundgren in *Rocky IV*. Zuschauer zu spielen. Manchmal bekommt man bis zu 17 Dollar die Stunde für „Extras" – Auftritte als Polizist oder Anwalt; doch die meisten Statisten kriegen nicht mehr als fünf. „Sie heißen Extras", so die Agentur, „weil man extra Geld dafür bekommt."

Erfolgreiche „Extra"-Statisten wissen, daß man sich auf keinen Fall den Stars nähern oder sie gar ansprechen darf. Filmfans, die hier ihrem Lieblingsstar begegnen wollen, haben schlechte Karten. Die BC Film Commission hat zwar eine Liste aller aktuellen Dreharbeiten, doch über die genauen Drehorte schweigt sie wie ein Grab.

Echo auf die Expo: 1986 blickte die Welt auf Vancouver und die Weltausstellung. Filme mit wenig Dialog und viel Effekt waren damals der Renner in der transglobalen Kommunikation, und während von der Expo 86 nichts übrig blieb, ist die Filmtechnologie, die hier erstmals vorgestellt wurde, immer noch Touristenattraktion. Sie ist im gläsernen Golfball der Science World zu sehen, einem Technologiezentrum zum Anfassen am Ende vom False Creek, vom Canada Place mit dem SkyTrain nur ein paar Minuten entfernt. Imax und Omnimax heißen diese neuen Technologien. Das sind Filmformate, die allein durch ihre Größe den Standard sprengen. Jedes gezeigte Einzelbild ist zehnmal so groß wie der konventionelle 35 mm-Film und von außergewöhnlicher Schärfe und Klarheit. Die Aufnahmegeschwindigkeit ist mit 25 Bildern in der Sekunde höher als bei herkömmlichen Kameras. Die Toneinspielung macht das audiovisuelle Erlebnis komplett. Imax erschlägt Sie mit 9000 Watt mit vier Reihen von je sechs Dutzend Lautsprechern. Omnimax geht bis 12 000 Watt.

Die Filme ändern sich und mit ihnen Vancouvers Filmindustrie. Die Stadt auf dem pazifischen Fenstersims Kanadas orientiert sich wirtschaftlich mehr nach Westen, also nach Asien, als nach Ostkanada. So gibt es bereits mehrere Kinos, die nur chinesische Filme zeigen. (Das ehemalige Vancouver East Programmkino heißt jetzt Far East Theatre.)

Der Film *Black Cat* wurde in Vancouver schon ausschließlich für den Markt Hongkongs aufgenommen. Manche Stars aus Hongkong arbeiten dort, wohnen aber in Vancouver. Angesichts des rasant wachsenden asiatischen Bevölkerungsanteils von Vancouver blicken die Filmemacher von der anderen Seite des Pazifiks hoffnungsvoll auf einen vielversprechenden Markt der Zukunft.

Links: Ausschnitt aus der Serie *MacGyver*. **Oben:** Ein Team kann am selben Tag in der Stadt und auf dem Land filmen.

Die Filmstadt 91

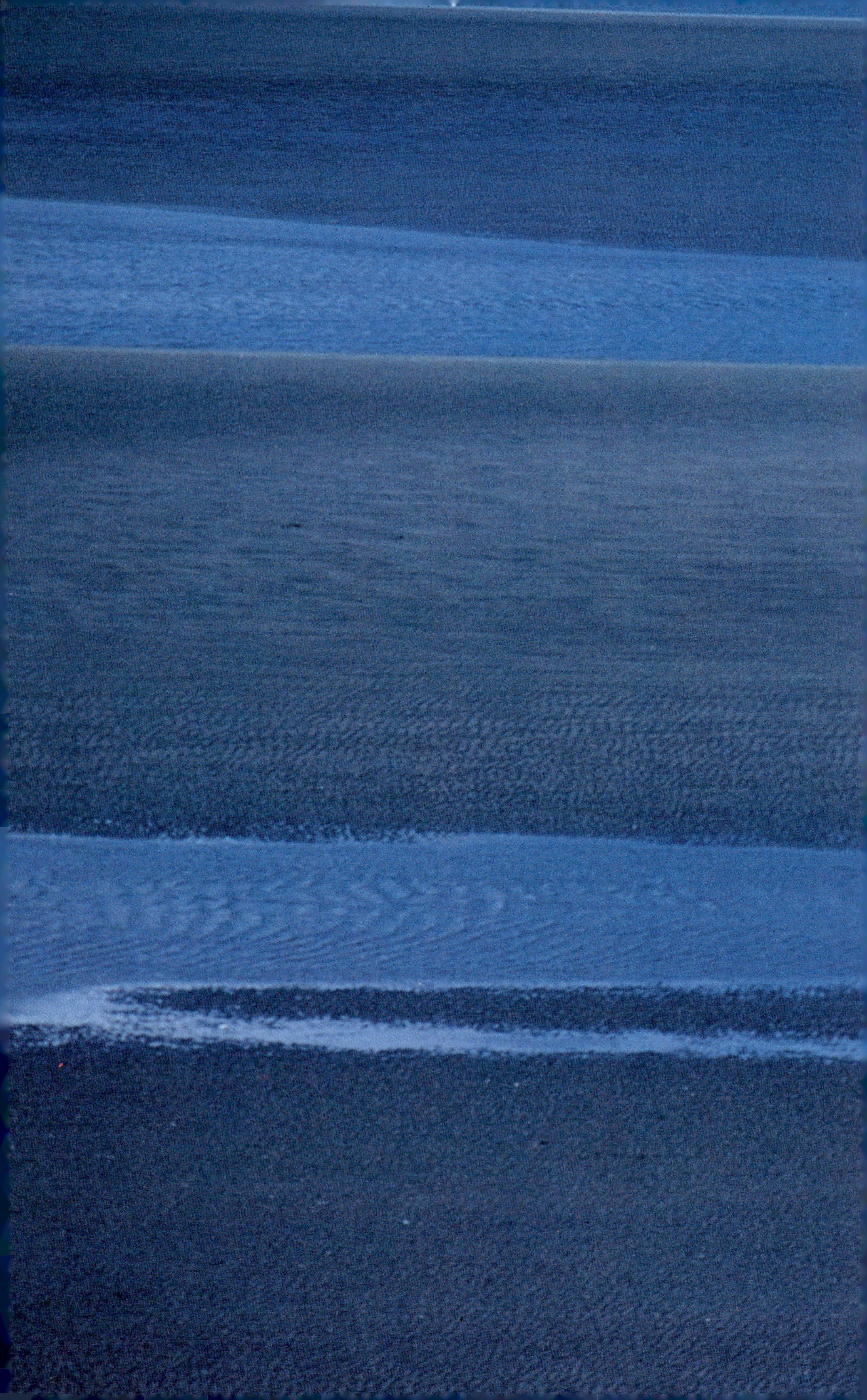

WEM DER SINN NACH WASSER STEHT

Es rauscht zu Ihren Füßen und ziemlich oft auch über dem Kopf. Unweigerlich dringt es ins Bewußtsein. Niemand in Vancouver kann sich dem Einfluß des allgegenwärtigen Wassers entziehen.

Früher paddelten die Squamish-Indianer im Sommer vom nebligeren Nordufer den Burrard Inlet hinauf, um Muscheln zu fischen. Damals wie heute hegten die Bewohner dieser Gegend gemischte Gefühle für das Wasser. Es war reinigend, faszinierend anzuschauen, doch manchmal auch bedrückend. Die Indianer erzählten sich oft Geschichten, wenn sie mit dem Kanu unterwegs waren, über die Köpfe der schnurrbärtigen, hie und da auftauchenden Hafenrobben hinweg.

Etwa die Geschichte von dem Indianer, der lange im Ozean badete, um Körper und Geist für die bevorstehende Vaterschaft zu reinigen. Dies sah der Indianergott Sagalie, war gerührt und machte ihn unsterblich – in Gestalt des Siwash Rock, der noch heute die Küste des Stanley Park ziert und ein beliebtes Fotomotiv ist. Eine andere Legende über die dunkle Seite des Wassers erzählt vom erzürnten Sagalie, der einen Indianer zur Strafe für seine Gier in eine Seeschlange verwandelt, die Kanus zerschlägt und ihre Insassen verschlingt.

Damals wie heute ändert sich die Einstellung zum Wasser je nach Situation, die Faszination, dies es ausübt, aber bleibt.

Leben auf dem Boot: John Shinnick, Herausgeber von *Pacific Yachting,* blond und bärtig wie ein Neptun aus dem Bilderbuch, lebt auf einem Motorboot der Marke Canoe Cove 41. Abends sitzen er und seine Frau an Deck und betrachten die Silhouetten anderer Boote des False Creek Yacht Club, während die Sonne versinkt und der Mond aufgeht. Manchmal fischt Hank, der Reiher, in der Nähe. Ab und zu lichten sie den Anker und suchen sich einen einsameren Liegeplatz. „Der saubere Horizont, die endlose Fläche hat etwas, das uns aufs Meer hinauszieht", erklärt Shinnick.

Vorige Seiten: Wanderung in die Unendlichkeit.
Links: Auch Regen hat seine Sonnenseiten.
Rechts: Krabbeln nach Krebsen.

Die 35 000 Schiffe auf der 23 Kilometer langen Strait of Georgia sind etwa zur Hälfte Segel-, zur Hälfte Motorboote – wobei letztere zunehmen. Für Shinnick ist dies eine Folge der steigenden Komfortbedürfnisse seiner Generation. Shinnicks Kollege George Will, passionierter Angler und Herausgeber von *BC Outdoors*, ist davon nicht angetan. Er liebt die Einsamkeit und bedauert den Hang der „High-Tech-Yuppies", möglichst viele Boote an einem Ort zu sammeln. Menschenmassen stehen im Widerspruch zu einem meditativen Sport wie Angeln, beklagt sich der ehemalige Archäologieprofessor. „Ich mag es nicht, wenn sich meine Angelschnur mit denen anderer Leute verheddert." Will fängt pro Sommer an die 16 Kilo Lachs, doch das meiste wirft er zurück. „Wer noch fischt, um zu töten, hat die Zeichen der Zeit nicht erkannt."

Vancouvers Wasser sind ausgesprochen fischreich. Es gibt Flundern, Rote Schnapper, Seezunge, Kabeljauarten, Heilbutt und Barsche und an Schaltieren Krebse, Krabben, Miesmuscheln, Venusmuscheln, Austern, Seeohr und Jakobsmuscheln.

Es traf die wasserbegeisterten Vancouveriten besonders hart, als eine Studie der Regierung Vancouver als die deprimierendste Stadt Kanadas bezeichnete. Diese Studie (für die Berechnung von Zuschlägen für Beamte in Auftrag gegeben) besagt, daß der Regen und die Wolken, die Vancouver oft wochenlang belagern, die Psyche mehr belasten als die Kälte in Winnipeg oder Whitehorse.

Rasende Reporter trieben in Vancouver umgehend ehemalige Bewohner anderer Gegenden auf, wie eine Frau aus Whitehorse, die bereitwillig über ihre frühere Heimat herzog und sie „grau, staubig und dunkel" nannte. Vancouver dagegen, so versicherte sie, sei „gut für Haare und Teint". Auch hiesige Klimaforscher fühlten sich angegriffen. Das Wetter sei „gemäßigt", nicht bedrückend, insistierte Norm Penny, Leiter des klimatologischen Datenservice im Lower Mainland. In Ottawa dagegen, wo er einen Sommer verbracht habe, fühle man sich die ganze Zeit „wie in der Sauna." Im großen und ganzen haben die Vancouveriten mit den Niederschlägen von 147 Zentimetern pro Jahr keine Probleme. An der North Shore wurden sogar bis 173 Zentimeter im Jahr registriert.

Im gemütlichen Café hört man sogar Leute romantisch über den Regen philosophieren, der an den Fenstern hinunterrinnt. Dabei sind die Tropfen nicht gerade sauber: Sie enthalten Sulfat, Nitrat, Natrium, Chlor, Magnesium, Kalzium, Karbonat und Schlimmeres.

Andererseits wird Vancouver nur selten von schwarzen Gewitterwolken heimgesucht, die die Prärie weiter südlich überschatten, oder von den schornsteinförmigen Wolken, die die Dorothy in *Ein zauberhaftes Land* in Angst und Schrecken versetzten. Die Wolken hier sind meist zarte Nimbostrati.

Die Welt der Fische: Gänzlich unberührt davon ist das Leben in der Tiefe. Die gleichmäßigen Temperatur- und Salzverhältnisse der Gewässer vor der zerklüfteten Küste von British Columbia brachten einen einzigartigen Fischreichtum und eine Fauna hervor, von der unter anderem auch der Meeresforscher Jacques Cousteau schwärmte.

Den Wettereinflüssen entrückt, kreuzen die Ozeanographen im Unterseeboot *Pisces IV* der University of Victoria über dem Meeresgrund, studieren die Flora und genießen ein herrliches Panorama. Sie wissen, daß der Schein oft trügt. Der unscheinbarste dunkle Schwamm entpuppt sich an der Wasseroberfläche oft als tief purpurn und wunderschön. Wasser absorbiert Farbe und wird dunkler, je weiter die Lichtquelle entfernt ist.

Die 50 000 Taucher des Lower Mainland können Seetang-Arten entdecken, deren elastische „Wurzeln" so fest im Felsen sitzen, daß sie die heftigste Stürme überstehen. Darin kommen rote, weiße, grüne und blaue Anemonen mit filigranen Tentakeln zum Vorschein und durchsichtige, runde Quallen. Mit etwas Glück erspäht man sogar den größten Seestern der Welt, die 24strahlige *Pycnopodia helianthodes*.

Schwimmer sind wenig begeistert von den drei- bis vierhundert Killerwalen vor der Küste British Columbias. Die weißbäuchigen, bis neun Meter langen Tiere öffnen ihre schwarzen Mäuler wie Motorhauben und präsentieren Reihen scharfer, konischer Zähne – 40 bis 50 Stück. Sie schwimmen so schnell wie ein Auto in gemäßigter Fahrt. Pfeifend und murmelnd kommunizieren sie über und unter Wasser mit ihren Artgenossen.

Trotz ihres Namens sind die Killerwale weniger gefährlich als vielmehr gefährdet. In weniger umweltbewußten Zeiten empfahlen Führer den Besuch des Vancouver Aquarium im Stanley Park, wo man Wale auf Kommando ihrer Trainer springen sehen konnte.

Mit dem wachsenden Interesse der Gesellschaft am Tierschutz wurde der Anblick dieser wilden Kreaturen, wie sie verzweifelt gegen ihre Bassinwände schlugen, eher unpopulär. Das Aquarium von Vancouver übernahm hier eine Vorreiterrolle. Es war das erste, das keine neuen Wale mehr annahm und die Walshows ersatzlos aus dem Programm strich.

Wasser zu Wein: Im Osten und Süden der Alex Fraser Bridge liegt Burns Bog, ein Sumpfgebiet, zehnmal so groß wie der nahe Park, doch in British Columbia fast unbekannt. Es ist, so Biologieprofessor Richard Hebda von der University of Victoria, „ein 3000jähriger Superorganismus, beinahe ein bewußtes Wesen, eine seltsame Sinfonie von koexistierenden Lebensformen."

Burns Bog ist der letzte große Sumpf an der Westküste Nordamerikas. In seinen dampfigen Tiefen gedeihen riesige Orchideen. Blaue Libellen, die in Vancouver nicht überleben würden, schwirren vorüber, Schwarzbären trotten vorbei und seltsame Mäuse springen wie Känguruhs umher.

Burns Bog mit teils alpiner, teils dschungelartiger Ökologie ist geheimnisumwittert und sagenumwoben. So soll sich sein Wasser in Wein verwandeln, und je weiter man in den Sumpf vordringe, desto größer seien die wil-

<u>**Links:** Entenspaß. **Oben:** Rund 17 000 Segelboote befahren die Strait of Georgia.</u>

den Beeren. Und die bizarren toten Bäume schließlich würden sich nachts in schreckliche Ungeheuer verwandeln ...

Am Port Moody Inlet können Sie eines der letzten Wattgebiete Kanadas sehen. 1792 segelte Captain George Vancouver durch den 31 Kilometer langen Burrard Inlet hierher. Hier traf er auf die ersten Squamish – und blickte in die gutmütigen braunen Augen der Robben, die bis heute hinter Kanus herschwimmen und mit ihren klagenden Rufen und Gebell aus dem Wasser auftauchen. Die Tiere wußten ja nicht, daß es in Vancouvers Gesprächen mit den Indianern um ihre Haut ging. In Port Moodys Watt finden sich auch Strandläufer, Gänse, Adler, Tauben und in Tweed gehüllte, fernglasbestückte Vogelbeobachter. Bis 1958 Feuerwaffen verboten wurden, war die Jagd hier ein beliebter Sport.

Die Strände: Als Captain Vancouvers Schiff vor der Küste British Columbias vor Anker lag, sprangen seine Matrosen in die Beiboote und ruderten zu einem Strand vor Point Grey. Hier ließen sie sich von Sonne und Brandung einlullen – so sehr, daß einer erst erwachte, als ihn die Flut umspülte. „Hätten ihn seine Kameraden nicht geweckt, wäre er vielleicht ein ganzes Stück fortgetragen worden", bemerkte Vancouver dazu.

Ebenso viel Vergnügen am Sonnenbaden haben heute die Massen, die sich an Vancouvers 16 Strandkilometern aalen. In Kitsilano präsentieren die Sonnenfans durchtrainierte, bronzefarbenen Körper und jeder versichert, daß die milde Sonne Vancouvers für die Haut bestimmt nicht schädlich sei. Kits Beach ist Endpunkt des turbulenten Nanaimo-Badewannenrennens, das alljährlich im Juli stattfindet und an dem jeder teilnehmen kann.

Die Strände von West, Locarno und Spanish Bank sind ruhiger. Ihr seichtes Wasser ist meist wärmer als der sommerliche Durchschnitt von 18 bis 20 Grad. Dahinter liegt der von den Broschüren des puritanischen Fremdenverkehrsamtes beharrlich totgeschwiegene FKK-Strand Wreck Beach, durch mächtige Erlen und Ahornbäume diskret von dem Gelände der University of British Columbia abgeschirmt. Fliegende Händler, nur mit Sonnenblenden bekleidet, laufen auf und ab und preisen Eissorten an: „Eiskalte braune Kühe, weiße Russen, schwarze Russen!"

Am anderen Ufer liegen English Bay und die Strände des Stanley Park. Als der Töpfer John Morton 1862 die Bucht sah, schwärmte er vom weißen Sand und den Felsen, über die die Zweige bei Flut bis ins Wasser hängen. Der weiße Schimmer im Sand stammte wohl von den Muschelschalen, die die Indianer aus Port Moody mitbrachten.

Im Uhrzeigersinn beginnen die North Shore-Strände mit Cates Park am Indian Arm, wo Malcolm Lowry *Unter dem Vulkan* schrieb. Die Stille der Ambleside von West Vancouver zerreißt täglich einmal das schrille Pfeifen der Dampflok des *Royal Hudson* auf dem Weg nach Squamish.

Zu Weihnachten kommen Schiffe an die Strände, deren Passagiere Weihnachtslieder singen. Am Neujahrstag springen bis zu 2000 tollkühne – oder verrückte? – Vancouveriten zum berühmten Eisbärenschwimmen in die English Bay. Die zähesten von ihnen waren schon 1927 beim ersten Mal dabei.

Auch ein weniger bekanntes Ereignis zeugt auf seine Art von der Begeisterung der Vancouveriten fürs Wasser. Das Marathon *Save the Strait*, initiiert von einer Initiative zur Rettung der Georgia Strait, soll den Bürgern klarmachen, daß sie sich um ihr Wasser kümmern müssen, wenn sie in Zukunft noch etwas davon haben wollen. Findigster der teilnehmenden Paddler, Schwimmer, Schnorchler und Ruderer war der Bootsbauer Larry Westlake, der in seinem „Bubblegum Kayak" aus 100 Prozent Recyclingmaterial antrat.

Rettung des Bedrohten: Die Vancouveriten erkennen allmählich, daß wir uns in der Vergangenheit ähnlich verhalten haben, wie des Fischers Frau aus dem Märchen, die vom Meer große Schätze erhielt und sie durch ihre Unersättlichkeit verspielte. Karzinogene Nebenprodukte der Papierindustrie sind bereits in die Verdauungsorgane von Krebsen eingedrungen, wo sie Tumore, Mißbildungen und Fortpflanzungsstörungen verursachen. Im-

terseeroboter *Scorpio* ein, der das Öl mit einem Schlauch absaugen sollte, doch trotz aller Bemühungen verglichen Umweltschützer die immer stärker verschmutzten Gewässer mit der Katastrophe von Tschernobyl.

Was den berühmten Lachs der Region angeht, so sprechen Wissenschaftler aus Idaho über die Notwendigkeit einer Samenbank. Das gesamte Fraser-Becken werde durch eine tödliche Überdosis von Schadstoffen aus Abwässern, Holzindustrie, Viehwirtschaft, Staubecken und Papierindustrie bedroht.

Vor ein paar Jahren blieb der berühmte Georgia Cohoe, der größte Lachssprung der Welt, aus. Die Fische kamen aus unerklärli-

mer mehr Schilder warnen vor dem Verzehr der vor Ort gefangenen Fische. Bob Lyans schätzte die Müllmenge, die bisher in der Georgia Strait versenkt wurde, in seiner Studie *Dire Straits* als ausreichend, um das BC Place Stadion über 160mal zu füllen.

Oft kommt es zu Öl-Unfällen wie dem des japanischen Fischverarbeitungsschiffes in der Juan de Fuca Strait, bei dem 10 000 Seevögel umkamen. Die Küstenwache setzte den Un-

Links und **oben**: In der Umgebung von Vancouver kann man morgens schwimmen gehen und abends eislaufen.

chen Gründen nicht wie gewöhnlich im Juli den Fraser und Adams herauf. Später tauchten zwar noch Lachse auf, doch der Vorfall stimmte nachdenklich.

Einer der wenigen Lichtblicke in diesem ökologischen Schauerszenario ist, daß der laut Greenpeace größte Umweltverschmutzer Nordamerikas, die Papierindustrie, zu drastischen Maßnahmen bereit scheint. Eine Papierfabrik ließ verlauten, sie sei nach kostspieliger Forschung in der Lage, chlorfrei zu produzieren. Das Papier ist nicht so blütenweiß, doch für Umwelt und Wasser wird der Verbraucher das vielleicht in Kauf nehmen.

LIEBESLEBEN DER LACHSE

Das Liebesleben des Lachses ist nach unseren Maßstäben ebenso traurig wie leidenschaftlich. Er wird schon als Waise geboren und trifft nie mit seinen Kindern zusammen. Er darf nur im Todeskampf ihre Zukunft sichern. Wenn er den Ozean verläßt, reif und bereit zum Laichen, legt er bis zu 50 Kilometer am Tag zurück, immer auf der Hut vor Seelöwen, Bären und anderen Feinden und im Kampf gegen die Strömungen, auf dem Weg zum Ort seiner eigenen Geburt.

Hier hat der Lachs bei genau der richtigen Temperatur und idealen klimatischen Bedingungen, sein Rendezvous mit dem Schicksal. Die Weibchen legen mehrere tausend Eier in den Kies und die Männchen besamen sie, bevor sie sich gemeinsam in den Tod treiben lassen. Das Kiesbett, von sauerstoffreichem Wasser durchströmt und von Schmutz befreit, bietet den Jungen Schutz, bis sie flußabwärts schwimmen und dann bis zur Geschlechtsreife im Ozean leben. Unerbittlich verläuft ihr Leben in diesem Kreislauf.

„Der Selbsterhaltungstrieb ist in diesem Stadium bei den Lachsen verschwunden", schrieb Naturschützer Roderick Haig-Brown über den drängenden Trieb laichender Lachse. „Sie sind besessen vom sexuellen Trieb, und der bevorstehende Tod läßt keinen Raum für andere Dinge. Erfolgreiche Laichablage bedeutet Arterhaltung."

Keines der Raubtiere, die dem Lachs nachstellen, wird ihm nur annähernd so gefährlich wie der Mensch. Von frühester Zeit an kannten die Ureinwohner Amerikas die Wege der Fische. Es ist nicht schwer, sie zu fangen, wenn sie vorsichtig Strömungen und Strudel umgehen und sich in Becken zu ihren berühmten Sprüngen über die Stromschnellen sammeln. Viele Dörfer am Columbia und Snake River beharrten lange auf ihrem Recht, je nach Saison mit Angelroute, „Seine" (einem Netz, mit dem man Fischschwärme einkreist), Speer oder beutelförmigen Keschern am langen Stangen Lachse zu fischen.

Früher trafen sich die Stämme einmal im Jahr bei den Celilo Falls am Columbia River, in der Nähe des heutigen Wishram. Dort wurde anläßlich des Lachsfischens ein großer Markt abgehalten. Der erste Lachsfang der Saison wurde mit Gesang, Tanz und Gebet gefeiert – Zeremonien, die die Zeiten überdauert haben. In dem 9000 Hektar großen Tulalip-Reservat von Everett im US-Bundesstaat Washington eilen Trommler und Sänger zum Wasser, wenn der große Häuptling König Lachs an Land gezogen wird. Behandelt man ihn anständig – worunter auch das Aufessen zu verstehen ist –, so sagt jedenfalls die Legende, dann folgen ihm viele Lachse nach, und es wird eine ertragreiche Fischsaison.

„Oh Schwimmer, ich danke dir, daß du bereitwillig zu uns kommst. Komme nicht zu spärlich, denn du sollst uns Nahrung sein", so lautet ein Auszug aus der Ansprache der Kwakiutl-Indianer bei der Zeremonie, die immer zum Anlaß des ersten Lachsfangs abgehalten wurde. Wie bei vielen Stämmen hatte der Lachs für sie dieselbe Bedeutung wie der Büffel für die Indianerstämme der Prärie. In den letzten Jahren meldeten sich bei Naturschützern die ersten Bedenken, ob ihm nicht dasselbe traurige Schicksal drohte. Beamte des kanadischen Handelsministeriums, Vertreter der Elektrizitätswerke und Naturschützer konnten sich nicht darüber einigen, ob die Lachse des Snake River nur als „bedroht" oder bereits als „gefährdet" einzustufen seien.

Immerhin geht es dabei um Millionen von Dollar, denn ein vermehrtes Ablassen von Wasser aus den Stauseen – das den Lachsen ihre Wanderung erleichtern würde – hätte erhebliche Auswirkungen auf Energiewirtschaft, Schiffahrt, Bewässerung und Fischerei. Alle Parteien sind sich bewußt, daß die Dezimierung des Lachses auf übermäßiges Fischen, schlechte Wasserqualität und Hindernisse wie zum Beispiel Staustufen zurückzuführen ist. Über eine Lösung des Problems besteht jedoch Uneinigkeit.

Als Simon Fraser 1808 den Fluß hinauffuhr, der jetzt seinen Namen trägt, ernährte er sich von derselben Sorte getrockneten Lachses, von der die Indianer lebten. Das in der Sonne oder im Rauch getrocknete Lachsfleisch wurde fest in Körbe aus Gras oder Zedernstreifen verpackt, die bereits mit gedehntem Leder wasserdicht gefüttert waren. Diese Päckchen waren in Größe und Form ideal für den Transport im Kanu. Der Fraser River ist auch heute noch reich an Lachsen.

In den dreißiger Jahren des 19. Jahrhunderts begann die Hudson's Bay Company, Lachs von den Indianern zu kaufen und nach Asien zu verschiffen – ausgenommen, gereinigt, eingesalzen und in Fässer verpackt. Damals quollen noch alle Küstenflüsse von Kalifornien bis Alaska förmlich über von Lachsen. Bis zur Fertigstellung der Bahnlinie 1886 war Lachs kurzzeitig der Hauptexportartikel von British Columbia.

Die erste Lachskonservenfabrik am Puget Sound in Snohomish County wurde 1887 erbaut und bald von der Alaska Packers Association geschluckt, doch Ende des Jahrhunderts gab es schon Dutzende derartiger Fabriken, und es begann ein Prozeß der Zerstörung. Mit extrem langen Fallen wurden ganze Lachszüge aus den Flüssen geholt. Unsportliche Fischer warfen einfach Dynamit ins Wasser. Fabriken ließen tonnenweise Fisch verfaulen, weil er nicht das hochwertigere rote Fleisch aufwies, und Bergbau und Holzindustrie verschmutzten manche Gewässer in nicht wiedergutzumachendem Maße.

Die Praxis, einfach alles zu abzufischen, was dahergeschwommen kam, führte zu Erträgen, die die Fischfabriken nicht mehr verarbeiten konnten. Ihre Arbeitsmethoden waren noch sehr primitiv. So wurden einzelne Dosen unter Wasser gehalten, um sie auf lecke Stellen zu überprüfen, und dann lackiert, um sie vor Rost zu schützen. Als der rotfleischige „Sockeye" in seiner Beliebtheit vom rosafleischigen „Coho" abgelöst wurde, hieß ein gängiger Werbespruch: Errötet garantiert nicht in der Dose.

Es gibt vier pazifische Lachsarten: Quinnat (Königslachs) mit blauem Rücken und silbrigen Flanken, Kisutschlachs (Silberlachs), etwas größer, mit blaugrünem Rücken, später rot, Gorbuscha- und Ketalachs. Sie alle treibt es zwischen Mai und Oktober landeinwärts in die Flüsse – die meisten im August.

Oben: **Lachse beim Laichen im Adams River. Danach sterben Männchen und Weibchen.**

Seit über hundert Jahren werden die Fische auch künstlich gezüchtet, doch dieses Verfahren hat seine Kritiker. Sie bemängeln, daß sich durch das Freilassen der Zuchtfische und deren Kreuzung mit wildlebenden Lachsen die natürliche Lebensweise verändert. Versuche, Lachse aus dem Nordwestpazifik in andere Gebiete umzusiedeln, waren nicht sehr erfolgreich.

In jüngster Zeit hat sich das Problem verlagert angesichts der in großen Zahlen aus dem Boden schießenden Lachsfarmen in Norwegen, Schottland, Kanada und Chile, die jährlich Hunderte Millionen Kilo Lachs produzieren und sich innerhalb von zehn Jahren einen Marktanteil von 30 Prozent sicherten – eine ernsthafte Konkurrenz selbst für Alaska. Dabei wären die vielen tausend Kilometer unerschlossener Küste ideal für die Lachszucht. Der Industriezweig sieht seine Zukunft aber eher in der Steigerung der Inlandsnachfrage. „Mit 250 Millionen Menschen, die nur zweimal im Jahr Lachs essen, ist der Markt noch ausbaufähig", meint ein Branchenkenner.

Drei neue Lachsfarmen am Nordwestpazifik mußten sich zunächst mit den Bedenken von Umweltschützern herumschlagen, daß der Kot so vieler Fische das Wasser belasten und anderes tierisches und pflanzliches Leben gefährden könnte. Schließlich stimmten die Betreiber der Lachsfarmen Versuchen mit „Fischwindeln" zu, die das Problem lösen sollten – ein gefundenes Fressen für jeden Zeitungsschreiber. ■

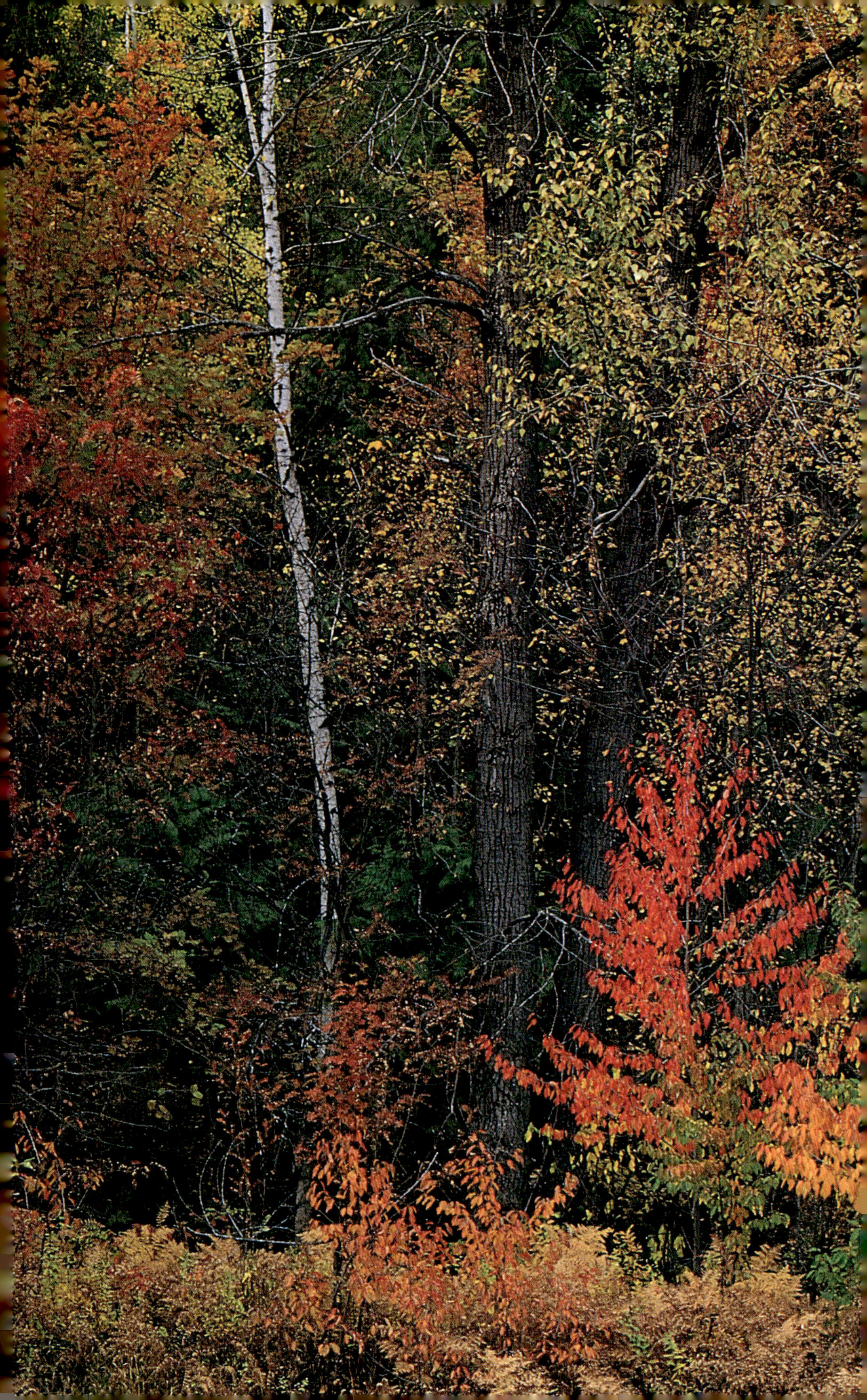

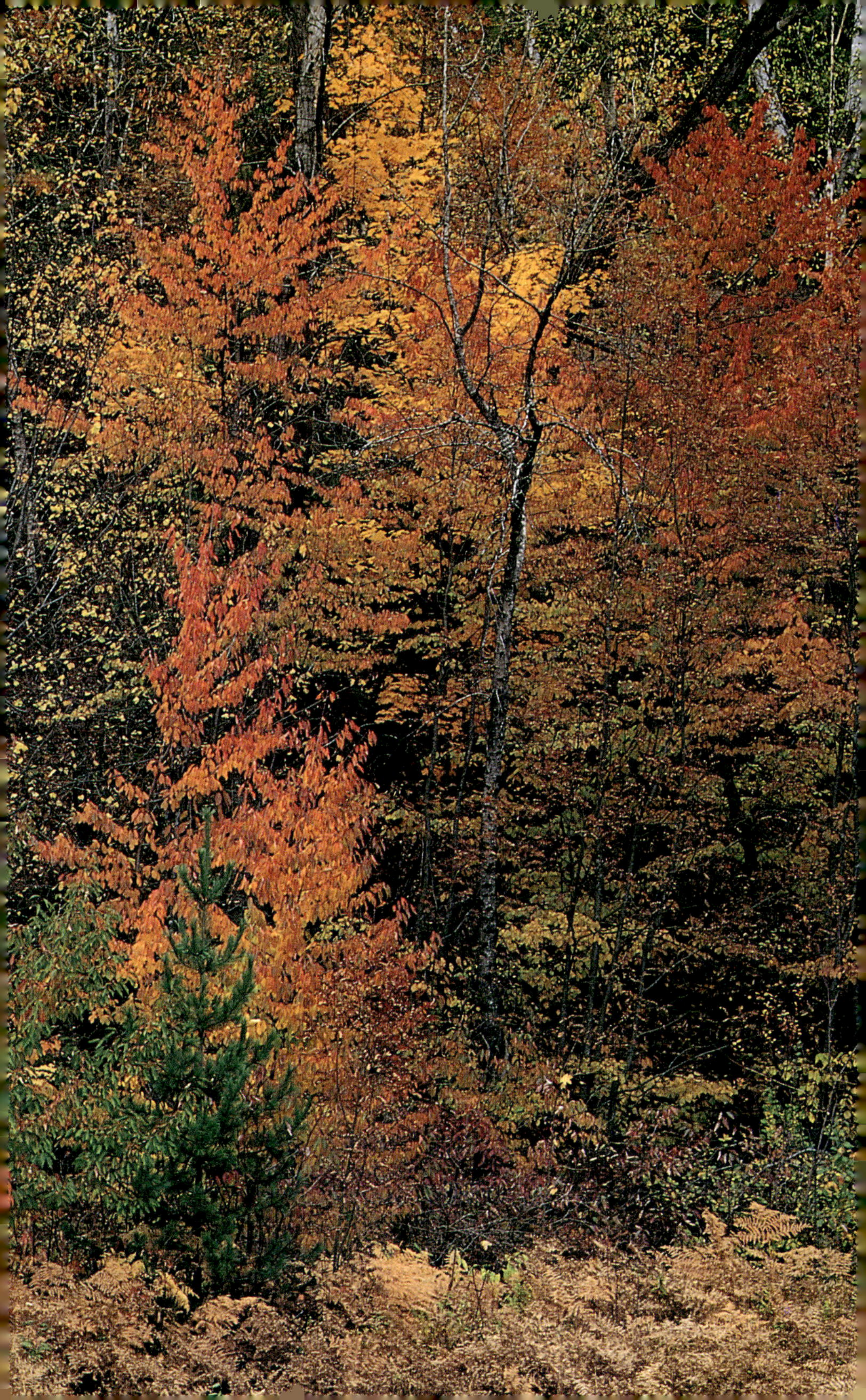

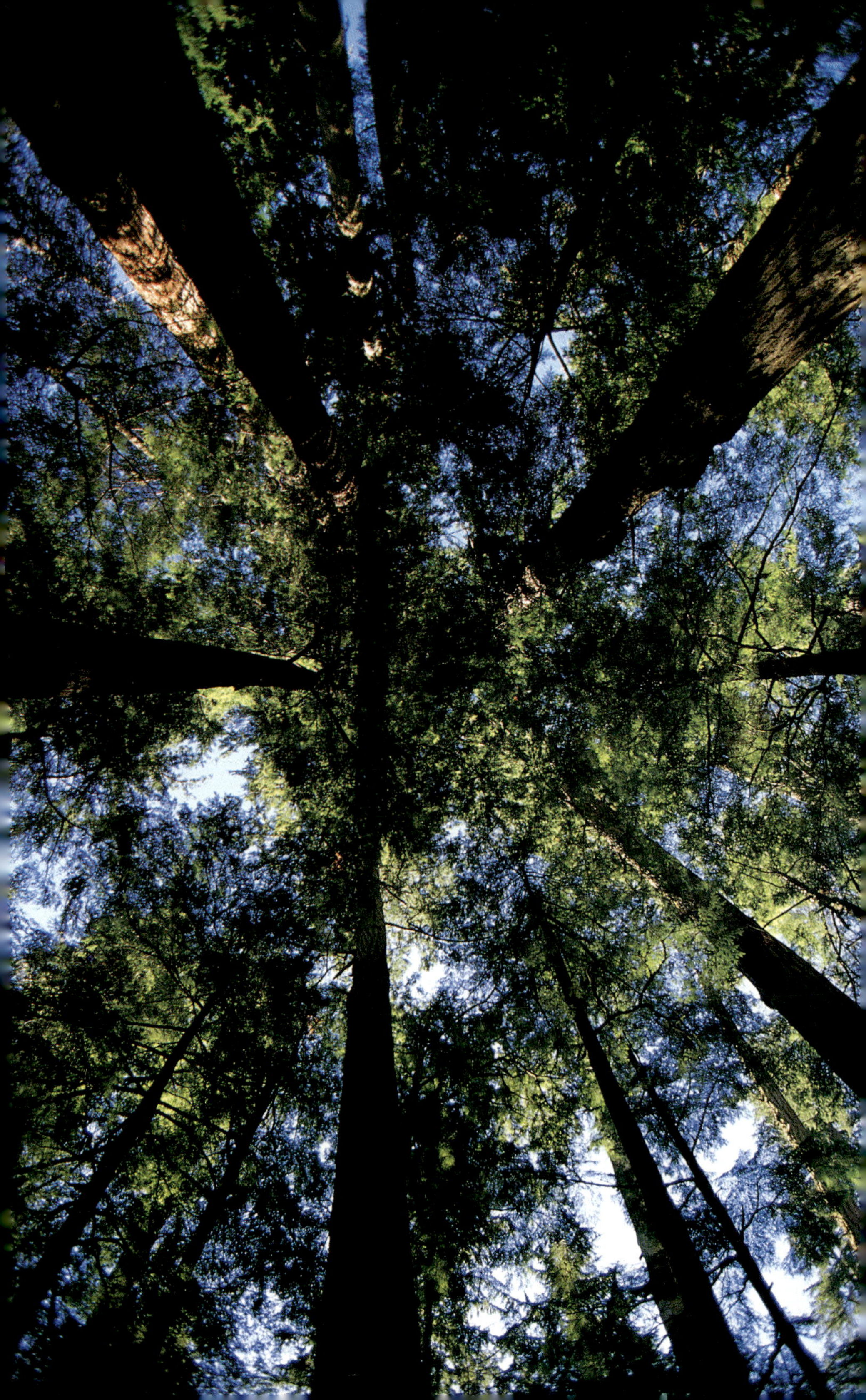

DER GEIST DES WALDES

„Ökoterrorismus" ist das neueste Schlagwort, das in den Wäldern von British Columbia kursiert. Ein hartes Wort in einem erbitterten Streit, der Töchter gegen Väter, Ehemänner gegen Ehefrauen und eine wachsende Zahl von Individuen gegen große Firmen in Kanadas westlichster Provinz aufbringt.

Die Schlagzeilen sind voll von Berichten über Menschen, die sich vor Holztransporte werfen, an große, bejahrte Bäume ketten und gefährlich lange Nägel ins Herz herrlicher alter Baumriesen klopfen, um die Holzfäller davon abzuhalten, die ältesten natürlichen Wälder Nordamerikas abzuholzen.

Es ist ein Kampf, der die Namen entlegener Gegenden wie Carmanah Valley, Meares Island, Stein Valley, Clayoquot Sound, Moresby Island, Robson Bight und zahlloser anderer Waldgebiete in British Columbia ins Interesse der Öffentlichkeit gerückt hat.

Doch diesmal sind es nicht etwa langhaarige Hippies, die gegen multinationale Konzerne wettern, sondern wie überall auf der Welt ist der Schutz des alten Baumbestands von British Columbia Anliegen einer neuen Generation von Umweltschützern, zu denen Studenten, Ärzte, Anwälte, Künstler und Hausfrauen gehören. Sie sind kaum mit dem Bild linksradikaler Aufrührer zu identifizieren, das die milliardenschweren Holzunternehmen früher von ihren Gegnern zeichneten.

Unberührte Wälder: Es geht in diesem Konflikt um die letzten unberührten Wälder Kanadas, Flecken, die kaum je ein Mensch betreten hat, wo Tiere und Pflanzen noch unbehelligt gedeihen konnten, seit Christoph Kolumbus 1492 das „große Wasser" überquerte.

Letzter Schauplatz im diesem Kampf war das Carmanah Valley, 160 Kilometer nördlich der blühenden Hauptstadt Victoria gelegen. Hier verhelfen die klimatischen Bedingungen mit über 600 Zentimetern Niederschlag und schwere, nährstoffreiche Böden der Sitka-Fichte zu enormem Wuchs. Hier wächst der Carmanah Giant, der größte Baum Kanadas, der über 500 Jahre alt und 95 Meter hoch ist. In diesem Tal stehen mehrere hundert ähnlich großer Sitka-Fichten. Obwohl die zuständige Holzfirma versprach, die ältesten Bäume nicht anzutasten, protestieren Naturschützer gegen das Abholzen der umliegenden Hügel, das, wie sie sagen, dem empfindlichen Ökosystem irreparable Schäden zufügt.

Carmanah liegt nicht weit von Friendly Cove am Nootka Sound, wo Captain James Cook 1778 mit seinen Schiffen *Resolution* und *Discovery* landete und als erster Weißer einen der Baumriesen fällen und zu Masten, Sparren und Feuerholz für seine Öfen verarbeiten ließ. Cook entdeckte 1600 Kilometer Küste, gesäumt von riesigen, unberührten Wäldern, und er erkannte unverzüglich den Wert dieser Schatzkammer der Natur.

Keine zehn Jahre nach der Entdeckung dieser Gegend leitete Captain John Meares im Auftrag der Merchant Proprietors von London das erste kommerzielle Abholzungsprojekt. Er sollte soviel Holz wie möglich auf Schiffe laden und nach China verkaufen. „Die Wälder

Vorherige Seiten: Herbstliche Pracht. **Links**: Cathedral Grove auf Vancouver Island. **Rechts**: Wiederaufforstung mit Setzlingen.

Der Wald 105

in diesem Teil Amerikas könnten sämtliche Flotten Europas mit wertvollen Rohstoffen versorgen", schrieb Meares auf seiner langen, einträglichen Reise.

Der Irrglaube, die Wälder seien schier unerschöpflich, war die Ursache allen Übels. Die Praxis des „Cut and run" – des Abholzens großer Flächen ohne Wiederaufforstungsmaßnahmen – war weitverbreitet und blieb lange Zeit unwidersprochen. Vor Mitte des 19. Jahrhunderts war British Columbia wie der Wilde Westen der Vereinigten Staaten praktisch ohne Verwaltung, und jeder konnte sich nach eigenem Gutdünken mit Rohstoffen bedienen.

Zu Beginn wurden die Stämme aus British Columbia nach Übersee verschifft und dort weiterverarbeitet. Am 24. November 1848 eröffnete die riesige Hudson's Bay Company bei Victoria die erste maschinelle, wasserbetriebene Sägemühle. Ihre Zukunft sah rosarot aus, als während des kalifornischen Goldrausches massenweise Bauholz nach San Francisco verschifft wurde.

Doch wie jede Rohstoffindustrie waren die Holzfirmen, die überall an der Küste aus dem Boden schossen, unberechenbaren Konjunkturschwankungen unterworfen. Sie wurde im Laufe der Zeit zunächst mit dampf-, später mit strombetriebenen Sägewerken, Kettensägen, Eisenbahn- und schließlich Hubschraubereinsatz automatisiert – eine natürliche Folge des Strebens nach schnellem, effizientem Arbeiten. Dank ihres Pioniergeists wurden die Holzbarone steinreich.

Captain Stamps Kuhhandel: Als Kanada im Jahre 1867 zu einem Staat erklärt wurde, exportierte die Provinz British Columbia viele Millionen Meter von Brettern. Captain Edward Stamp baute die berühmte Hastings Mill im heutigen Zentrum Vancouvers. Der Land Ordinance Act von 1865, das erste Forstgesetz der Provinz, ermöglichte Stamp den Erwerb allen Holzlandes des heutigen Stadtgebiets, ein Gebiet von an die 200 000 Hektar, für die fürstliche Summe von einem Dollar pro 40 Ar.

International bekannt wurde British Columbia, als die Ross McLaren Sawmills im Januar 1889 für 350 000 Dollar in der Nähe von Vancouver die Fraser Mills bauten, das größte Sägewerk der Welt. Doch hatten die Fraser Mills anfangs mit großen Schwierigkeiten zu kämpfen. Schlechtes Wetter, eine Krankheit, die den Besitzer Ross McLaren dahinraffte, Umstellung auf neue Maschinen und die notwendige Kanalisierung des Fraser River zögerten den ersten Holzexport des Werkes jahrelang hinaus – bis 1906.

Als die Holzindustrie wichtigster Wirtschaftszweig von British Columbia geworden war, geriet sie unter internationalen Druck. Erste Anzeichen dieser äußeren Einflüsse machten sich 1907 bemerkbar: Die erste große Krise erschütterte den Holzmarkt. Eine Zeitlang waren die Preise für amerikanisches Holz so niedrig, daß es billiger kam, Holz von dort zu importieren, als es in Kanada zu produzieren. Die Löhne sanken von 35 auf 25 Dollar im Monat.

Drei Jahre später setzte jedoch angesichts der bevorstehenden Eröffnung des Panamakanals, der Boom ein. Insgesamt 65 Millionen Dollar investierten Industrielle und Spekulanten aus den Vereinigten Staaten in British Columbias Holzwirtschaft und erwarben damit 90 Prozent dieser Wachstumsbranche.

Frühe Warnung: Diese Entwicklung zwang die Provinzregierung förmlich, die erste Untersuchungskommission für Holz- und Forstwirtschaft ins Leben zu rufen. Nur wenige zeigten sich überrascht angesichts des vernichtenden Urteils über die Zustände im Jahre 1909: „Eine Epoche neigt sich ihrem Ende zu – die Epoche rücksichtsloser Ausbeutung natürlicher Ressourcen, die uns, den Einwohnern dieser schönen jungen Provinz, von der Vorsehung geschenkt wurden."

Obschon bereits vor so langer Zeit die Alarmglocken läuteten, wird erst heute wirklicher Widerstand spürbar. Jetzt kämpfen Umweltschützer darum, unberührte Wälder in Naturparks zu verwandeln, Indianer fordern ihre Stammländer zurück, Artenschützer protestieren gegen die Zerstörung von Lebensräumen seltener und bedrohter Arten, und sogar die Fischer gehen hier und da gegen die Holzindustrie vor, die die wichtigsten Lachsströme Nordamerikas gefährdet.

Die Konflikte über die Landnutzung sind ebenso komplex wie die Größe und Bedeutung der Forstwirtschaft in der Provinz. British Columbia ist größer als die US-Bundesstaaten Kalifornien, Oregon und Washington zusammen. Zwei Drittel des Gebiets sind baumbestanden. Die Forstindustrie der Provinz steht für 13 Milliarden Dollar Kapital und 80 000 Arbeitsplätze. Indirekt ist die Hälfte der insgesamt 1,5 Millionen Arbeitsplätze der Provinz von diesem wichtigen Wirtschaftszweig abhängig.

Doch lassen Sie sich von den positiven Arbeitsmarktzahlen nicht täuschen. Die Holz-

Links: Das erste Grundbuchamt von Vancouver, um 1880. **Oben:** Hohler Baum im Stanley Park, um 1890.

Der Wald 107

firmen von British Columbia haben die modernste Ausstattung der Welt und benötigen nur 1,05 Arbeitskräfte pro 1,7 Kubikmeter Holz. Damit liegen sie im Weltvergleich am niedrigsten. Im übrigen Kanada sind es 2,2 Arbeitskräfte, in Schweden beträgt die Zahl 2,52, in den USA 3,55 und in Neuseeland 5,0. Die Holzproduktion hat in British Columbia in den letzten zehn Jahren um 15 Prozent zugelegt, die Zahl der Arbeitsplätze jedoch ist um denselben Prozentsatz geschrumpft.

Aus Sorge, die Rücksicht auf die Umwelt könnte noch mehr Arbeitsplätze kosten, haben sich die Gewerkschaften im Kampf gegen die sogenannten „Baumklammerer" auf die Seite der Arbeitgeber gestellt. Immer häufiger kommt es bei Zusammenstößen zwischen Demonstranten für den Umweltschutz und Holzarbeitern zu Gewalttätigkeiten.

Als in den sechziger und siebziger Jahren die ersten Proteste dieser Art laut wurden, weit weg bei den abgelegenen Queen Charlotte Islands, konnte die Forstindustrie die Demonstranten noch relativ leicht in Schach halten. Doch die Umweltschützer haben inzwischen einen festen Stand in British Columbia, der nicht so leicht zu erschüttern ist.

Die ersten „Ökokrieger" aus dieser Region, Robert Hunter und Paul Watson, erregten 1971 Aufsehen mit der Gründung von *Greenpeace*, der bahnbrechenden Aktionsgruppe für den Umweltschutz. Die anfangs locker gefügte Organisation konnte einen nie dagewesenen Erfolg verbuchen, als sie für ihre ersten Proteste gegen Atomwaffentests in Alaska über 10 000 Menschen mobilmachen konnte. Bald kämpfte Greenpeace auch gegen das Robbenschlachten in der Arktis, den Walfang im Pazifik, den von Stahl- und Chemiewerken an der Ostküste verursachten sauren Regen und gegen die Atomindustrie.

Rettet die Bäume: Nach zehn Jahren hatten Industrie und Regierung verstanden, daß man es hier nicht nur mit einer Mode zu tun hatte. Der Umweltschutz war auf dem Vormarsch. Die Grünen verbuchten in Europa erste Wahlerfolge. Prominente Musiker setzten sich für die Rettung des Regenwaldes am Amazonas ein. Auch British Columbia blieb nicht ungeschoren.

Auf die radikalen Hippies der Sechziger folgten die erfolgreichen Yuppies der Achtziger. Die Umweltschutzbewegung legte ein neues Gesicht an den Tag. Die neuen Ökostreiter waren Ärzte, Anwälte, Lehrer, Studenten und sogar Kinder, die um ihre Zukunft fürchteten in einer Welt, die schon bald im Schmutz ersticken konnte. Gruppen mit Namen wie *Western Canada Wilderness Committee, Friends of the Clayoquot Sound* und sogar *Raging Grannies* – wütende Omas – zogen in die Wälder, um Bäume zu retten.

Tausende sind heute bereit, auf die Barrikaden zu gehen. Als Indianer und Umweltschützer 1990 den Zugang zu einem zum Abholzen vorgesehenen Gebiet sperrten, schloß die Forstwirtschaft im Gegenzug die Straße ins Indianerareal. Andererseits weigerte sich eine Gruppe von organisierten Holzfällern, ein 10 Hektar großes Waldstück auf Vancouver Island zu roden, weil hier eine seltene Mischung aus alten Douglastannen, Balsamtannen, Hemlocktannen, Fichten, Roten Zedern und Pyramidenpappeln zu finden ist. Bei neueren Umfragen rangiert der Zustand des Waldes unter den Umweltproblemen in British Columbia an erster Stelle.

Emotionsgeladene Parolen wie „Ökoterroristen", „Baumbohren" und „Arbeit kontra Umwelt" verwirren den Normalbürger. Während in den Schlagzeilen nur die Demonstranten auftauchen, die sich spektakulär an Bäume ketten oder vor Riesenbulldozer werfen, wissen die klügeren, organisierten Naturschützer, daß die Sensationsakte in den Wäldern am eigentlichen Problem vorbeigehen. Da Tausende von Arbeitsplätzen bedroht sind, machen sich ernsthafte Umweltschützer Gedanken um wirtschaftliche Alternativen.

Noch schwerer wird es sein, ein öffentliches Bewußtsein für die Mißwirtschaft in den Wäldern zu schaffen. Komplexe Themen wie Lizenzen für Baumfarmen, geförderte Ertragseinheiten und jährliche Fällquoten können einen schon abschrecken, tiefer in die Materie der Holzwirtschaft einzutauchen. Doch die Gewerkschaften, die an sich eingefleischte Gegner der Umweltschützer sind, räumen ein, daß neue Industrien wie Möbelproduktion oder andere holzverarbeitende „Mehrwert"-Branchen verlorene Arbeitsplätze ersetzen könnten.

Hier und da scheinen die Umweltschützer an Boden zu gewinnen, etwa im Kampf gegen „Clear-cut logging", den absoluten Kahlschlag, vor allem in öffentlich interessanten Gegenden wie Robson Bight, wo jedes Jahr Touristenscharen zur Beobachtung der Wale anreisen. Doch drastische Veränderungen sind schwer zu erreichen. Die Holzindustrie versucht, ihren Kritikern mit einer massiven Umweltschützer können ihre Kritik am Mißmanagement in den Wäldern von British Columbia stichhaltig belegen.

Auf dem Weltmarkt wird für Weichholz aus British Columbia manchmal kaum ein Viertel dessen gezahlt, was gleichwertiges Holz aus Neuseeland einbrächte. Wirtschaftsschädigend ist auch die Masse an unbearbeitetem Holz (nur die Zweige werden entfernt), das vor allem nach Asien verschifft wird. Sogar

Links: Naturschützer sehen den Wald gefährdet.
Oben: Bei einem Protest in Walbran Valley wurden 30 Personen verhaftet.

Werbekampagne beizukommen. Sie verteidigt den Kahlschlag als wirtschaftlichste und effizienteste Methode, bergige Gegenden abzuholzen, und betont bei jeder Gelegenheit, daß jedes Jahr 50 Millionen Setzlinge gepflanzt würden.

Die Situation in British Columbia ist einzigartig: Auf der einen Seite eine entschlossene Umweltschutz-Lobby, auf der anderen ein 13 Milliarden Dollar schwerer gigantischer Wirtschaftssektor, indirekt Arbeitgeber für 750 000 Menschen. Arbeitsplätze gegen Umwelt – eine Kontroverse, die wohl noch jahrelang nicht zu lösen sein wird.

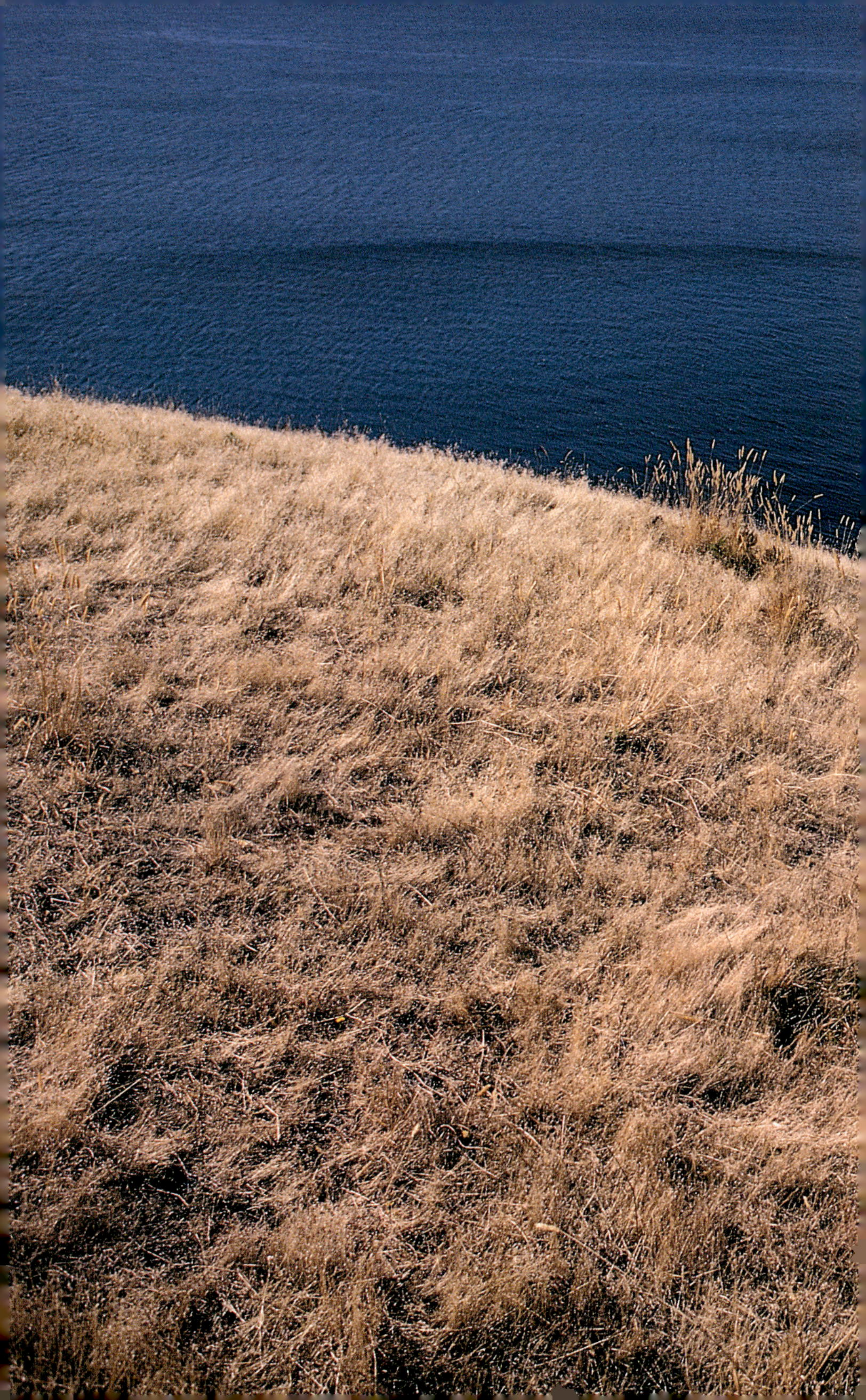

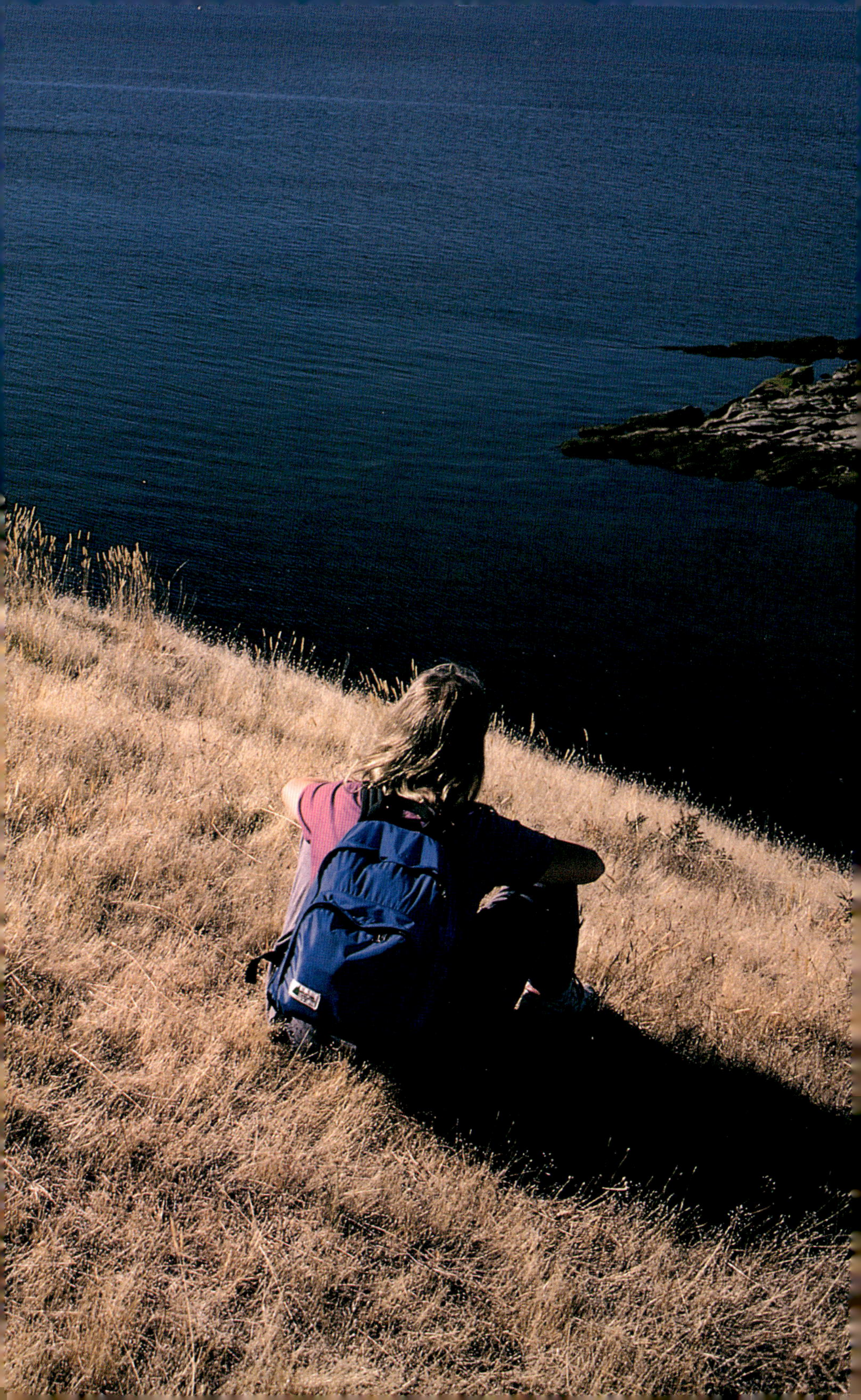

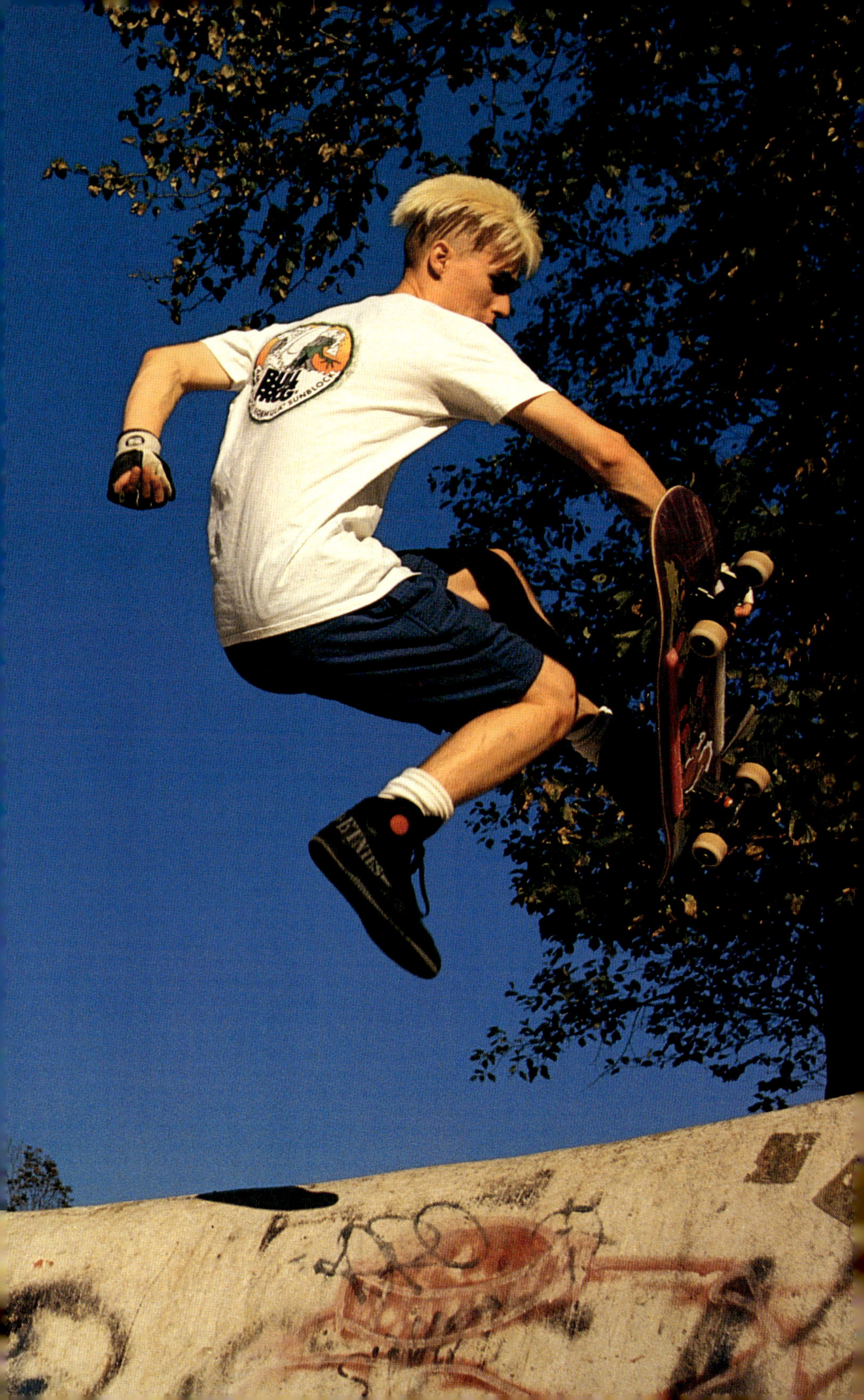
BULL FROG

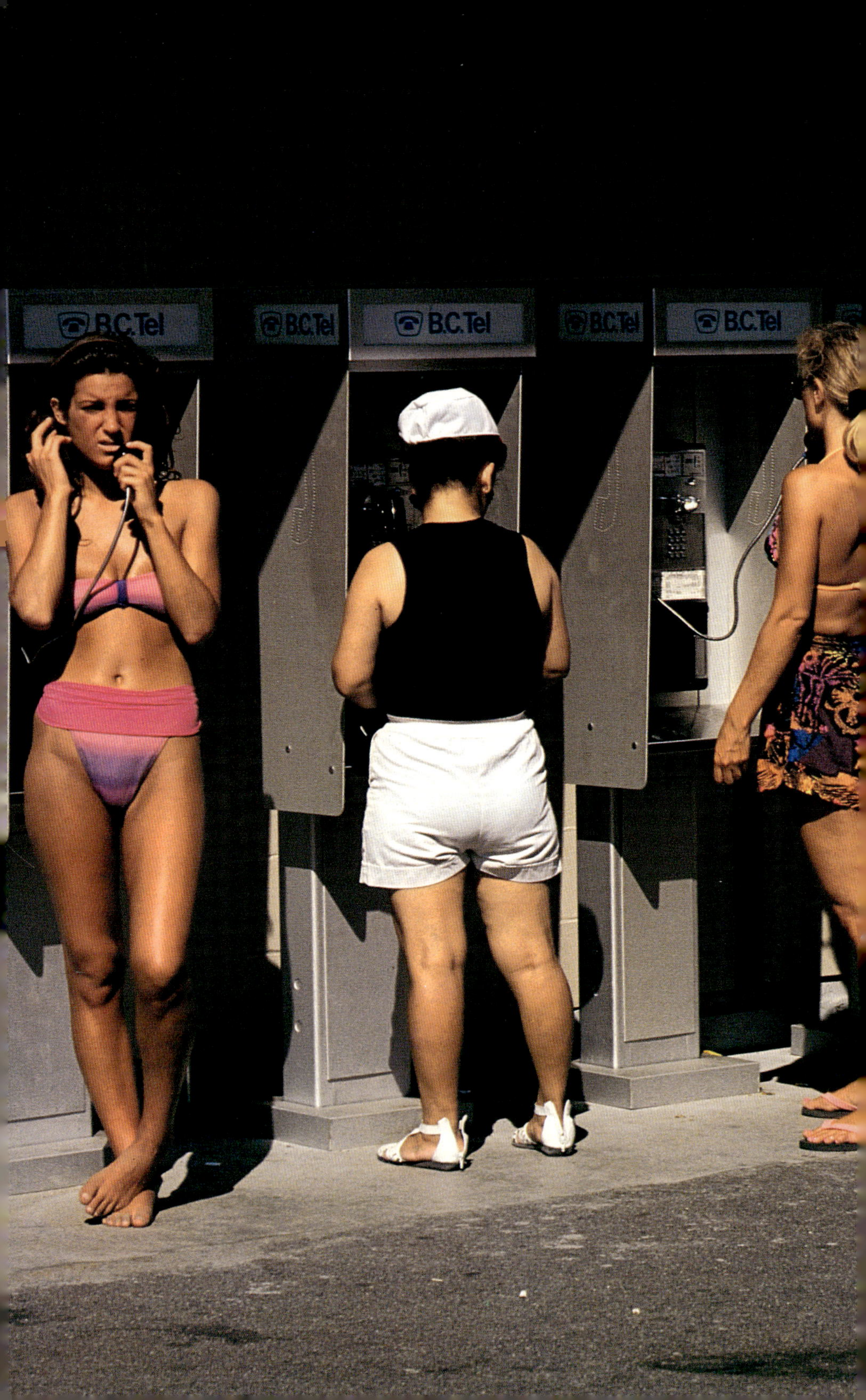
B.C.Tel
B.C.Tel
B.C.Tel
B.C.Tel
B.C.Tel

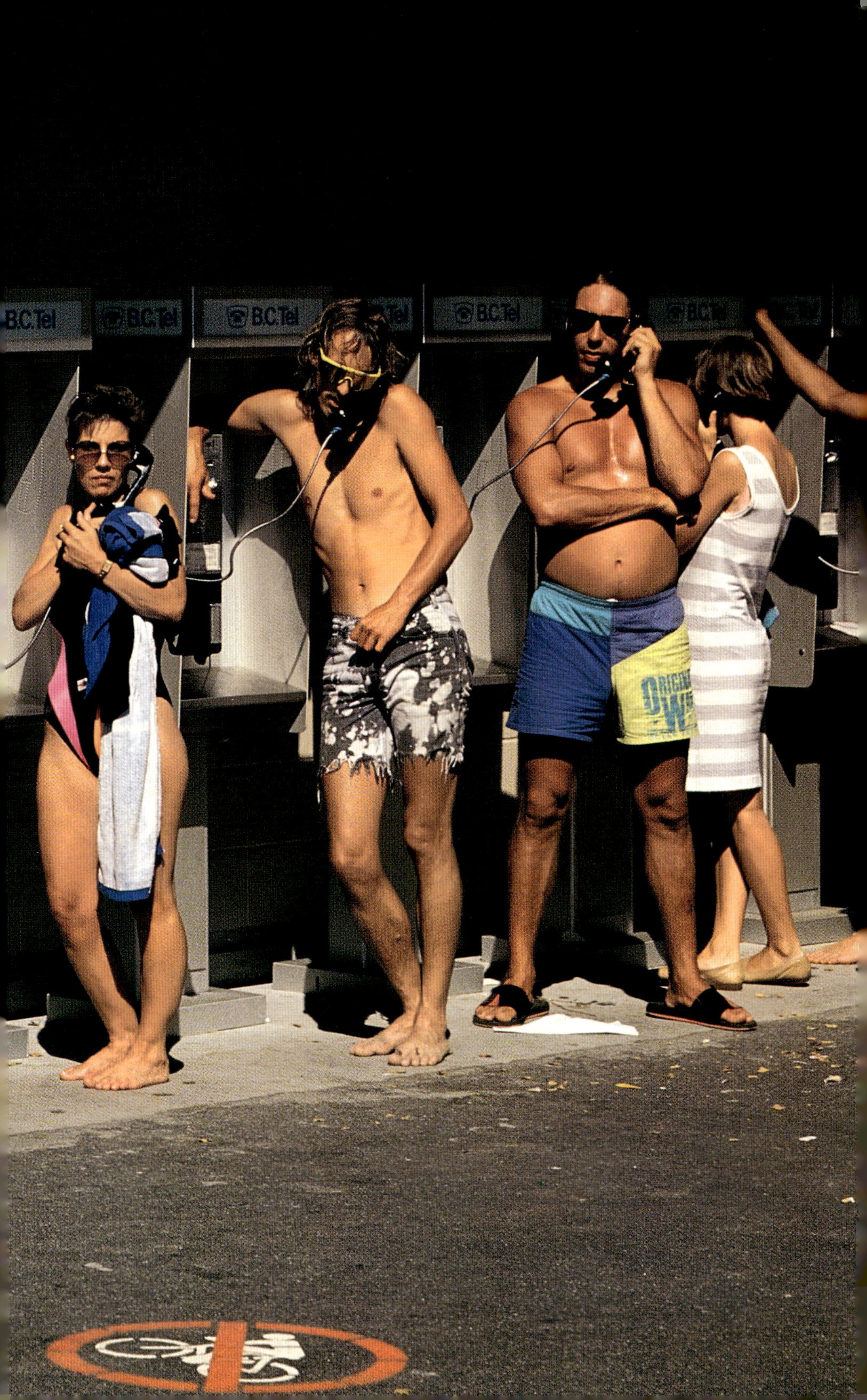
B.C.Tel
B.C.Tel
B.C.Tel
B.C.Tel
B.C.Tel

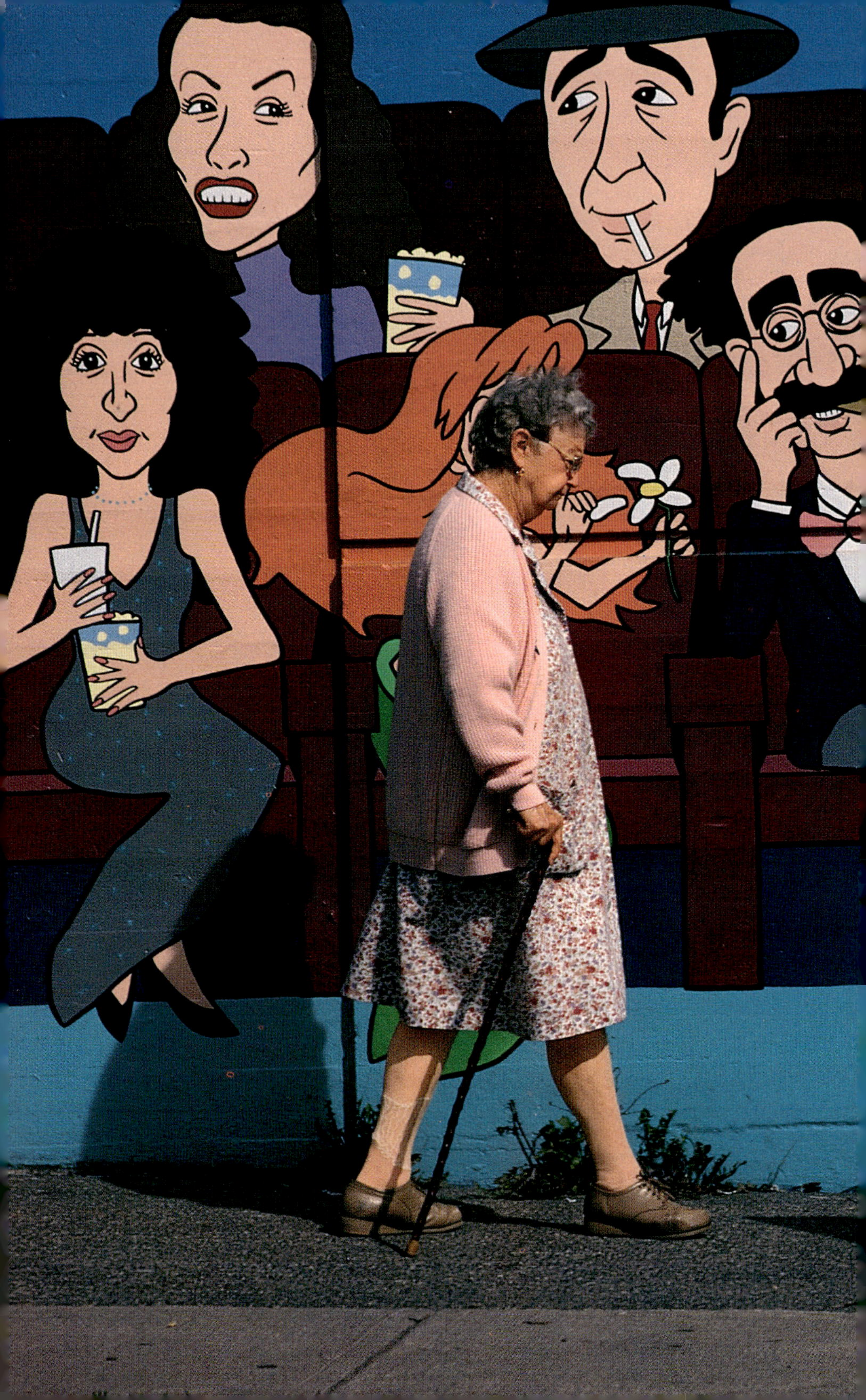

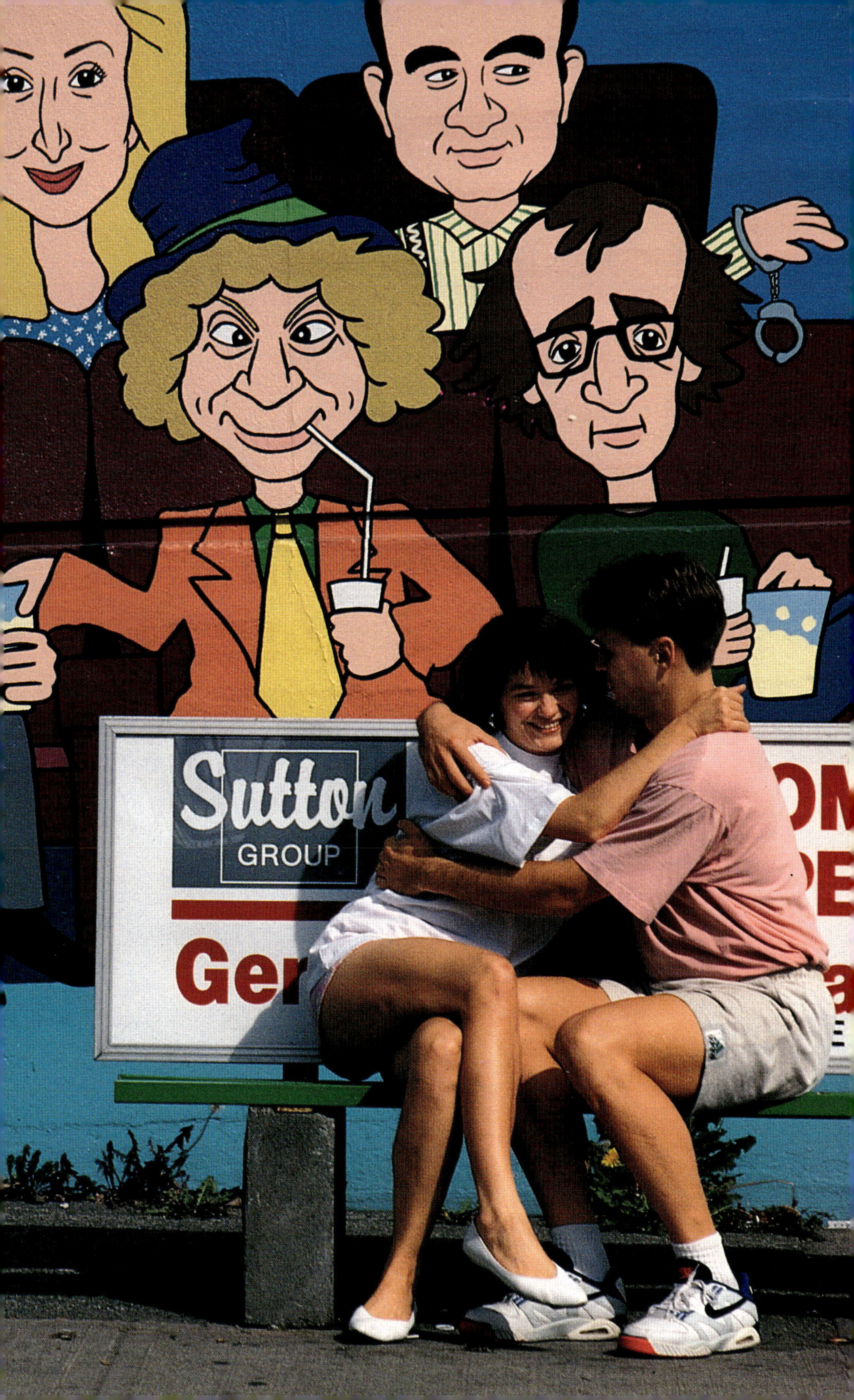
Sutton
GROUP

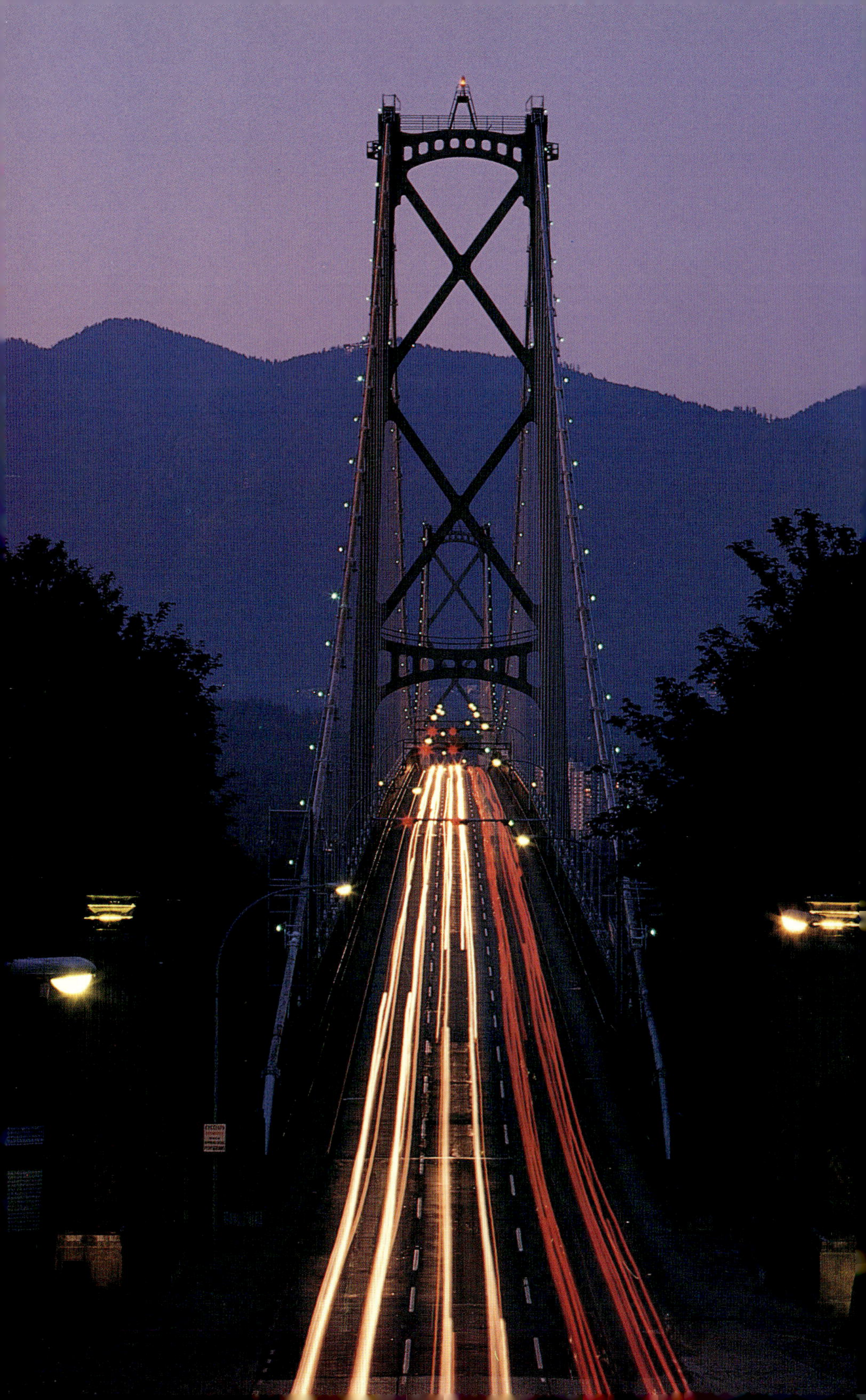

VANCOUVER ERKUNDEN

Was die Lebensfreude anbelangt, so ist Vancouver beneidenswert reich damit gesegnet. Das sehen Sie an den Gesichtern der Surferinnen im Bikini am Jericho Beach, an den entspannt durch Gastown bummelnden Besuchern und am ruhigen Trab der Fitneß-Freaks, die am Wochenende durch den Stanley Park joggen, der auch als die größte Therapeutencouch bezeichnet wird. Und das merken Sie auch an dem Lob der Medien, das Vancouvers Ruf als gastronomisches Mekka begründete.

„The Good Life" – die Lebensqualität ist auch bei einem Bummel durch das Kunsthandwerksviertel von Granville Island oder in den noblen Häuserblocks an der modischen Robson Street spürbar. Die meisten Menschen hier wohnen nicht einfach in Vancouver, sondern sie leben hier wirklich gern. Dazu gehören auch Unternehmer aus Hongkong, die angesichts der bevorstehenden Rückgabe ihrer Heimat an die Volksrepublik China 1997 jedes Jahr zu Tausenden nach Vancouver übersiedeln. Sie bringen oft nicht nur große Familien, sondern in manchen Fällen auch Millionen investierbare Dollars mit. Ein solcher Zuwanderer ist Victor Li, Sohn des reichsten Mannes von Hongkong. Ihm gehört das Gelände der Expo 86 am Nordufer des False Creek, das Vancouvers Innenstadt als Wohn- und Geschäftsviertel um ein Sechstel ihrer Fläche vergrößern soll.

Trotz aller Annehmlichkeiten können Vancouvers Bürger gar nicht schnell genug aus ihrer Stadt herauskommen – nicht, um sie zu verlassen, sondern um den berückenden Charme ihrer Umgebung zu genießen. In den Bergen im Norden und Osten laufen sie Ski, wandern, genießen die gute Luft oder die schöne Landschaft. Im Süden locken die reizvollen Gulf Islands, die Grenze zu den USA und Victoria. Auf der anderen Seite der Georgia Strait erstreckt sich Vancouver Island über 400 Kilometer weit nach Norden, mit dem geschäftigen Hafen Victoria an der Südspitze und genügend Attraktionen für eine ganz Woche Urlaub – von großstädtischen Museen bis hin zu idyllischen Fischerdörfern.

Tausende schippern jeden Tag auf Booten über die Gewässer um Vancouver. Würden Städte nach der Qualität ihrer Küste beurteilt, rangierte Vancouver mit Abstand an erster Stelle. Die Stadt hat nicht nur Hunderte von Küstenkilometern, sondern auch einen der schönsten Häfen der Welt.

Vorherige Seiten: Die Japanische Strömung im Pazifik trägt zum milden Klima bei. Vancouvers Jugend will hoch hinaus. Sonnenbräune gehört in Vancouver zum „guten Ton". Klub der Genießer. **Links**: Lions Gate Bridge.

Greater Vancouver

8km / 5 miles

Horseshoe Bay
← To Nanaimo

Cypress Provincial Park

Grouse Mountain

Capilano Lake

Mosquito Creek

Trans - Canada Highway

Marine Drive

WEST VANCOUVER

Capilano River

Capilano Suspension Bridge

Trans-Canada Highway

Lions Gate Br.

Marine Drive

NORTH VANCOUVER

Burrard Inlet

Stanley Park

Sea Bus

Burrard Inlet

Spanish Banks Beach

English Bay

WEST END

Georgia Street

Hastings Street

Tower Beach

Locarno Beach

Jericho Beach

Kitsilano Beach Park

Burrard Br.

Granville Br.

False Cr.

Main Street

Nanaimo Street

Point Grey Beach

WEST SIDE

Broadway

Wreck Beach

University of British Columbia

Dunbar Street

VANCOUVER

Kingsway

Pacific Spirit Park

Granville Street

Oak Street

Queen Elizabeth Park

Main Street

Shaughnessy Golf Club

41 Avenue

49 Avenue

Strait

Iona Island

South West Marine Drive

of

North Arm Fraser River

Oak Street Bridge

Georgia

Vancouver International Airport

Mitchell Island

Marine Way

Grant McConachie Way

Bridgeport Road

North Arm Fraser River

Moray Channel

Knight Street

No. 3 Road

No. 4 Road

Vancouver Highway

Richmond Nature Park

Westminster Highway

RICHMOND

No. 1 Road

Blundell Road

No. 5 Road

Blaine Highway

Gravesend

Steveston Highway

George Massey Tunnel

South Arm Fraser River

Tsawwassen ferry to Victoria ↓

Mount Seymour Provincial Park
Coquitlam Lake
GREENLAND
U.S.A.
CANADA
Vancouver
U.S.A.
MEXICO
VANCOUVER DISTRICT
Buntzen Lake
Indian Arm
Sasamat Lake
Burrard Inlet
Ioco Road
Pipeline Road
Quarry Road
Victoria Drive
Barnet Highway
Burnaby Mountain Park
Simon Fraser University
PORT MOODY
Barnet
Highway
Clarke Road
Burnaby Mountain
Highway
COQUITLAM
Mundy Park
Pitt River
Burnaby Lake
Trans-Canada Highway
Highway
Coquitlam River
PORT COQUITLAM
Lougheed Highway
Deer Lake
Canada Way
Trans - Canada Highway
Lougheed
Kingsway
10 Avenue
Fraser River
Port Mann Br.
PITT MEADOWS
Fraser River
NEW WESTMINSTER
Pattullo Bridge
King George Highway
River
104
Avenue
Barnston Island
Parsons Channel
Annacis Channel
Trans - Canada Highway
Tynehead Regional Park
96
Avenue
152
ANANACIS ISLAND
Reach
City
River Road
Alex Fraser Br.
88
Avenue
Bear Creek Park
Pacific
88
Avenue
Scott Road
King George Highway
Fraser Highway
NORTH DELTA
Street
SURREY
Highway
64
Avenue
64
Avenue

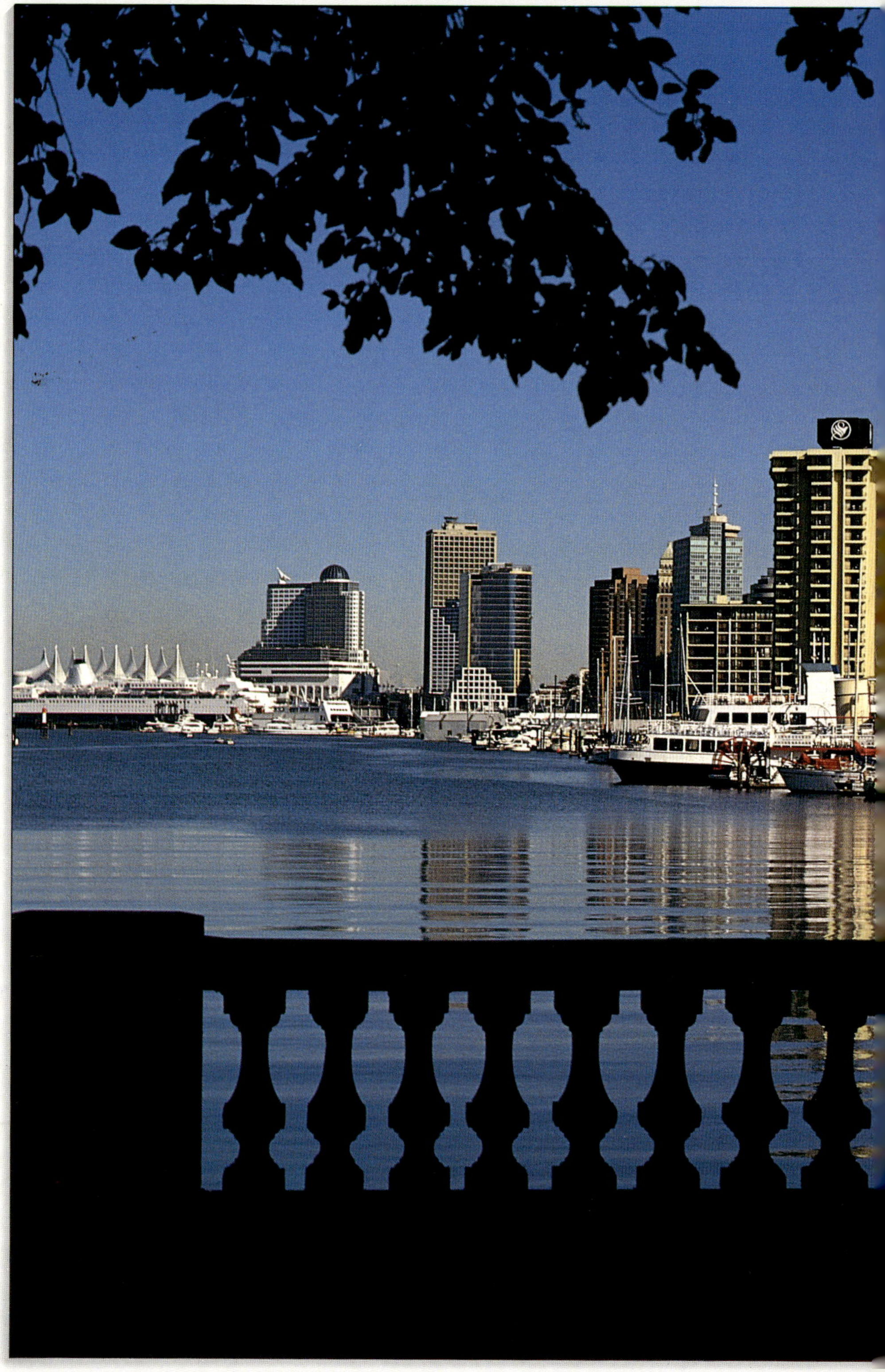

DIE INNENSTADT

Vancouver ist eine Stadt, mit deren Geographie man sich so bald wie möglich vertraut machen sollte. Einen Überblick verschafft man sich am besten vom **Canada Place** aus oder gegenüber davon von der Aussichtsplattform des **Harbour Centre.** Außen am Canada Place sind die markantesten Punkte klar gekennzeichnet, und zwar durch sorgfältig plazierte Schilder am Rande der verschiedenen Ebenen, die über das Wasser blicken.

Im Westen plätschern die Wellen der **English Bay** an die Küste der Halbinsel, die Vancouvers Hafenbecken von der **Strait of Georgia** trennt. Der Norden der Halbinsel sieht heute noch so aus wie zu der Zeit, als dort nur Salish-Indianer lebten, deren einziges Transportmittel Kanus aus dem Holz der Roten Zedern waren. Die ersten Straßen wurden mit den Muschelschalen von ihren Abfallhaufen gepflastert. Als Kanada 1863 noch seinen mächtigen südlichen Nachbarn, die Vereinigten Staaten, fürchtete, wurde dieses Land zur militärischen Schutzzone erklärt. Durch eine Laune des Schicksals ging es unerschlossen in den Besitz der Stadt über und wurde zu **Stanley Park.** Eine Einbuchtung an der Südküste vom Stanley Park ist Coal Harbour, wo vor hundert Jahren für kurze Zeit Kohle aus einem Flöz gefördert wurde – daher der Name – und heute mehrere Werften, Yachtklubs und ein schwimmendes Restaurant liegen.

Gleich neben Canada Place steht der alte Bahnhof **Canadian Pacific Railway Terminal,** der 1914 anstelle eines schloßartigen Gebäudes errichtet wurde und heute Station für den **SkyTrain** (die Einschienenbahn) und den **SeaBus** (die Fähre) ist. Als am 23. Mai 1887 der erste blumengeschmückte Zug hier hereindampfte, feierte die ganze Stadt. Ein endloser Strom von Getreide, Holz und Einwanderern konnte jetzt bequem von Kü-

Die Skyline der Innenstadt.

Innenstadt 123

ste zu Küste befördert werden, und Kanada hatte nun ungehinderten Zugang zu einem Seehafen, der feste Handelsbeziehungen nach Asien ermöglichte. Das alte CPR-Gebäude ist eines der imposantesten der Stadt. Innen zieren es romantische Motive aus den Rocky Mountains, die die Gattin eines frühen Eisenbahners gemalt hat.

Holzschiffe: Die CPR baute den Hafen rasch mit Werften und Hotels aus. Zur Zeit des Ersten Weltkriegs produzierten die Werften an der North Shore Frachter und Versorgungsschiffe, Schlepper, Eisbrecher, Fischerboote und Kähne, viele davon mit hölzernen Rümpfen, da Stahl Mangelware war. Heute werden hier im Jahr 60 Millionen Tonnen Fracht umgeschlagen, die Schiffe laufen Häfen in 80 verschiedenen Ländern an.

Die ersten Fähren kreuzten den Inlet im Jahr 1900. Sie waren die Vorläufer des modernen SeaBus, der acht Minuten braucht bis zum Lonsdale Quay, dem noblen Einkaufsviertel der North Shore. Die **BC Ferries** fahren mit 39 Schiffen über 40 Häfen an der Küste des Festlandes und der umliegenden Inseln an.

Im Osten führt eine Brücke über den Inlet, die letzte einer Reihe von Brücken, die von Schiffen beschädigt und dann abgerissen wurden. Manchmal wagen sich Killerwale bis in den Hafen vor, angelockt von den Lachsen, die früher hier in Massen vorkamen. Heute sind sie – für die Wale unerreichbar – im **Canfisco Building** zu finden, wo seit 1918 Lachs verarbeitet und eingedost wird.

An klaren Tagen kann man vom Canada Place, auf dem auch das **Trade & Convention Centre** steht, den 3000 Meter hohen Gipfel des **Mount Baker** sehen. Er heißt nach Captain Vancouvers drittem Maat und liegt 80 Kilometer jenseits der Grenze in den USA. Der wahrscheinlich erloschene Vulkan (sein letzter Ausbruch war 1843) ist seit seiner Erstbesteigung 1868 ein beliebtes Ziel von Bergsteigern und hat auch Skipisten zu bieten.

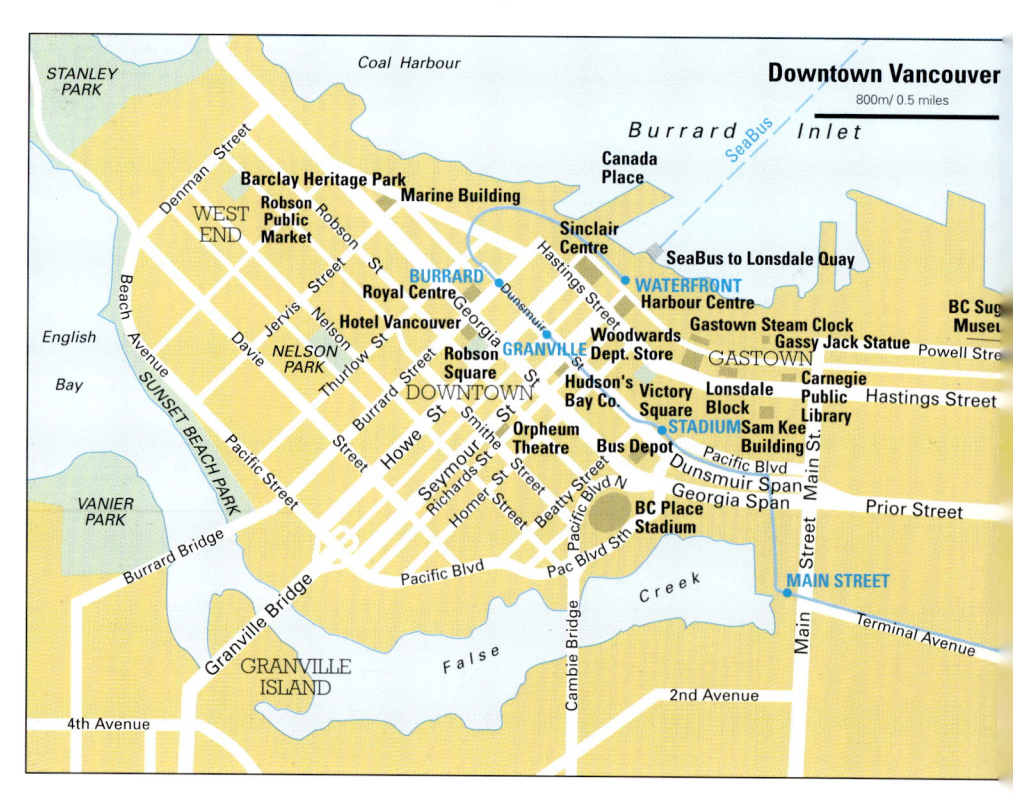

Zwei Lokale mit Blick über den Hafen liegen am Ende des Canada Place: eine preiswerte Cafeteria und das exklusive **Prow Restaurant.** Man kann vom Canada Place auch den Schiffsverkehr im Hafen beobachten und die Schiffe anhand der Erläuterungen neben einer Treppe identifizieren. Ein gläserner Aufzug verbindet die verschiedenen Ebenen des Platzes. Ganz unten befinden sich eine Ladenpromenade, Imbißbuden und die Ankunfts- und Abfahrtshalle für Kreuzfahrten.

Daran fügt sich das vornehme **Pan Pacific Hotel** mit dicken Teppichen, weichen Sofas, Kaskaden, Pianobar und Panoramafenstern mit Blick auf den Hafen. Davor ist eine Uhr mit internationalen Zeitangaben und eine weitere Kaskade. Gegenüber liegt das 23stöckige **Waterfront Centre Hotel** der CP-Kette.

Östlich des Canada Place ragt über die Ecke Hastings/Richards Street das 169 Meter hohe **Harbour Centre.** Drehrestaurant und Aussichtsplattform bieten Ihnen einen einzigartigen Blick über die Stadt. Sparen Sie sich die 12minütige Bildershow, die eine recht banale Angelegenheit ist, und genießen Sie stattdessen die phantastische Aussicht. Im Sommer findet im Restaurant jeden Abend ein Lachsessen mit Unterhaltungsprogramm statt.

Gastown: An der Ecke Cambie/Water Street beginnt die Altstadt Gastown mit einer besonderen Attraktion, der ersten **dampfbetriebenen Uhr** der Welt. Zur vollen Stunde sammeln sich die Zuschauer, um die Pfeifzeichen synchronisierter Dampfdüsen hoch über ihren Köpfen mitzuerleben. Das Werk des Uhrmachers Ray Saunders, der ganz in der Nähe seine Werkstatt hat, wurde erst 1977 aufgestellt. Der Mechanismus ist aber schon hundert Jahre alt. Und so sieht er auch aus. Ein glänzendes Bronzegehäuse verbirgt ein ausgeklügeltes System von Stahlgewichten an einer Kette und eine Spieluhr, die alle 15 Minuten den Westminster-Gong erklingen läßt. Angetrieben wird das Ganze durch eine unterirdische Dampfquelle.

Die Straßentische des **Water Street Café** gegenüber der Uhr sind immer voll

Zauber Stadt liegt hrer Umbung.

besetzt, sofern es nicht regnet – was allerdings zu selten vorkommt. „In Vancouver herrscht der Regen", schrieb Donald Stainsby vor 30 Jahren. „Um die Stadt zu verstehen, muß man den Regen und seine Spielarten Schneeregen und Nebel studieren. Der Regen bestimmt das Leben der Stadt. Sogar dann, wenn er ausbleibt." Wenn es regnet, so Stainsby in seinem Buch *Vancouver Sights and Insights*, „springt man nicht in den nächsten Bus in der Hoffnung, es höre gleich wieder auf. Man zieht sich den Regenmantel über und stellt sich darauf ein, daß man ihn tagelang brauchen wird."

Das erste Geschäftshaus nach der Hastings Mill wurde um 1860 erbaut. Es war der Lebensmittelgroßhandel des aus Bayern stammenden David Oppenheimer. Seinem Ziegellagerhaus an der Columbia und Jackson Street, heute **Pier One Imports,** folgten weitere Geschäfte. Oppenheimer und seine Brüder Isaac und Charles hatten ein Vermögen gemacht mit der Lieferung von Waggons für die Züge zu den Cariboo-Goldfeldern. Als er 1885 nach Vancouver kam, hatte er genug Geld, alles Land von Carrall bis Gore Street aufzukaufen. Er kämpfte lange mit der CPR, die die Stadt nach Südwesten ausdehnen wollte.

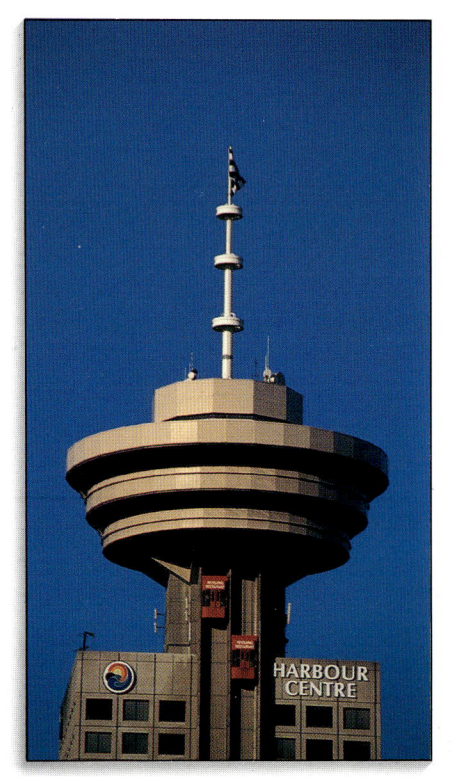

Als die CPR im Jahr darauf das **Hotel Vancouver** an der Georgia und Granville Street baute, lag es „mitten im Wald". Oppenheimer, inzwischen Bürgermeister, förderte den Aufschwung seines Stadtteils, indem er mit seinem Bruder Isaac 1889 die Vancouver Street Railway gründete, eine Straßenbahn an der Powell Street zwischen Main und Campbell Avenue. „Ohne Zweifel", so die *Vancouver Daily World* am 14. Januar 1890, „sind elektrische Leitungen gefährlich und haben viele Menschen getötet ... doch die Situation ist ähnlich wie vor 50 Jahren, als die Eisenbahn die Postkutsche verdrängte. Trotz einiger schrecklicher Unfälle wissen wir heute, daß Zugfahren insgesamt gesehen viel weniger gefährlich ist als Reisen in der Kutsche. So wird es auch mit dem elektrischen Licht sein." In den fünfziger Jahren schaffte die Stadt die Straßenbahn dann zugunsten moderner Busse ab.

Die **Water Street** in Gastown besteht vor allem aus Andenkenläden und Touristenrestaurants, hat aber auch ein Wachsfigurenkabinett und ein Studio, wo man sich in Kleidern im Stil von anno 1890 fotografieren lassen kann, zu bieten. In der **Inuit Gallery** wird ausschließlich Eingeborenen-Kunst verkauft.

Das Kaufhaus **Woodwards,** das nach seiner Gründung 1892 jahrzehntelang mit Versandkatalogen einsame Siedlungen im Westen belieferte, hat einen Eingang in der Water Street, doch das Hauptgebäude mit dem meilenweit sichtbaren „W" auf dem Dach steht seit 1902 an der Ecke Hastings/Abbott Street. An diesem Ende der Hastings Street liegen schäbige Hotels, billige Restaurants und Discountläden. Beachtenswert ist der Laden Sikori's Classical Records nahe Abbott Street. Auch das Lokal **Funky Winter Bean's Pub** mit Messinggeländern, Marmorbar und Holzbalustraden ist einen Besuch wert.

Von der Aussichtsplattform d Harbour Centre hat man eine g Sicht.

Einen Block weiter nördlich, in der West Cordova Street 21, (wo früher die Matrosen in der Bar des Stanley Hotels zechten), ist der **Pig & Whistle Pub.** Auch das alte Travelers Hotel (heute ein Wohnhaus) im weißen, vierstöckigen **Fortin Building** (1893) und der **Lonsdale Block** (1889) gegenüber erinnern an frühere Zeiten.

Das Restaurant **Old Spaghetti Factory,** das antik eingerichtet ist, liegt im Erdgeschoß des einstigen Lagerhauses von William Harold Malkin aus Staffordshire. Er hatte England als Teenager verlassen und kam 1895 nach Vancouver, um einen Lebensmittelgroßhandel zur Versorgung der Goldsucher in den Kootenay-Feldern zu gründen. 1928 wurde er Bürgermeister von Vancouver, was er zum Teil seinem Kampagne gegen die CPR-Kreuzung an der Carrall und Hastings Street zu verdanken hatte, wo rangierende Züge mehrmals täglich den Verkehr behinderten. Sein erfolgreiches Unternehmen baute drei Lagerhäuser an der Water Street – Nr. 57, 139 und 353. „Malkin's Best" – so pries ein großes Schild auf dem Dach seine Waren an.

Einen Block weiter warb die Konkurrenz, Robert Kelly und Edward Douglas, mit einem Nabob-Zeichen für ihren Kaffee. Auch Kelly und Douglas – ihr Lagerhaus ist heute **The Landing** – verdienten am Goldrausch. Douglas befand sich auf der Rückfahrt von einem Besuch am Klondike, mit gefüllten Auftragsbüchern und 50 000 Dollar in der Tasche, als sein Schiff mit einem Eisberg kollidierte und sank. Kelly, der bei David Oppenheimer gelernt hatte, war weiterhin erfolgreich: seine Gesangsgruppe *Nabobettes* landete einen der ersten Werbehits; seine zitronenduftende Seifenwerbung in der Vancouver Zeitung *Province* war damals eine werbetechnische Sensation.

The Landing ist heute eine hübsche Einkaufspassage mit Lokalen und Edelboutiquen wie Ralph Lauren, Edinburgh Tartan Shop und Snowflake auf zwei Ebenen. **Pastel's Café** rühmt sich zu Recht eines „herrlichen Blicks auf die North Shore".

Hotelboom: Der Boom der Water Street um die Jahrhundertwende ermutigte Angelo Colari 1908, sein Hotel Europe durch einen bügeleisenförmigen Stahlbetonbau zu ersetzen, der heute noch das Ostende der Straße beherrscht – als Apartmenthaus. „Unser Autobus holt Sie von allen Zügen und Schiffen ab", warb das von den Werften der Union Steamship nicht weit entfernte Hotel. Unter den ältesten Gebäuden der Stadt sind mindestens ein halbes Dutzend Hotels: Das **Dominion** (1900, die Ziegelbögen wurden in den sechziger Jahren angebaut), 92 Water Street, das **Carlton** (1899) und das **Commercial** (1896), 300 bzw. 340 Cambie Street, das **Italianate Grand Hotel** (1890), 26 Water Street. Das **Terminus** mit den Erkern, in dem vor allem Seeleute, Goldgräber und Holzfäller unterkamen, ist zwei Türen weiter zu finden. Schließlich das **Kings Hotel,** 208 Carrall Street und das luxuriöse **Alhambra** mit offenem Kamin in jedem Zimmer, wofür man bei der Eröffnung 1887 einen Dollar pro Nacht zahlen mußte. Das **Edward Hotel,** 300 Water Street, wurde 1906 anstelle des Regina Hotels errichtet, des einzigen Gebäudes, das den Brand von 1886 überstanden hatte.

Zwei Jahre zuvor war „Gassy" Jack Deighton mit seiner indianischen Ehefrau im Kanu angekommen, ein gebürtiger Brite, der einen Saloon in New Westminster besaß. Er rollte ein Fäßchen Whisky an Land und eröffnete einen weiteren Saloon in einem alten Holzschuppen. Bald verkündete er laut, in seinem Lokal könne man sich wie zu Hause fühlen.

Seine Preise, so meinte er, „entsprechen den Zeiten". Ein späterer Konkurrent beschrieb ihn als einem „Mann von großem, allzeit bereitem Humor, würzig und frisch und von den grotesken Dimensionen eines Falstaff." Deighton starb 1875, doch als sein Hotel bei dem großen Brand 1886 abbrannte, war sein Nachfolger bereits nach 24 Stunden wieder im Geschäft und schenkte „Stärkungen" aus an einer provisorischen Theke, die aus einem Brett auf zwei Fässern bestand.

Heute steht an der Ecke Carrall/Water Street, wo Gastown und damit die ganze Stadt ihren Ursprung hat, eine lebensgroße Bronzestatue von **Gassy Jack** auf einem Faß. 1885 wuchs hier noch ein alter Ahornbaum, unter dem sich die Pioniere für den Namen Vancouver für ihre Stadt entschieden. Der Baum wurde zu einem der Wahrzeichen der Stadt und wuchs so schräg, daß ein Mann seinem Hund beibrachte, am Stamm emporzulaufen und Sachen zu apportieren. An diesem Baum hing die Bekanntmachung zur ersten Stadtratswahl 1886. (Ein Lokalblatt, der *Herald*, rief die Bürger auf, „zeitig und zahlreich zu wählen".)

Der **Byrnes Block** hinter der Statue entstand im gleichen Jahr als eines der ersten Gebäude nach dem Feuer. Ein anderes Relikt aus jener Zeit ist dahinter: **Gaoler's Mews,** heute eine gemütliche Gasse mit efeubedeckten Wänden, schattigen Bäumen, Laternen und der alten **Carousel Clock,** die musikalisch die Stunde schlägt. Mews hieß einmal das Blockhaus, wo Jonathan Miller, der erste Polizeichef und Postmeister von Gastown, amtierte. Der gutgläubige Miller ließ seine Häftlinge zum Gemeinnutzen mit locker zusammengeketteten Knöcheln im Straßenbau arbeiten. Hinter Mews liegt der verschlafene **Blood Alley Square** mit Kopfsteinpflaster.

Le Railcar Restaurant über der Water Street an den Gleisen ist in einem renovierten, ausgebauten Eisenbahnwaggon von 1929 untergebracht. Hier können Sie sich mit delikater französischer Küche verwöhnen lassen und dabei Züge beim Rangieren beobachten. Beim früheren Hotel Europe, dem ersten feuersicheren Bau der Stadt, ist Gastown zu Ende.

Im Osten von Gastown an der **Alexander Street** ist ein Gewerbegebiet mit Lagerhäusern und kleinen Geschäften. Bis auf das BC Sugar Museum ist hier nichts von touristischem Interesse. Die alte Columbia-Brauerei stand an der Nordseite der Powell Street zwischen Wall und Victoria Street im damaligen Cedar Cove am Waldrand.

In den Jahren vor dem Ersten Weltkrieg war die Alexander Street voller Bordelle mit offenen Türen zur Straße hin, aus denen Pianoklänge auf die Straße drangen. Das „House of all Nations" (623 Alexander Street) hatte (laut einer Ausgabe von *The Truth* von 1912) alles zu bieten „von der schokoladenfarbenen Maid bis zum hellhäutigen Schwedenmädchen". Im folgenden Jahr gab es nach Protesten massive Polizeiaktionen, bei denen 133 „Betreiber zweifelhafter Etablissements" und 204 „Insassinnen" verhaftet wurden. 1914 gab es den Rotlichtbezirk nicht mehr.

Das Ostende der Powell Street beherrschen die renovierungsbedürftigen Lagerhäuser der BC Sugar. Das **BC Sugar Museum** am Anfang der Rogers Street erzählt vom Rassismus und vom 24jährigen Benjamin Tingley Rogers, der das Unternehmen 1890 gründete und sich verpflichtete, nur Weiße zu beschäftigen. Als Gegenleistung wurden ihm zehn Jahre lang die Wasserrechnung und 15 Jahre lang die Steuern erlassen.

Bürgermeister David Oppenheimer investierte früh in diesen Industriezweig, den ersten, der nichts mit Fischfang oder Forst zu tun hatte. Heute bezieht die BC Sugar ihr Zuckerrohr vor allem aus Australien, und Generationen von Kanadiern sind die Rogers' Golden Syrup-Eimerchen ein vertrauter Anblick. Vor 1948, als die Firma auf Papiertüten umstellte, wurden zahllose leere Zuckersäckchen aus Leinen zu Schürzen und Kissenbezügen verarbeitet. Obwohl der Museumsbesuch kostenlos und an allen Wochentagen möglich ist, kommen nur wenige Besucher, was wohl an der ungünstigen Lage liegt.

Am Anfang der Dunlevy Street, benannt nach dem Rancher und Hotelbesitzer Peter Dunlevy aus Victoria, erbaute die große Holzgesellschaft, die Hastings und Moodyville Mill aufkaufte, das Hauptbüro der **Hastings Mill.** An der Stelle des alten Hastings Mill Store, der jetzt im Pioneer Park ein Museum ist *(siehe S. 154)*, steht ein Werk des Bildhauers Gerhard Glass von 1966.

Innenstadt 129

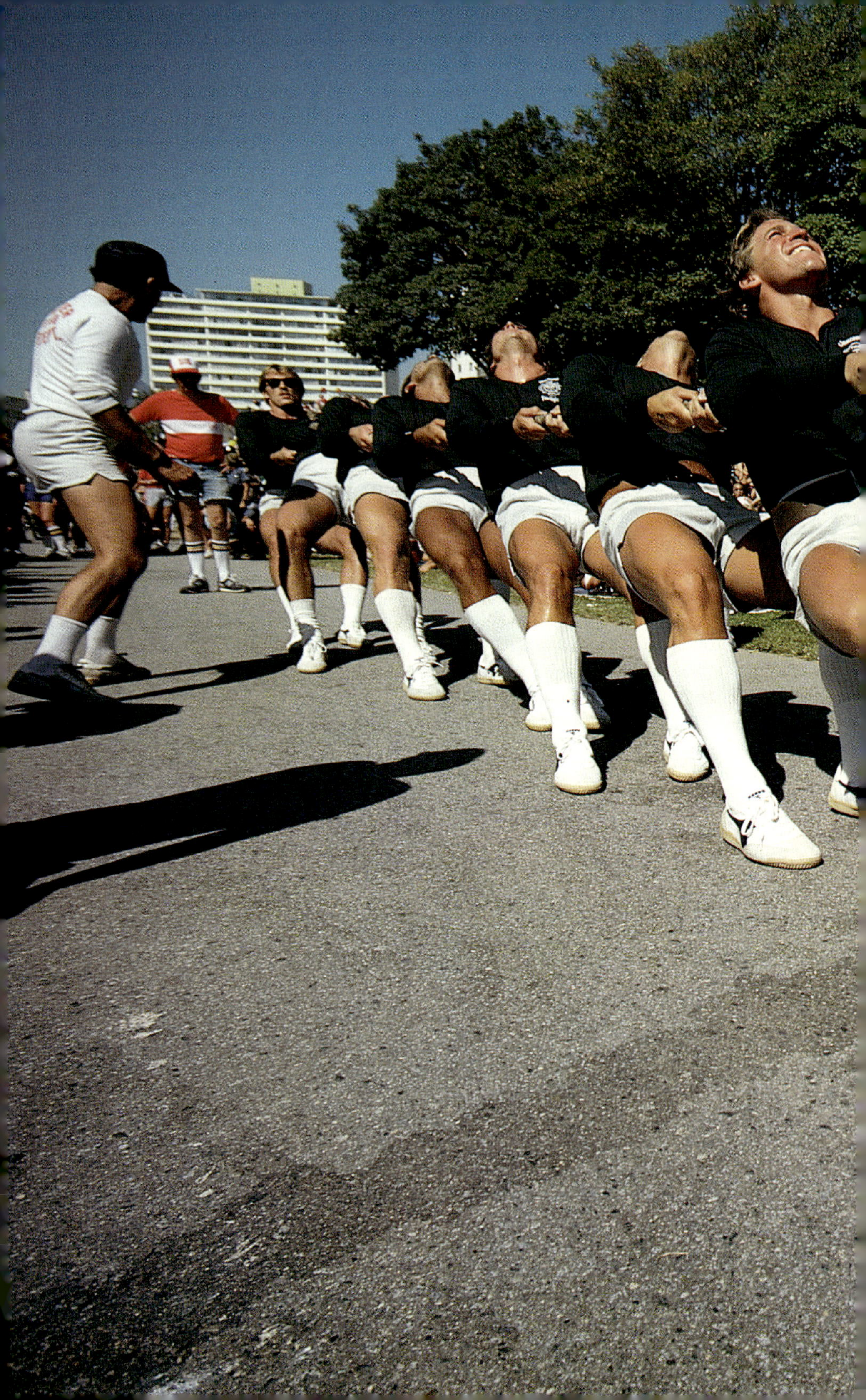

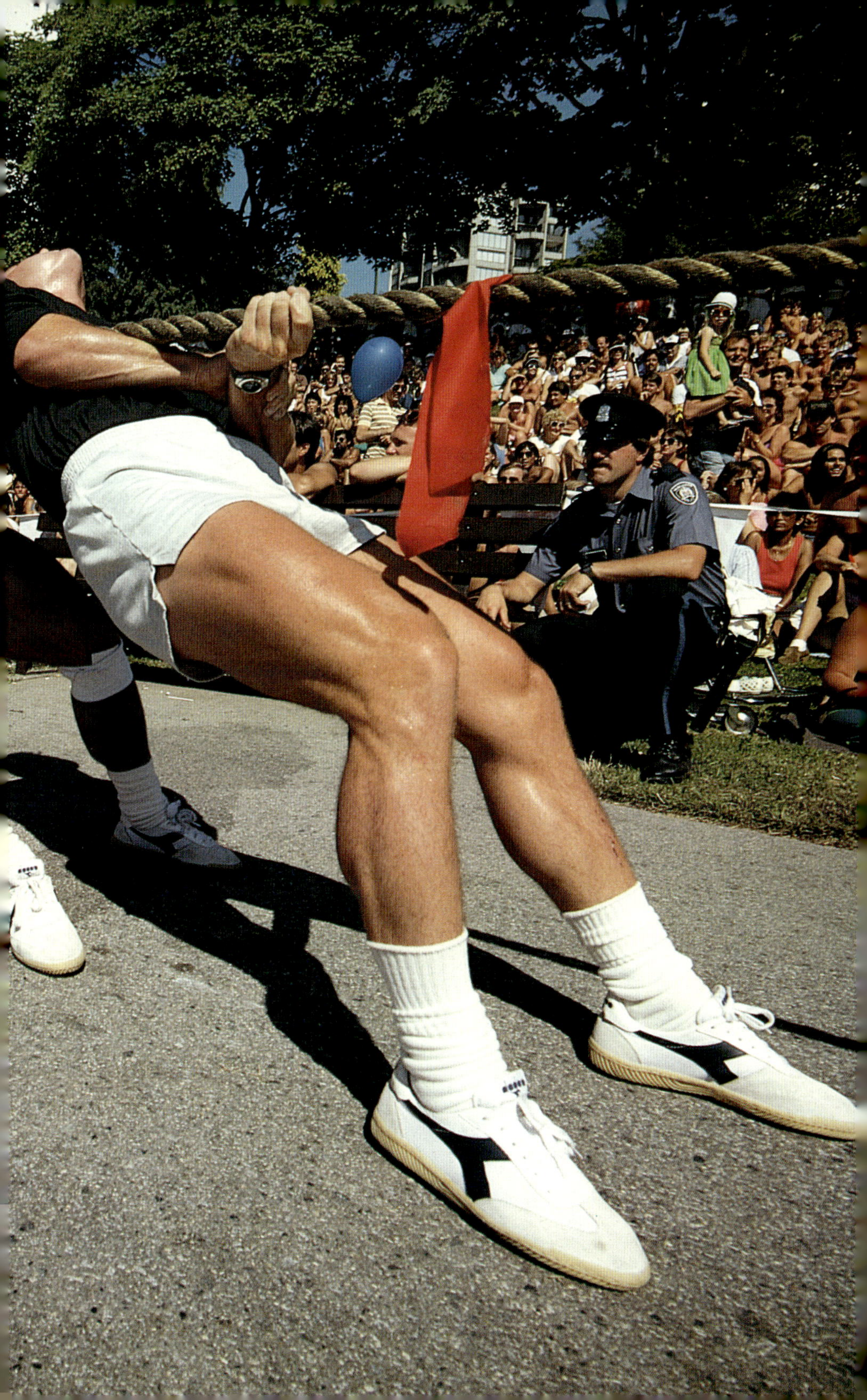

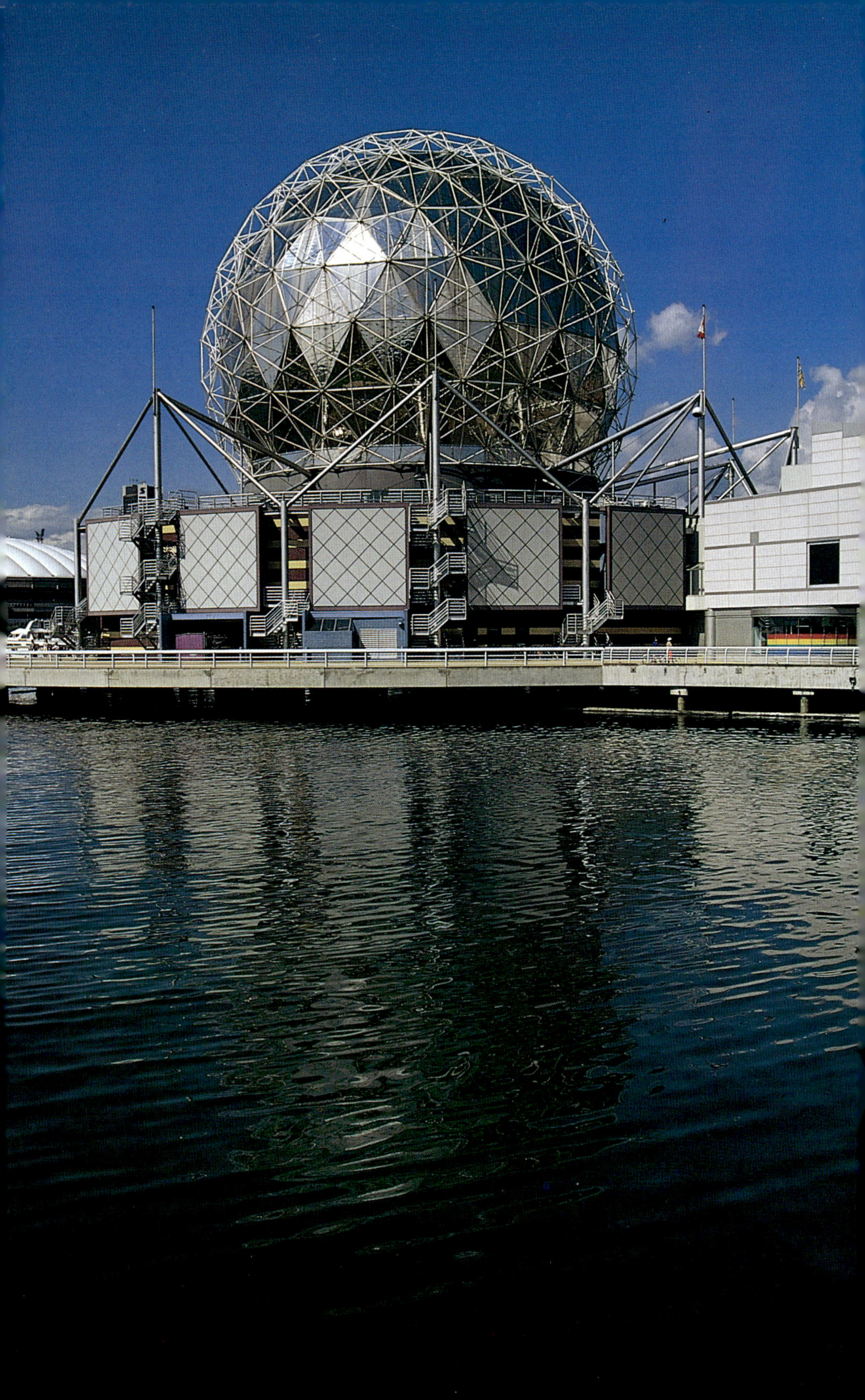

DAS STADION UND UMGEBUNG

Abgesehen von Chinatown ist das dreieckige Gebiet zwischen East Hastings Street und dem Ende des False Creek vernachlässigtes Brachland. Das wird sich jedoch ändern, sobald die hochfliegenden Pläne für das ehemalige Areal der Expo 86 verwirklicht sind.

Die Hastings Street mit ihren billigen Hotels, Bierhallen und bummelnden Matrosen ist seit langer Zeit ziemlich heruntergekommen, doch ab der Kreuzung Pender Street machen sich die Einflüsse von Chinatown bemerkbar. Die **Carnegie Public Library,** die 1903 mit einem Bestand von 800 Büchern eröffnet wurde, war früher ein Museum. Heute hat sie ein in der Mehrheit asiatisches Publikum. Vancouvers Chinesenviertel, das drittgrößte Amerikas (nach San Francisco und New York), hat seine Ursprünge im Goldrausch von 1858 und in den Anfängen des Eisenbahnbaus.

Nehmen Sie sich Zeit für einen Bummel durch die **Pender Street** und bewundern Sie einige der ältesten Gebäude der Stadt mit ihren typischen zurückgesetzten, eisenvergitterten Balkonen: die **Chinese Benevolent Association** (1909), **Ming Wo Cookware** mit grellgrünen Bannern und vor allem das **Wing Sang Building** (1889), der wohl älteste Bau der Straße, hinter dem die **Market Alley** liegt. Hier blühte einst die Opiumherstellung, die – im Gegensatz zum Konsum der Droge – gesetzlich verboten war. Durch viel Neonreklame wirkt die Straße besonders nachts sehr lebendig. Interessant sind die Schilder von **Sun Ah Hotel** und **Niagara Hotel** (vier Blocks weiter westlich).

Hauptattraktion des Viertels ist das schmalste Gebäude der Welt, nicht breiter als die Spannweite von Barbara Chows Armen, deren Vater der Hausbesitzer ist und von hier Versicherungsgeschäfte betreibt. Das **Sam Kee Building** erscheint oft in der Zeitung und ist auch im *Guinness-Buch der Rekorde* vertreten. Es liegt an der Ecke Carrall/Pender Street, ist nur 2 Meter breit und 30 Meter lang, vergrößert durch Fensterbögen im oberen Stock und ein Untergeschoß mit Glasdach unter dem Bürgersteig. Als die Straße vor 75 Jahren verbreitert wurde, blieb „Sam Kee" (der eigentlich Cheng Toy hieß und vom armen Einwanderer zum erfolgreichen Importkaufmann aufstieg) nur ein schmales Stückchen Platz, das nutzlos gewesen wäre, wenn nicht ein genialer Architekt den rettenden Einfall gehabt hätte. Heute bringt das Haus Chow viel Publicity und er scherzt: „Wir haben keine Geheimnisse. Es ist unmöglich, hier drin etwas zu verstecken." Für eine Lokalzeitung ist das Haus „mehr Show als Immobilie".

In den dreißiger Jahren betrachtete das weiße Establishment Chinatown mit Argwohn. Weißen Frauen war die Arbeit in chinesischen Lokalen verboten. „Angesichts der zu erwartenden Arbeitsbedingungen können die Mädchen hier nicht arbeiten, ohne einen liederlichen Lebenswandel zu pflegen," so Polizeichef W. W. Foster, als er zwei Lokale wegen Verstoßes gegen diese Bestimmung schloß.

Das **Chinese Cultural Centre** in der Pender Street mit wechselnden Ausstellungen und Veranstaltungen ist Dreh- und Angelpunkt der chinesischen Minderheit. Seine Attraktion ist der **Dr Sun-Yat-Sen Classical Garden,** der dem Garten aus der Zeit der Ming-Dynastie in Suzhou in der Provinz Jiangsu von Künstlern aus dieser Stadt nachgebildet wurde. Hier sind ein stiller Teich, ein Wasserfall, Felsen und Blütenpracht zu sehen. Es werden Führungen veranstaltet, doch ein Spaziergang auf eigene Faust ist nicht minder reizvoll. Alle Holz- und Steinarbeiten wurden auf traditionelle Weise ausgeführt, unter Verzicht auf moderne Elektrowerkzeuge.

An der Ecke Carrall/Pender kann man durchs Fenster beobachten, wie Schriftsetzer für die *Chinese Times* in einem Bau von 1902 mühsam Schriftzeichen für Schriftzeichen aus den 5000 zur Verfügung stehenden zusammensuchen. Wer gern exotisch ißt, findet im Untergeschoß des **Sun Wah Centre** einen großen chinesischen Supermarkt.

Erster öffentlicher Platz: Zwischen Cambie und Hamilton liegt an der Hastings Street einer der wenigen zentralen Parks. Der **Victory Square** war einst Standort des Gerichtsgebäudes, des ersten großen Baus außerhalb von Gastown. Nach dem Großbrand wurde es ein öffentlicher Platz. Das alte Gericht wurde vor dem Ersten Weltkrieg abgerissen und der freie Platz zu Rekrutierungszwecken genutzt. Die Familie Southam, damals Eigner der Zeitung *Province,* spendete einen großen Betrag für die Wiederherstellung des Platzes, die auch die Errichtung des **Zenotaph** 1924 umfaßte. Heute kann man an einem sonnigen Tag hier Obdachlose, Chinesenfamilien oder auch Büroangestellte mit Vesperpaketen beobachten. „In Vancouver", schrieb Eric Nicol in seiner Biographie der Stadt, „versteht man unter einer Hitzewelle, wenn auf einen warmen, sonnigen Morgen ein warmer, sonniger Nachmittag folgt."

Chinatown entstand 1858.

Gleich nach dem Brand von 1886 ließ Stadtrat Lauchlan Alexander Hamilton, der sechs Jahre zuvor als Ingenieur im Auftrag der Eisenbahn hierher gekommen war, ein Zelt aufstellen, in dem die Verwaltungsarbeit erledigt wurde. Zu seinen ersten Aufgaben zählte die Straßennamensgebung. Als die erste Latte in der Nähe des jetzigen Victory Square in den Boden getrieben wurde, erklärte er: „Diese Straße nennen wir Hastings Street, diese hier nach mir Hamilton, und die Pfade, die in den Busch führen, sollen Cambie und Abbott Street heißen." (Admiral George Fowler Hastings war Oberkommandierender der pazifischen Marineeinheit, H. H. Abbott Generalbevollmächtigter der CPR in British Columbia und Henry John Cambie beratender Ingenieur der CPR, zuständig für die Festlegung der künftigen Streckenführung in British Columbia.)

Das 14stöckige **Dominion Trust Building** war bei seiner Errichtung in der Cambie und Hastings Street 1910 das größte Gebäude des gesamten Empire. Zwei Jahre später wurde es vom 83 Meter hohen **Heritage Building** übertrumpft, das 1912 als Zentrale der Zeitung *The World* errichtet wurde. Es ist ein eleganter Bau, dessen Simse Nymphen von Charles Marega stützen. Einer der Herausgeber, Louis D. Taylor, war zwar viermal Bürgermeister der Stadt, starb aber verarmt 1946 in einer schäbigen Pension.

Das Grundstück für das ausgefallene, braun-orangefarbene Dominion Trust Building kostete bereits 100 000 Dollar. Fünf Jahre früher hätte man es für ein Sechstel dieser Summe bekommen. *The World*, 1888 von Kanadas erster Redakteurin und Herausgeberin J. C. McLaglan gegründet, ging bereits drei Jahre nach dem Umzug ins neue Gebäude wieder ein. Als 22 Jahre später eine Spedition das Gebäude räumte, zog das Lokalblatt *Vancouver Sun* ein, weithin sichtbar durch eine auffallende Neonreklame, bis 1965 die Zeitung in ihr jetziges Anwesen an der Granville Street umzog.

Sie hatte das grünbedachte Heritage Building zu einer Zeit bezogen, als auf

Sam Kee
ding steht
Guinness-
h der Re-
de.

dem Immobilienmarkt Vancouvers Flaute herrschte und die Bautätigkeit durch die Depression zum Stillstand gekommen war. Die Skyline der Stadt blieb lange unverändert. Das Heritage/World-Gebäude ist gut erhalten und beherbergt heute Anwaltskanzleien und Behörden. Leider ist es nicht zu besichtigen.

Auf der Nordseite der Pender Street bei Beatty stand einst eine Baracke, in der 1898 die 298 Soldaten der Yukon Field Force auf ihrem Weg zum Klondike untergebracht waren. Zehn Jahre zuvor war hier das Imperial Opera House eröffnet worden, das bei Holzfällern, Goldgräbern und Matrosen nie so beliebt war wie das Grand Theatre in der nahen Cordova Street, wo das Publikum 25 Cent zahlte, um zu lieblos bemalten Lichtbildern „On the Banks of the Wabash" zu singen, bis die Stummfilmära begann.

Heute liegt nicht weit von hier das gut frequentierte **Queen Elizabeth Theatre** mit Konzertsaal und Bühne. Hinter dem Theater befindet sich der **Busbahnhof,** gegenüber eine SkyTrain-Station.

Das alte Expo-Gelände: Das **BC Place Stadium** mit 60 000 Sitzplätzen am Ende des False Creek soll mit seinem 4 Hektar großen Dach das Stadion mit der größten Tragluftkuppel der Welt sein. Als es 1982 für die Expo gebaut wurde, war es das erste überdachte Stadion Kanadas mit einem Dach aus teflonbeschichtetem Fiberglas, das stärker ist als Stahl und doch 20 Prozent Tageslicht durchläßt. Ein Prospekt versichert, daß 16 Ventilatoren den nötigen Luftdruck garantieren und selbst, wenn alles schiefgehen und das Dach zusammenfallen sollte, die Sitzplätze nicht gefährdet seien. In diesem Stadion, Heim der Footballmannschaft BC Lions und Schauplatz von Reitturnieren, Konzerten und Ausstellungen, fanden mehrere Grey Cup-Meisterschaften statt. Es werden täglich Führungen angeboten.

Auf dem angrenzenden **Expo-Gelände**, das lange Zeit Brachland mit verwaisten Gleisen und leeren Lagerhäusern war, sollen Wohnungen, Museen, ein Theater und Parkanlagen entstehen.

Großstadt-Idylle: Sun-Yat-Sen Garden.

Nicht weit davon erhebt sich eines der Wahrzeichen der Stadt, die silbrige Kugel der **Science World,** in der auf faszinierende und lehrreiche Weise die Prinzipien von Ton und Licht demonstriert werden. Außerdem gibt es hier geniale Spiele und Puzzles, Vorrichtungen zum Erzeugen von Riesenblasen, Musikstudios, wo jedermann an einfach zu bedienenden Synthesizern Melodien spielen kann und Lichtblitze, die Bilder von Besuchern an die Wände werfen. „Unsere Welt ist in Licht getaucht", steht auf einer Tafel. „Es erzählt uns von Galaxien jenseits der unseren und von Welten, zu klein, um sie zu besuchen. Seine Majestät verewigt die Poesie, sein Geheimnis ergründet die Wissenschaft."

Dieses futuristische Museum mit sprechenden Dinosauriern, das sich selbst „seltsamster Ort der Erde" nennt, zeigt auch **Omnimax-Filme,** bei denen man auf einer riesigen Leinwand in den Grand Canyon eintaucht oder Vulkane aus der Nähe erlebt, wobei raffinierte Sound-Effekte das Erlebnis noch verstärken.

Gleich gegenüber gibt es eine Sky-Train-Station, nicht weit von dem alten Bahnhof CN Station (heute VIA), der seit 1919 auf einem Gelände liegt, das früher einmal Wasser vom False Creek war. Heute ist er „in majestätischer Isolation … ein wundervolles Zeugnis seiner Zeit" – so jedenfalls der Architekturkolumnist Robin Wood.

Der **False Creek** („der falsche Bach") ist heute noch drei Kilometer lang. Früher reichte er nach Osten bis zum Clark Drive, doch er wurde nach und nach aufgefüllt, um Gewerbegebiet zu gewinnen. Die Stadtverwaltung konnte sich mit dem von der britischen Marine gewählten Namen nie so recht anfreunden und beantragte 1891 vergeblich bei der Kolonialverwaltung die Änderung in Pleasant Inlet („angenehmer Meeresarm"). Wenn in der Pionierzeit die Jäger und Holzfäller den False Creek überqueren wollten, gaben sie ein Zeichen, indem sie einen Stoffetzen an einen Stock banden. Bald erschien ein Indianer, der sie mit dem Kanu übersetzte.

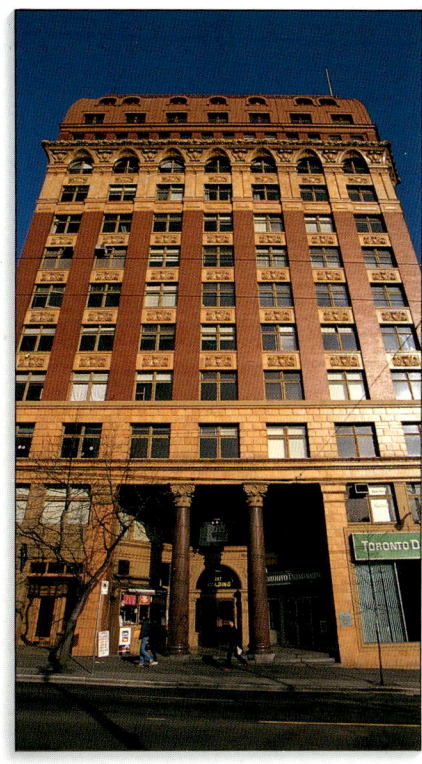

Stadion und Umgebung

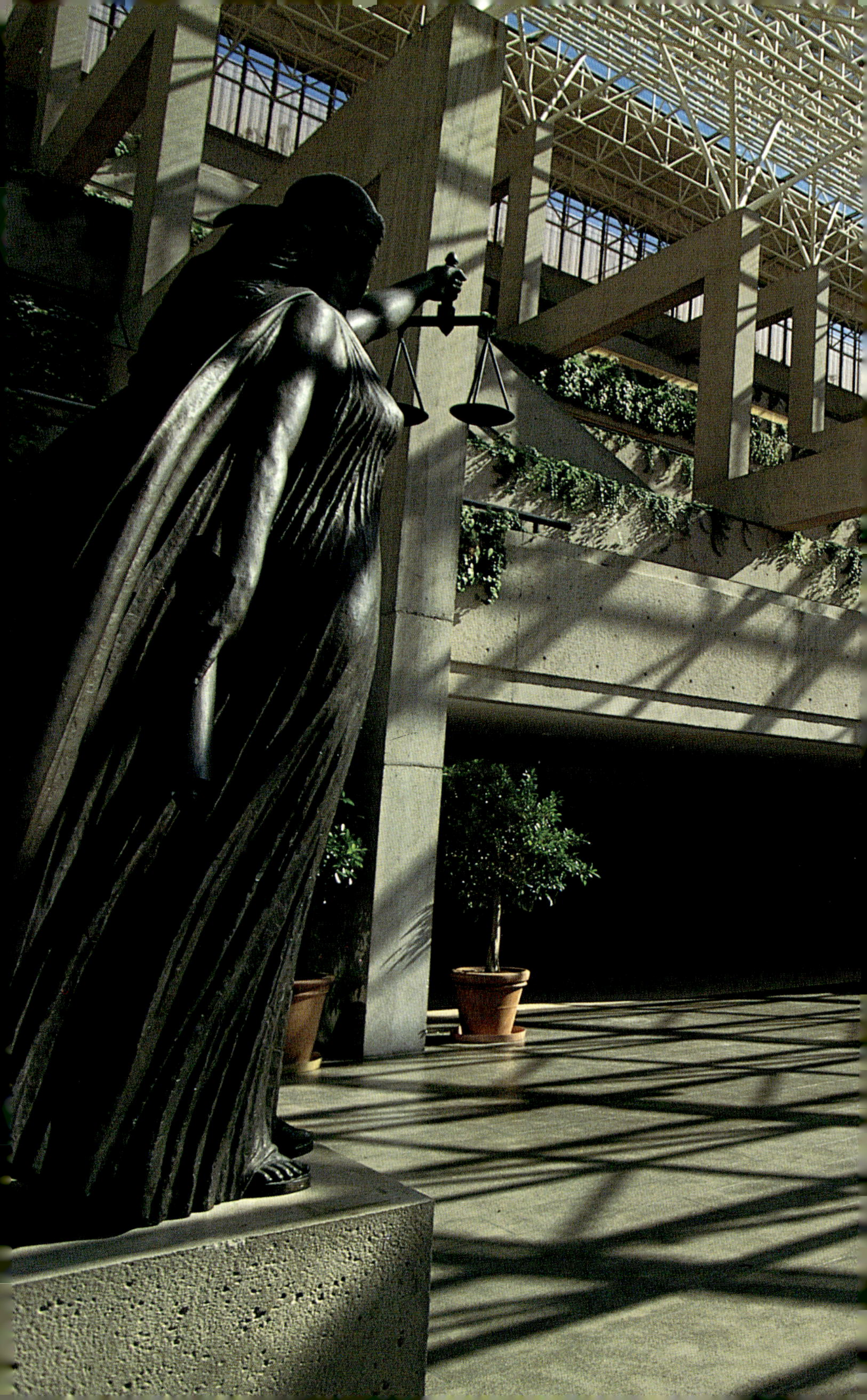

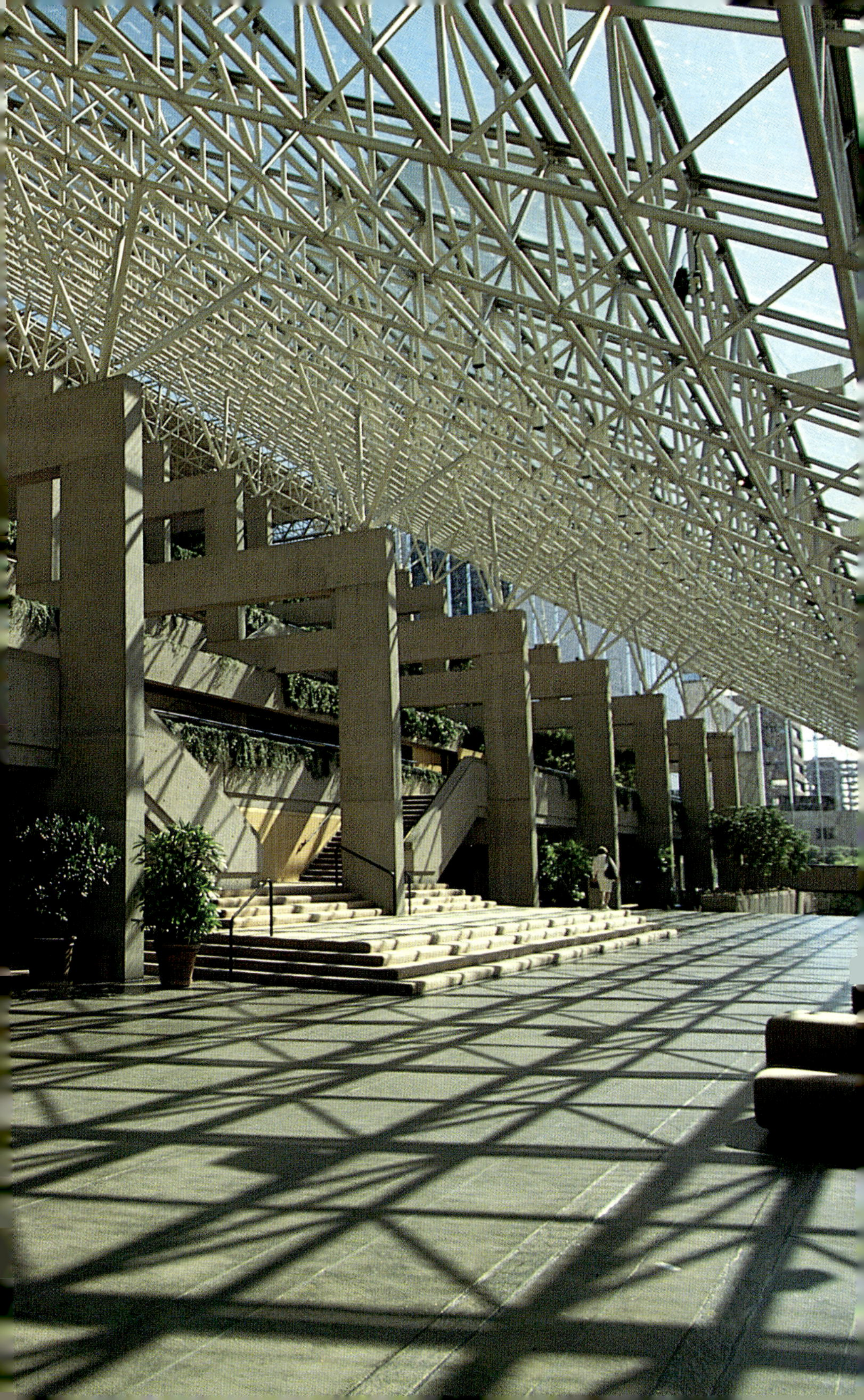

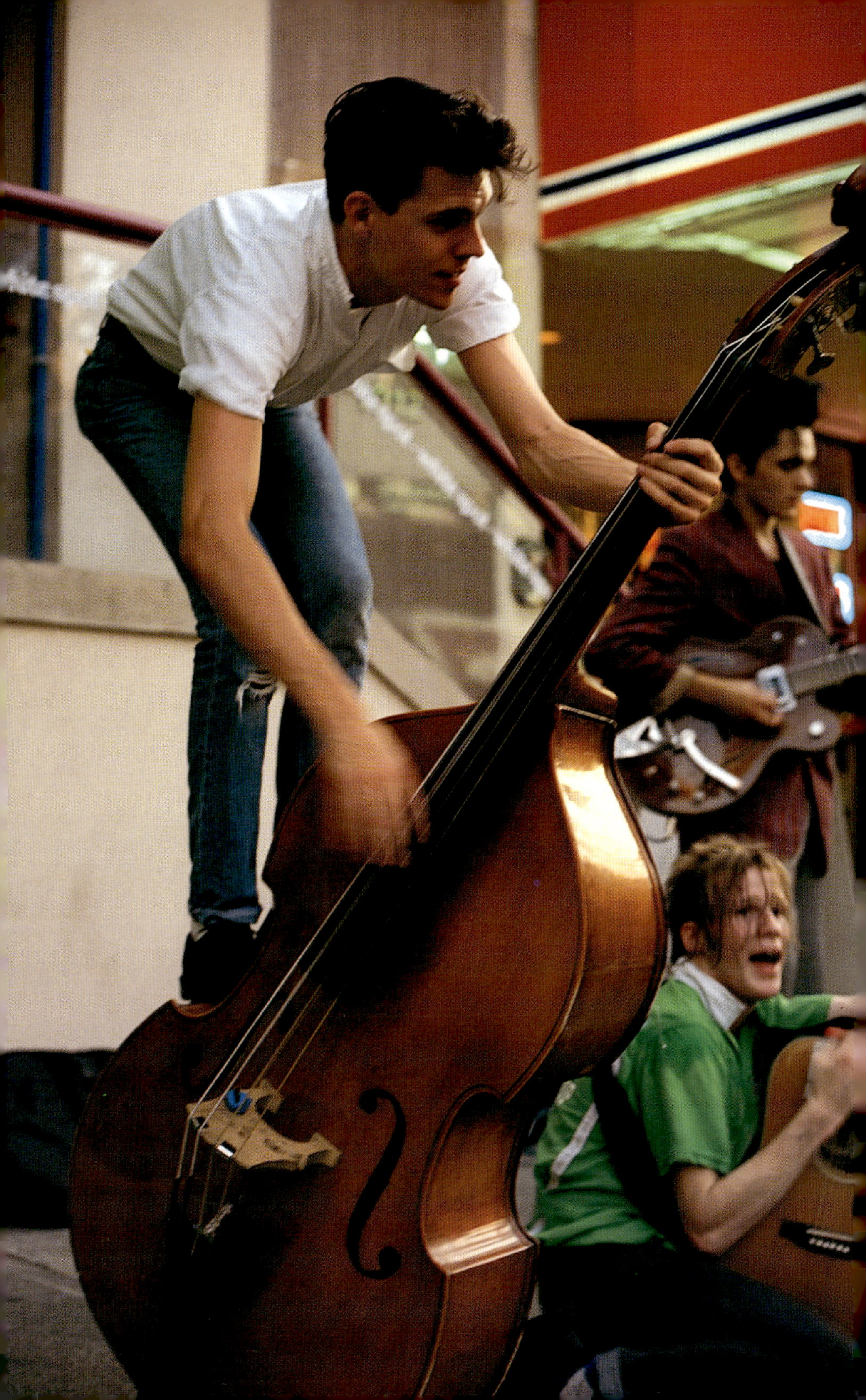

MIDTOWN UND DAS WESTEND

Eines der ältesten Wahrzeichen Vancouvers, nur 15 Jahre jünger als die Stadt selbst, ist die vierseitige Uhr, die seit 1913 an der Ecke Georgia/Granville Street steht. Damals zog das nun über hundertjährige Juweliergeschäft Birk, vor dem sie 1902 angebracht wurde, aus der Hastings Street hierher um. Die Granville Street südlich der **Birk's Clock** ist, so schrieb eine Zeitung 1962, „Vancouvers schrillste Straße".

Baumgesäumte Straße: Aber das war vor über 30 Jahren. 1895 berichtete eine Zeitung über einen heftigen Sturm, der einen der 30 Meter hohen Baumriesen auf dem Gipfel des Granville Hill entwurzelte und auf eine mit neun Personen besetzte Kutsche warf. Der Kutscher kam dabei ums Leben. Solche Bäume wurden in der jungen Stadt gefällt, doch pflanzte man 1962 entlang der Georgia Street Ersatz. Die Gegend hat dadurch zweifellos gewonnen. Die Straße ist nach der Strait of Georgia benannt, diese wiederum nach George III. Birks Geschäft grenzt an den mächtigen **Vancouver Block** mit der größten Uhr der Stadt.

Nicht lange nach dem verheerenden Brand von 1886 wurde der Grundstein für das vierstöckige **Hotel Vancouver** an der Ecke Georgia/Granville Street gelegt. Das Stadtzentrum verschob sich dadurch landeinwärts. Zehn Monate später, rechtzeitig eine Woche vor Ankunft des ersten Transkontinentalzuges am 23. Mai 1887, wurde das Hotel eröffnet. Der Bau stand bis 1916, als er einem größeren Hotel gleichen Namens auf dem Gelände des Kaufhaus Eaton's weichen mußte, das seinerseits kurz vor dem Zweiten Weltkrieg ersetzt wurde.

Im Hotel Vancouver nächtigte die Prominenz aus Politik, Kunst und Wirtschaft (Mark Twain, Rudyard Kipling, Winston Churchill, Clark Gable, Jane Fonda, Indira Gandhi und die rumänische Königin Marie, um nur ein paar Namen zu nennen) in geräumigen Suiten, die laut *The Vancouver Sun* „seltsam großzügig und fehl am Platze wirken in dieser Zeit der Schlafzellen und Restaurants."

Das dritte Hotel, das heute noch steht, hat 508 große Zimmer, elegant ausgestattet mit antikem Mahagoni- und Chippendale-Inventar. Die fünf Zimmer der Royal Suite wurden bei der Eröffnung im Mai 1939 eingeweiht, als das englische Königspaar George VI. und Elisabeth auf ihrem ersten Staatsbesuch in Kanada dort logierten. Zehn Jahre später wies das Empfangspersonal den Schauspieler und Sänger Bing Crosby ab, als er nach einer Angeltour ins Hinterland zerzaust und derangiert ein Zimmer mieten wollte. Glücklicherweise erkannte der Manager den berühmten Sänger schließlich trotz seines ungewohnten Aufzugs.

Das grüne Dach des Hotels spiegelt sich schön in den goldbedampften Glasfenstern des **Transport Canada Building** einen Block weiter. Dem TCB gegenüber liegt die gut sortierte Bibliothek, die im nächsten Jahrzehnt in die Georgia Street umziehen soll.

Jenseits der Burrard Street liegt neben einem kleinen Park mit Wasserfall die hundert Jahre alte **Christ Cathedral,** deren Glasfenster Captain Cook zeigen. Ihr auf Zedernbalken ruhendes Dach ragt hoch in den Himmel. In der Kathedrale, die 1973 um ein Haar einem Bürohaus weichen mußte, werden sonntags Führungen veranstaltet.

Das architektonische Merkmal des **Hudson's Bay Company Store,** der 1913 an der Ecke Georgia/Granville erbaut wurde, sind dicke, korinthische Säulen. Er war die fünfte Filiale der Firma in Vancouver. Der **Market Square,** eine attraktive Ansammlung von Boutiquen und Lokalen, ist ebenfalls sehenswert. Die Läden im Zwischengeschoß gehen über in die Korridore und das Atrium des **Pacific Centre,** dessen 200 Geschäfte, teils unter der Erde, sich über drei Blocks erstrecken und von Brunnen und einem dreistufigen Wasserfall aufgelockert werden. Es wird auch **The Bay** genannt und konkurriert mit **Eaton's** am westlichen Ende des Centres (wo früher das alte Opera House stand) um das Prädikat des exklusivsten Warenhauses.

Nobel geht die Welt zugrunde: Zwei Blocks weiter westlich liegt das pompöse **Orpheum Theatre** mit Kuppeldach und Kristallüster. Es wurde 1927 als Varieté und Kino eröffnet, anstelle eines älteren Theaters von 1891. 1973 gab es eine Kinokette zum Verkauf und Abriß frei. Da beschwerten sich so viele Vancouveriten beim Bürgermeister, daß die Stadt den Bau für 7 Millionen Dollar rettete und renovierte. Seine Bühne beehrten Charlie Chaplin, Bob Hope und Margot Fonteyn; hier fand auch die kanadische Premiere des Films *Vom Winde verweht* statt. Heute tritt hier das Vancouver Symphony Orchestra auf. Die Herrentoilette im Untergeschoß wurde von einer Lokalzeitung als die luxuriöseste der Stadt gepriesen.

Galloways in der Robson Street westlich der Burrard Street bildet einen interessanten Kontrast zu den schicken Boutiquen dieses Viertels. Lassen Sie sich verzaubern von den exotischen Gerüchen der Gewürze und Currys, von Marmeladen und Chutneys, Nüssen, Datteln und Hülsenfrüchten aus fernen Ländern.

Die **Robson Street** mit ihren Designershops ist das Gegenstück Vancouvers zum Rodeo Drive in Los Angeles. Sie hat eindeutig europäischen Charakter und erinnert an die Zeit, als sie noch Robsonstraße hieß und hauptsächlich deutscheRestaurants beherbergte. Einige davon gibt es bis heute. Das starke Verkehrsaufkommen an Wochenendabenden veranlaßte die Polizei zu Straßensperren, die es den Leuten verleiden sollte, einfach so spazieren zu fahren – sehr zum Ärger der Ladenbesitzer, die sich außerdem über die Mietpreisexplosion beklagen. Zwischen Jervis und Broughton gibt es an der Robson Street ein paar preisgünstige Hotels.

Einsame Löwen: Am Südende der Robson Street dominieren der moderne **Robson Square** und die **Vancouver Art Gallery** mit Bildern ab dem 16. Jahrhundert und vielen Werken der einheimischen Künstlerin Emily Carr *(siehe auch*

Auf dem Ro son Square kann man im Winter l laufen.

S. 147). Der Bau, früher das Gerichtsgebäude, wurde von Francis Mawson Rattenbury entworfen. Der Eingang an der Georgia Street ist von Löwen flankiert. Die Verlagerung des Eingangs an die Rückseite sei ein großer Verlust, meinte der Baukritiker Robin Wood. Sie hinterließe „einsame Löwen vor einem nutzlosen Portikus."

Der gebürtige Triester Charles Marega, einer der schöpferischsten Bildhauer der Stadt, hatte genau hier sein Studio und ist doch in der Galerie nicht vertreten. „Er wurde zu seinen Lebzeiten nicht gewürdigt und wird auch jetzt, nach seinem Tod, nicht gewürdigt", schrieb Peggy Imredy in Chuck Davis' *Vancouver Book*, „doch kein anderer Bildhauer hinterließ Vancouver soviele Werke wie dieser ‚unbekannte' Künstler." Zu seinen Werken gehören die David-Oppenheimer-Büste im Stanley Park, das Standbild von Captain Vancouver vor der City Hall und die Statue Edwards VII. vor dem Gericht. Marega starb in Armut, sechs Monate nach Fertigstellung der zwei 6,5 Tonnen schweren Löwen am Südende der Lions Gate Bridge. In der **Hong Kong Bank** gegenüber ist die gigantische Skulptur *Pendulum* von Alan Storey zu bewundern. Im Sommer finden am Robson Square Konzerte statt, im Winter dient er als Eisbahn.

Die Architektur dieser Gegend ist sehenswert, insbesondere das **Courthouse** von Arthur Erickson mit seinem geneigten Glasdach zwischen Hornby und Howe. Das Viertel mit seinen kleinen Plätzen, Wasserspielen, Sitzmöglichkeiten und Blumen ist ein wahres Paradies für Fußgänger. Dies zeigt sich deutlich am Beispiel des Platzes neben dem **Royal Centre** an der Burrard und Georgia Street, einem glitzernden Hotel- und Ladenkomplex, der anstelle der legendären Glencoe Lodge errichtet wurde, deren Plüschinterieur sich bei Diplomaten, Politikern und der Schauspielerin Ellen Terry großer Beliebtheit erfreute.

Einen Block die Burrard Street hinunter steht das **Bentall Centre,** in dem das Fremdenverkehrsbüro untergebracht ist.

Hier produzierte einst auf einem waldigen Hang die Spratts Oilery in mehreren Barracken Fischöl zum Fetten der Gleitkufen, auf denen die Holzstämme in den Hafen gezogen wurden. Joseph Spratt, der auf einem Kahn in Coal Harbour mit diesem lukrativen Geschäft begann, genoß – vor allem bei den Indianern – keinen guten Ruf, denn er fischte, indem er Dynamit ins Wasser warf.

Das **Sinclair Centre**, Ecke Corodova und Granville Street, ist ein Bilderbuchbeispiel für ein gelungenes Restaurierungsprojekt. Aus dem Postamt von 1910 mit seinen Anbauten von 1939 und den zwei Nachbargebäuden entstand eine kunstvolle Mischung alter und moderner Elemente, ein effektvoll beleuchtetes Atrium, umgeben von Geschäften und Büros. Das an Dickens erinnernde ehemalige **Customs and Excise Building** (1912) an der Ecke Howe/Cordova Street und das **Winch Building** (1909) in kontrastierendem Stil vervollständigen den Überblick über verschiedene architektonische Epochen.

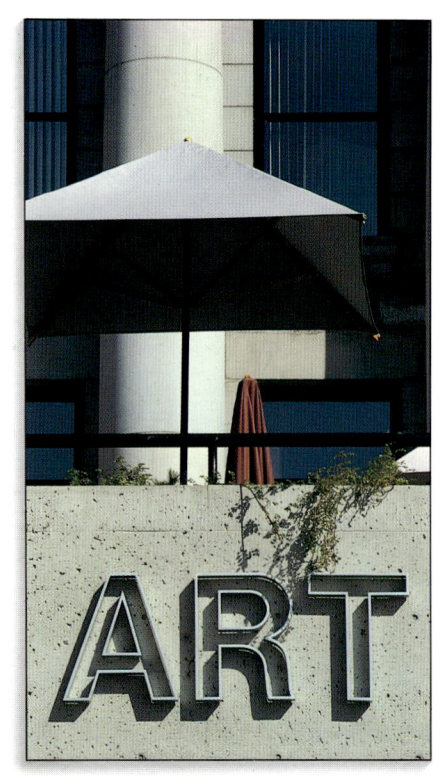

Richard Winch, der um die Jahrhundertwende ein Vermögen mit einem Sägewerk und Lachsfabriken machte, ließ außer dem Winch Building auch ein Haus an der Comox Street erbauen, mit Billiardtischen aus massiver Eiche, Mahagonitreppen und einer 270 Kilo schweren Marmorbadewanne. Von seinem Haus fuhr er zum ersten großen Bürogebäude Vancouvers gern standesgemäß im Rolls-Royce (der damals 10 000 Dollar kostete – ein Ford T war schon für 400 Dollar zu haben).

Noch heute von Banken beherrscht, war dieser Stadtteil von jeher ein Geschäftszentrum. Gegenüber der **Bank of Commerce** lag das alte Strand Hotel (1889), wo sich Reeder und Makler zu Geschäftsessen trafen. Zu seinen Kunden zählte Captain Alex Maclean, ein streitbarer Pelzhändler, der Jack London für eine der Figuren aus *Der Seewolf* Pate gestanden haben soll.

An der Ecke Granville/Hastings Street thronte der erste Wolkenkratzer der Stadt, der **Royal Bank Tower** von 1929, und hier stand auch die erste Ampel Vancouvers. In den zwanziger Jahren wurde diese Kreuzung McKinnons Corner genannt – nach dem Polizisten Duncan McKinnon, dessen weiße Handschuhe und Stock für die Autofahrer ein vertrauter und beruhigender Anblick waren. Er war bei dem Verkehrsamt angestellt, das 1921 gegründet worden war, zwei Wochen vor der Umstellung auf den Rechtsverkehr, von der Vancouvers Kraftfahrer das Schlimmste befürchteten.

„Man prophezeite ein wildes Durcheinander ... unzählige Unfälle, alle zehn Minuten ein Toter – ein Aufstand der Götter der Traditionen, die einen endlosen Strom von Opfern fordern würden", schrieb die Zeitung *Province*. „Doch es gab weder Opfer noch Durcheinander."

Weiter nordwestlich säumen schöne Gebäude die Hastings Street, etwa der **Guinness Tower** mit seinen verzierten Wänden gegenüber des Oceanic Plaza. Wo heute dieses Hochhaus steht, baute ein Siedler namens John Morton 1862 die erste Hütte an dieser Küste, bevor er zur

Die Vancouver Art Gallery

English Bay weiterzog. Er starb 1912. Später wurde eine Straße nach ihm benannt: die Morton Avenue, die Denman Street und Beach Avenue verbindet, ist die kürzeste Straße der Stadt.

Hinter dem bombastischen Anwesen des **Vancouver Club** (1913) liegen der goldglänzende Wolkenkratzer der **North Shore Credit Union** und der Art-déco-Bau des **Marine Building** mit einem Terrakottafries, das Neptun und andere Meereswesen zeigt, einem dekorativ gekachelten Eingang und einer eleganten Lobby mit bunten Glasfenstern. „Der Entwurf", so seine Architekten, „soll an einen großen Felsen im Meer erinnern, der sich, behangen mit Meeresflora und -fauna, aus dem Wasser erhebt, seegrün mit goldenem Schimmer".

Das Motiv des Meeres findet sich auch in einem der längsten Wandbilder Vancouvers wieder, auf Robert Wylands *Whaling Wall VIII*, 1000 Dunsmuir. Nicht weit davon, in der Alberni Street, ist ein anderes riesiges Wandgemälde zu sehen, das einen 800jährigen Wald zeigt.

Finanziert wurde es von einer Umweltschutzgruppe, die dafür eine Sammlung veranstaltete. Als Gegenleistung für den Beitrag wurde der Name eines jeden Spenders darin verewigt.

Das Westend: Im Nordwesten der Robson Street, bei Bidwell, steht der hübsche **Robson Public Market,** ein verglaster Komplex, der Londons Crystal Palace nachempfunden wurde und voller verführerischer Stände und Snackbars ist. Die Fahrt hierher lohnt sich, denn im Chopstix (1508 Robson Street) ißt man für wenig Geld ganz ausgezeichnet. Hier liegt Vancouvers **West End,** nicht zu verwechseln mit der West Side, die jenseits der Burrard Street Bridge im Südwesten zu suchen ist.

Die Häuser um Nelson Park, Comox und Bute mit ihren Zuckerbäckerfassaden mit Balkonen und Treppen gehören zu den ältesten und interessantesten Holzbauten der Stadt. Dieses Viertel möchte die Stadt – auf Kosten „wertloser" Bauten – erweitern. Einige der Gebäude aus der Zeit von King Edward und

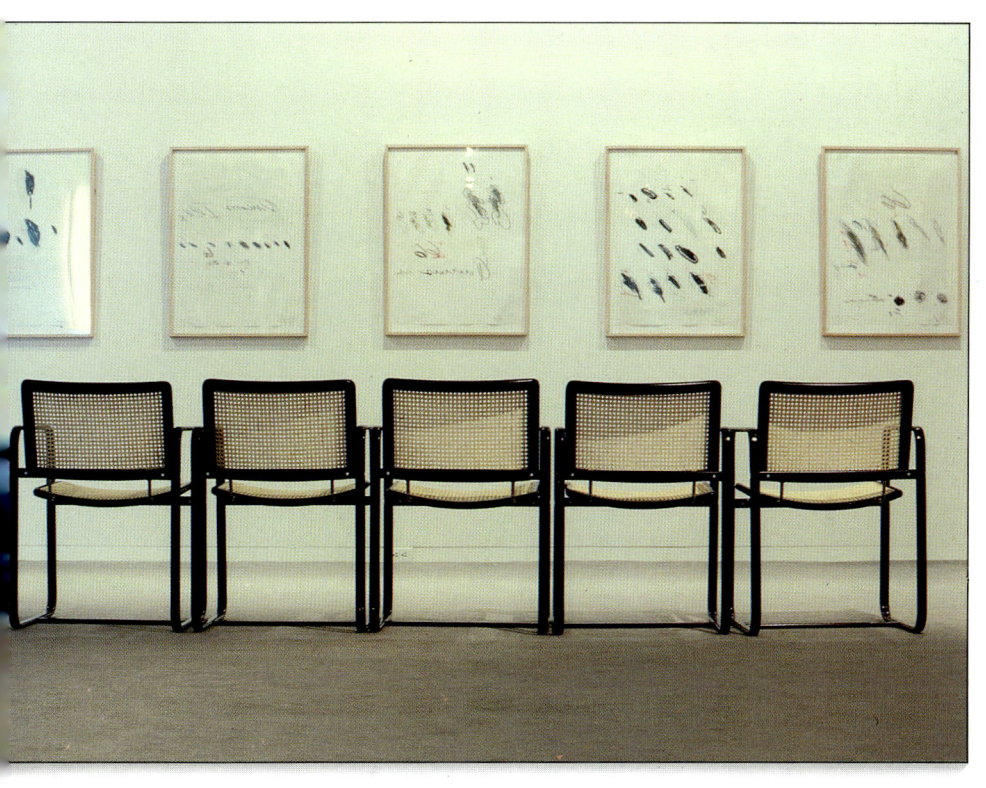

Queen Anne sind von historischer Bedeutung. Eines davon war Heim eines Bürgermeisters, ein anderes – Nr. 1147 – war 1898 französisches Konsulat. Neun der alten Häuser wurden mitsamt den Grundmauern nach Nicola und Barclay umgesiedelt, aufwendig renoviert und werden heute im **Barclay Square Heritage Park** als Bürgerzentren genutzt.

Darunter befindet sich auch das **Barclay Manor** in Block 1400, das 1904 für Frank Baynes erbaut wurde, den Manager des Dominion Hotel in Gastown. In der Lord Roberts School in der Comox Street werden Grundschulkinder in die Kunst des Gärtnerns eingeweiht.

In den sechziger und siebziger Jahren tobten sich im West End die Städtebauer aus und ersetzten die großen, schönen Einfamilienhäuser und billigen Mietwohnungen durch häßliche Betonklötze und protzige Apartmenthäuser für die Schickeria. Die davon wenig begeisterten Anwohner setzten sich in Bürgerversammlungen zur Wehr und erreichten schließlich einen Baustopp.

In der **Denman Street** und am **Commercial Drive** ist Vancouver europäisch geprägt. An Sommerabenden ist hier mit dem Auto kein Durchkommen. In Scharen bummeln die Einheimischen an den Boutiquen, Restaurants und Straßencafés entlang. Im **Café Django** genießen sie Jazzmusik und erstklassiges Essen, und bei **Bud's** zwischen Nelson und Comox Street gibt's die besten Fish and Chips weit und breit.

Im Nordosten liegen der Yachthafen und Bootsanleger von **Coal Harbour** neben Bauprojekten, die im letzten Jahrzehnt immer wieder zu Kontroversen führten. Hier scheinen die Städteplaner sich aber durchzusetzen. Diese Gegend wird wohl als erste in den Genuß einer neuen Bestimmung kommen, die verlangt, daß ein bestimmter Prozentsatz der Bausumme für Kunst ausgegeben werden muß. Der **Sunset Beach** im Südwesten führt bis zum Südeingang von Stanley Park an der English Bay. Hier finden oft politische Veranstaltungen und auch die Feiern zum Earth Day im April statt.

Kilometer kann man einkaufen.

EIN KÜNSTLERLEBEN

Emily Carr, bedeutende kanadische Künstlerin und preisgekrönte Schriftstellerin, galt zu ihrer Zeit als exzentrisch. Sie trug einen unförmigen Mantel, klobige Schnürschuhe und das graue Haar mit einem schwarzen Samtband in ein Netz gebunden. Sie ging gern zum Zeichnen und Zelten in entlegene Waldgebiete und Indianerreservate, nur begleitet von einem Hund oder einem Papagei. Ihr „moderner" Stil war zunächst verpönt, doch heute ist British Columbia stolz, diese bemerkenswerte Frau für sich beanspruchen zu können.

Die Tochter eines erfolgreichen viktorianischen Kaufmannes überredete als 19jährige 1890 ihre Familie, sie auf die California School of Art nach San Francisco zu schicken. Nachdem sie in ihr Studio in Victoria, eine umfunktionierte Scheune, zurückgekehrt war, unterrichtete sie Kunst, um das Geld fürs Kunststudium in London zusammenzukratzen. In Frankreich kam sie später mit dem Fauvismus in Berührung.

Für diese „neue Kunst", die leichter und farbiger ist, als ihre „kanadischen" Bilder, war das Publikum von Vancouver oder Victoria damals noch nicht bereit. Also gab Emily Carr ihre Lehrtätigkeit 1912 auf und verdiente sich ihren Lebensunterhalt anderweitig. Sie baute sich auf dem Land ihres Vaters ein Haus, züchtete Schäferhunde und töpferte mit selbst gegrabenem Ton, den sie in einem Karren heimbrachte, der gleichzeitig als Einkaufswagen fungierte. Ihre schlichten Töpferprodukte verzierte sie mit authentischen Indianermustern.

Auf acht Reisen machte sie Bilder und Skizzen von der Kultur der Indianer im nördlichen British Columbia und Alaska, in Dörfern der Nootka, Salish, Haida, Kwakiutl und Gitksen. Damit und mit ihren eindrucksvollen Wiedergaben von Totempfählen erwarb sie sich Respekt bei ihren Kollegen, der ostkanadischen Künstlergruppe *Group of Seven*, und zunehmend auch bei Anthropologen.

In den zwanziger Jahren entdeckte sie ihre Zuneigung für belgische Griffons und erweiterte ihre Menagerie: Sie hielt eine Katze, Papageien, einen Kakadu, eine weiße Ratte und ein Kapuzineräffchen, dem sie für den Winter Kittel nähte. An einen alten Wohnwagen baute sie Unterkünfte für ihre Tiere an und hatte so ein mobiles Heim, in dem sie auf ihren Fahrten in den Goldstream Park oder ins Metchosin-Gebiet arbeiten konnte. In den dreißiger Jahren war ihre Kunst international anerkannt, doch wenig einträglich.

Während sie sich vom ersten ihrer vier Herzinfarkte erholte, begann Emily Carr, ihre Erfahrungen niederzuschreiben. Sie war 70, als ihr erstes Buch über die Reisen zu den Indianern im Nordwesten erschien. Es gewann die Governor General's Medal für Literatur. Dieses erste Werk *Klee Wyck* („Die Lachende" – so wurde sie von den Ucluelet-Indianern genannt) ist immer noch populär, ebenso *The House of All Sorts*, *Book of Small* (über ihre Kindheit) und *Growing Pains*, ihre Autobiographie.

1945 starb Emily Carr. Ihr Geburtshaus, 207 Government Street in Victoria, ist zu besichtigen. Ihre Werke sind in einem Gebäude in der nahen Wharf Street zu bewundern, das ihrem Vater gehörte. Er betrieb darin einen Lebensmittelladen. Die Kunstakademie Vancouvers auf Granville Island heißt nach ihr The Emily Carr. ■

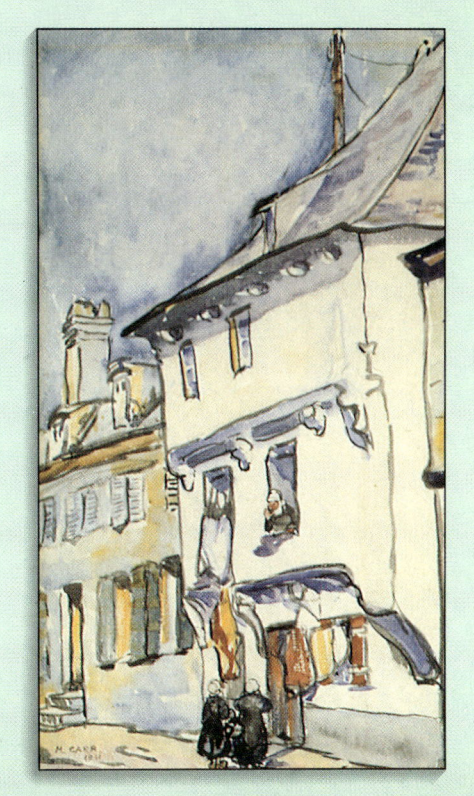

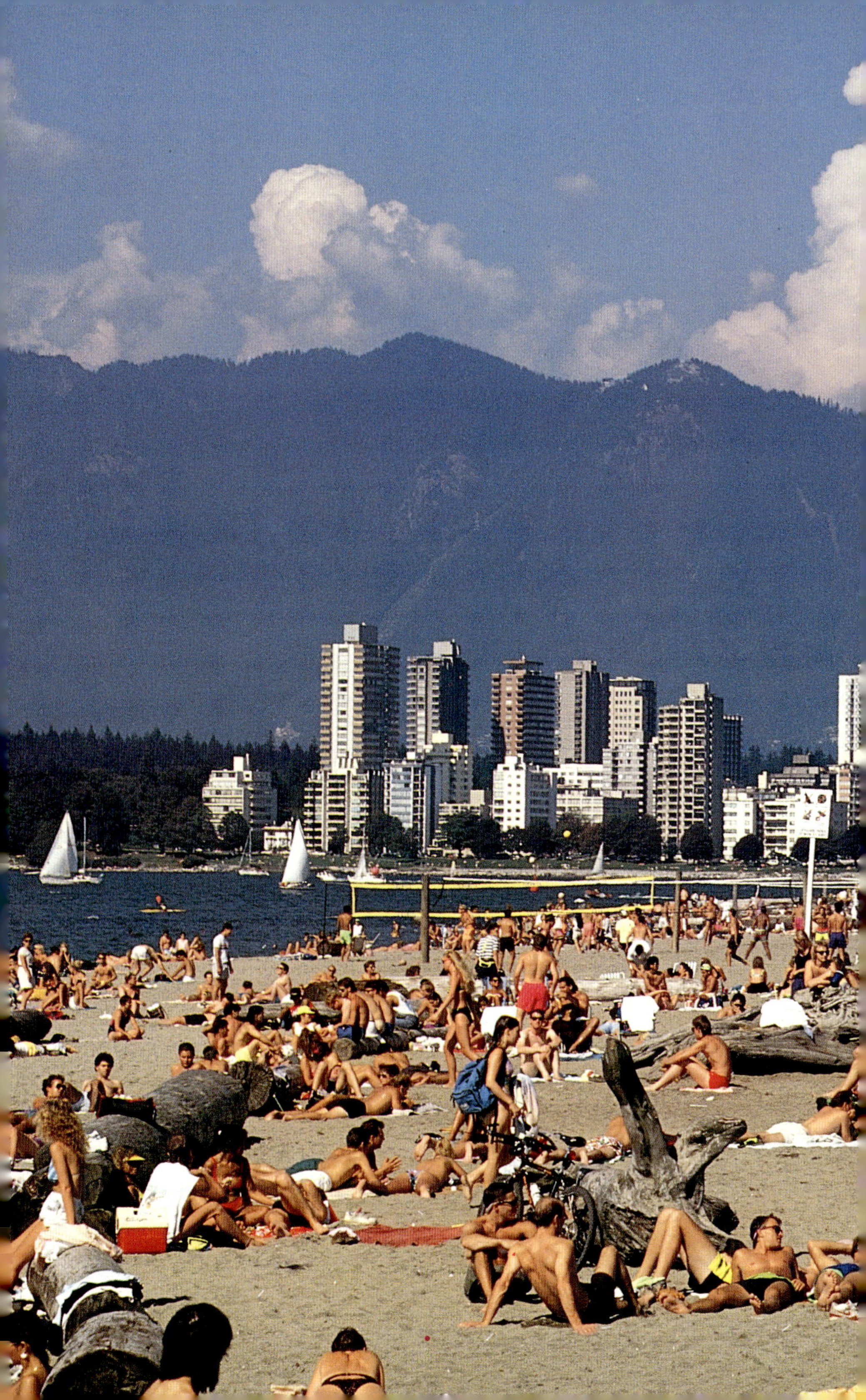

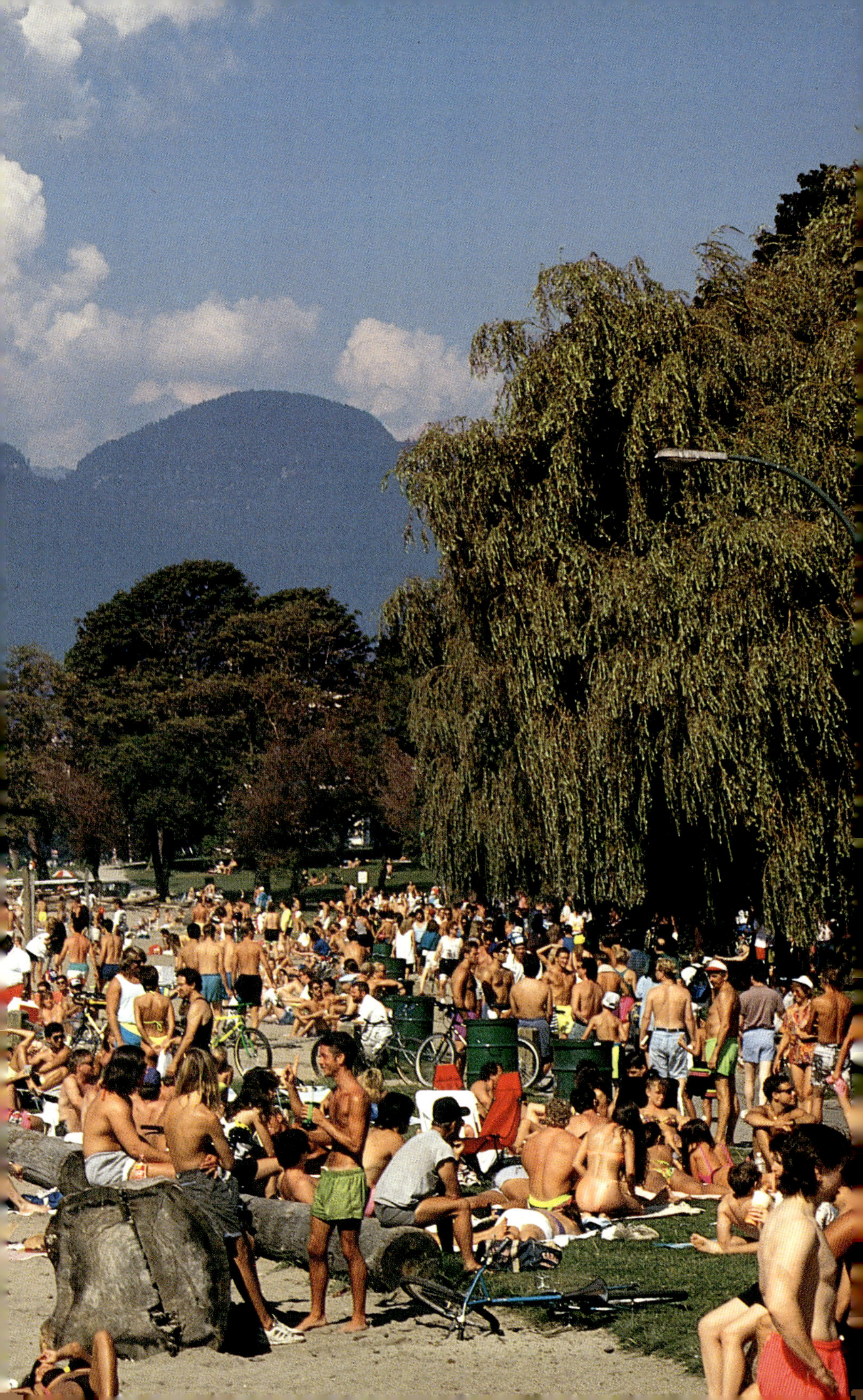

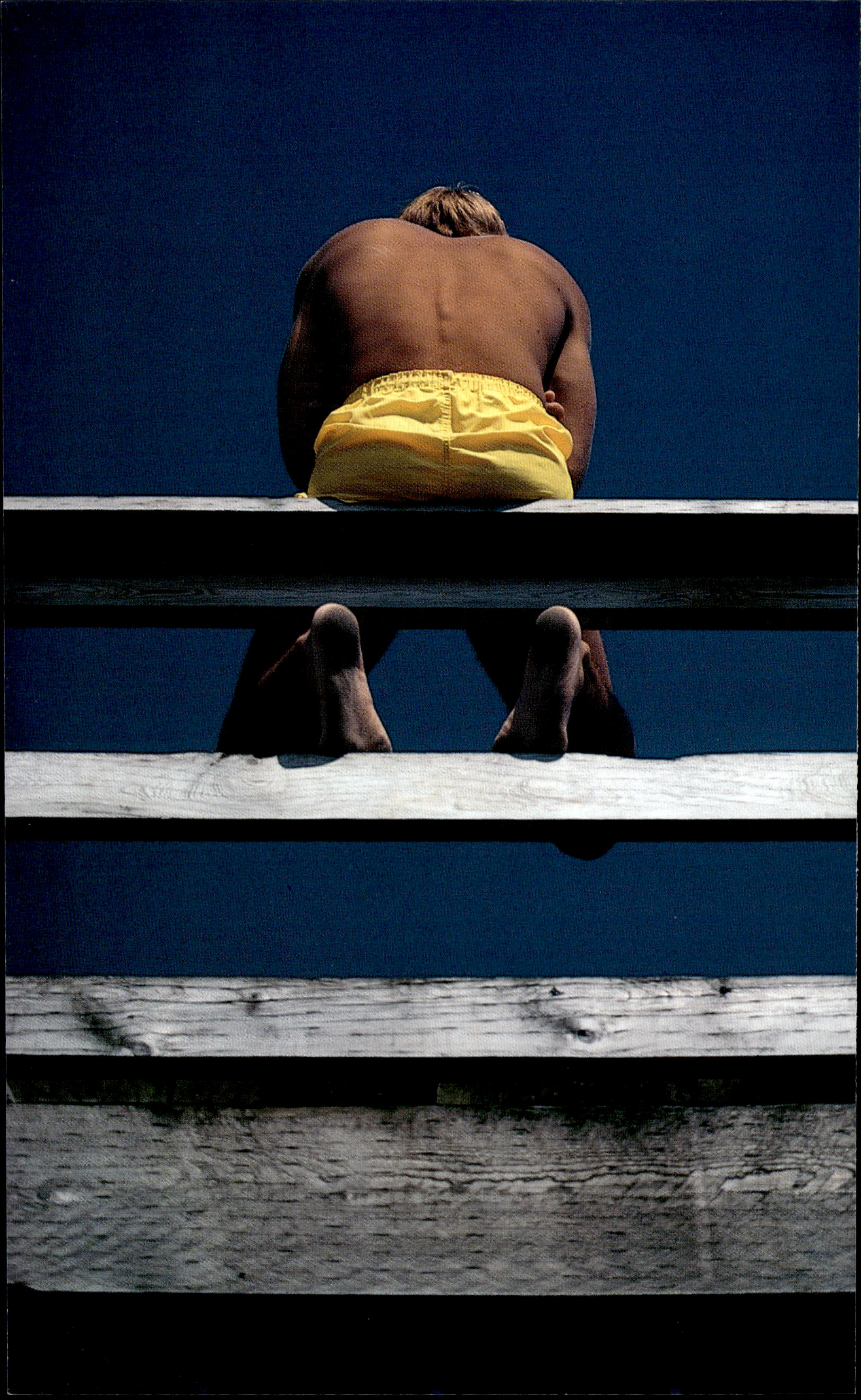

WEST SIDE STORY

Für den unbedarften Besucher sind die vielen „Wests" in und um Vancouver recht verwirrend. West Vancouver ist eine selbständige Gemeinde an der North Shore, linkerhand von der Lions Gate Bridge. Die Wohngebiete und Strände des West End verbinden die Innenstadt und Stanley Park. Die **West Side** schließlich reicht von der Cambie Street bis zur **University of British Columbia**. Hier leben seit Anfang des Jahrhunderts Vancouvers Besserverdienende. Sie sind in der Lage, auf die Verwendung von Steuergeldern für Verschönerungen Einfluß zu nehmen, was sich an den vielen Parks und gepflegten Boulevards dieser Gegend zeigt.

Der **False Creek**, die nordöstliche Begrenzung der West Side, war einst ein fünf Kilometer langer Meeresarm, der sich von der English Bay durch Marsch- und Sumpfland nach Osten zog. An seinem Südufer liegt einer der lebendigsten Stadtteile. **Granville Island** ist keine Insel, sondern eine Halbinsel mit schmaler Verbindung zum Festland – 15 Hektar Sumpfgebiet, dem Meer durch Entwässerung und Deiche abgerungen.

Einkaufsinsel: Vor siebzig Jahren, als der False Creek noch weiter nach Osten reichte, gehörte Granville Island zum Industriezentrum Vancouvers. Sägemühlen, Fabriken, Küfereien und Gießereien rauchten und lärmten unter der **Granville Street Bridge** bis in die fünfziger Jahre. Als das Industriegebiet verwaiste, wurde es zu einer politischen Peinlichkeit für die Stadt und die kanadische Regierung, der das Gelände bis heute gehört. Nach Jahren der Unentschlossenheit wurde 1973 mit ehrgeizigen Bauvorhaben der Granville Island Trust geschaffen. Heute repräsentiert die Insel alles, was die Vancouveriten an ihrer Stadt so mögen.

Das Herz der Insel ist der **Public Market**. Er wird in ehemaligen Lagerhäusern abgehalten. Er ist noch ein richtiger Markt mit frischem Fisch, Gemüse und Obst aus der Umgebung, aber auch importierten Gaumenfreuden. Die Westsider holen sich hier Thai-Gewürze, frische Pasta und über 150 verschiedene Käsesorten. In Imbißbuden, Bäckereien, Milch- und Lebensmittelläden bekommen Sie alle nötigen Zutaten für ein improvisiertes Picknick auf dem Markt selbst oder draußen am Pier, zwischen Tauben, Masten, Musikern und Artisten. Ein Teil des Marktes ist für Kunstgewerbe reserviert, Keramik, Schmuck und Kunst zwischen Kesseln voll Karamel und Bergen von Erdbeeren.

Einen kostenlosen Plan der Insel erhalten Sie im **Granville Island Information Centre** in der Johnston Street gegenüber. Hier wird auch ein Video über ihre Geschichte gezeigt. Anschließend können Sie der Brauerei **Granville Island Brewing Company** in der Anderson Street einen Besuch abstatten. Die restriktiven Alkoholgesetze in British Columbia ließen bis 1984 keine Brauereien zu. Dann wurde die Granville Island Brewing eröffnet mit dem Ziel, gutes, traditionelles Bier zu produzieren. Sie stützt sich auf das Bayerische Reinheitsgebot von 1516, das heißt, die Biersorten dürfen keine chemischen Zusätze oder Konservierungsstoffe enthalten. Es finden täglich Führungen und Proben statt. Die Atmosphäre auf Granville Island bestimmt das Meer. Der **Maritime Market** verkauft und vermietet Boote, repariert und liefert Ersatzteile. Das **Sea Village** hinter dem **Emily Carr College of Art and Design** ist eine Enklave festliegender, teurer Hausboote. Besucher des Public Market können ihr Boot am angrenzenden Dock drei Stunden lang kostenlos „parken".

Empfehlenswerte Lokale hier sind *Isadora's*, von einer Kooperative geführt und auf innovative Speisen- und Gewürzkombinationen spezialisiert, *Mulvaney's*, das erste Restaurant der postindustriellen Ära der Insel, und *Bridges*, modern und lebenslustig, mit tollem Blick über den False Creek.

Außerdem gibt es auf der Insel ein **Theater,** eine **Revue** und eine Bühne für

experimentelles Theater. In Ateliers wird gemalt, getöpfert, gewebt, gefärbt, Glas geblasen oder Papier hergestellt. Zuschauer sind willkommen oder zumindest geduldet. Ausschließlich für Kinder ist ein zweistöckiges Kaufhaus, der **Kids Only Market,** eines der über 260 Geschäfte, die heute auf der Insel zu finden sind. Die Zementfabrik gleich hinter dem Information Centre erinnert an Granville Islands industrielle Vergangenheit.

Es gibt verschiedene Möglichkeiten, nach Granville Island zu gelangen. Das Auto ist dabei am wenigsten empfehlenswert. Es gibt zwar über 1100 kostenlose Parkplätze und mehrere gebührenpflichtige Parkhäuser in renovierten Lagerhäusern, doch höchstwahrscheinlich werden Sie trotzdem endlos (und lange erfolglos) durch die kopfsteingepflasterten Einbahnstraßen kurven.

Nervenschonender und umweltfreundlicher ist die Überfahrt mit den kleinen Fährbooten, die vom Vancouver Aquatic Center an der Beach Avenue (False Creek Ferries) oder vom Ende der Hornby Street an der Nordseite des False Creek (Aquabus) ablegen. Die Fähren der beiden konkurrierenden Gesellschaften verkehren alle paar Minuten vom frühen Morgen bis 20 Uhr. Für den Preis einer Busfahrt können Sie Wasservögel, teure Yachten und hohe Luxusbauten aus Seehundperspektive erleben. Sie können aber auch zu Fuß, mit dem Rad oder im BC Transit-Bus auf die Insel gelangen.

See, Sand und Segel: Die Sehenswürdigkeiten der West Side liegen fast alle an einem Rundweg, der vom Strand am Westende der **Burrard Street Bridge** im Art-déco-Stil um Point Grey und wieder zur Granville Street Bridge führt.

Kitsilano Point war die Heimat der Kitsilano-Indianer. 1870 wurde ihr Dorf Snauq Herz Zentrum eines staatlich angeordneten Reservats. Aus diesem wurden die Indianer 1901 wieder vertrieben und an die North Shore umgesiedelt. Der Provinzregierung schwebten Industrieansiedlungen in der Gegend vor, doch durch den Einfluß der CPR entwickelte sie sich statt dessen zum Wohngebiet.

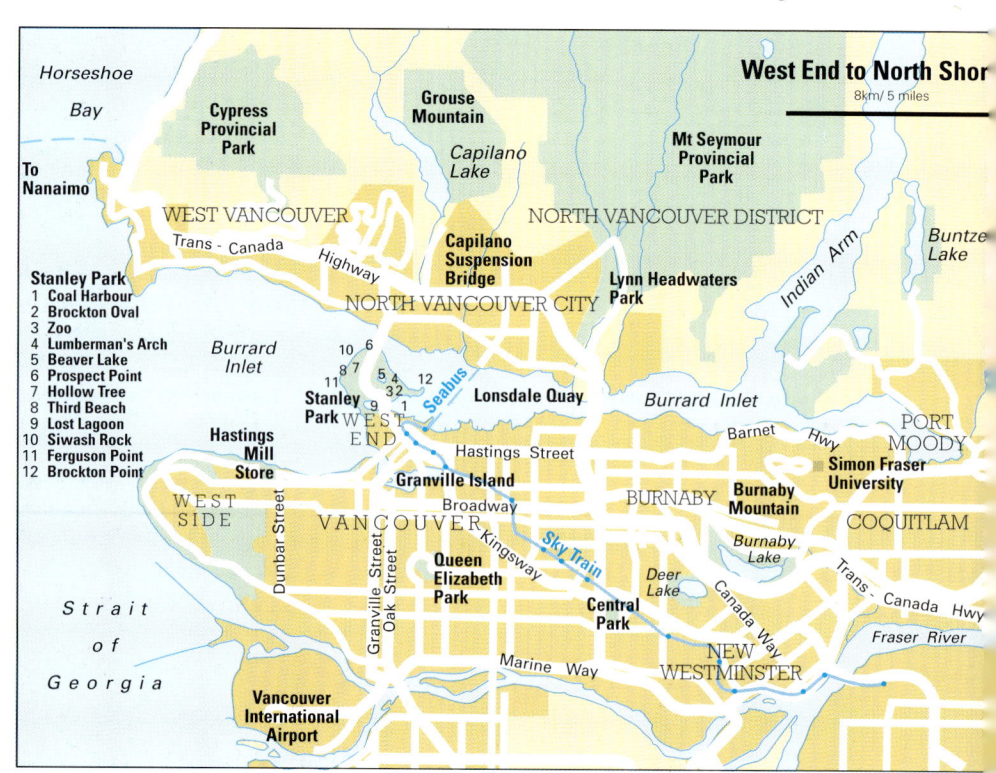

Heute gibt es um Kits Point drei Parks, einen beliebten Strand sowie Sehenswürdigkeiten wissenschaftlicher und kultureller Art. Der **Vanier Park** an der Chestnut Street beherbergt das **H.R. MacMillan Planetarium,** in dessen Kuppel Laserlichtshows vorgeführt werden, das **Vancouver Museum** (Kulturgeschichte seit 6000 v. Chr.), das **Gordon Southam Observatory** (in klaren Nächten kostenlose Himmelsbeobachtung) sowie die **Vancouver Academy of Music.**

Wo der False Creek in die English Bay mündet, sind im historischen Hafen des **Vancouver Maritime Museum** restaurierte alte Schiffe zu bewundern sowie ein Dock für Ozeanriesen. Das Hafengebäude, das die ständige Ausstellung des Museums beherbergt, ist zugleich das *St. Roch* **-Nationaldenkmal.** *St. Roch* heißt das legendäre Schiff der Royal Canadian Mounted Police, das in den dreißiger und vierziger Jahren durch Fahrten in Kanadas rauhe Arktikgewässer berühmt wurde. Es umrundete 1950 erstmals den nordamerikanischen Kontinent.

Kitsilano Beach liegt im Westen. Im Sommer drängeln sich hier auf dem Rasen um die Tennisanlage die Sportbegeisterten und „holen sich ein bißchen Sonne", während sie darauf warten, bis ein Platz frei wird. Zu Kits Beach gehört auch der **Kitsilano Pool** – größtes Salzwasserbecken des British Empire, als es 1931 gebaut wurde.

Westlich davon führt die Point Grey Road an teuren Segelclubs und exklusiven Strandvillen vorbei zum **Pioneer Park.** Hier steht das älteste Gebäude Vancouvers, der **Hastings Mill Store,** erbaut im Jahre 1865 *(siehe S. 154).* Nach der Brandkatastrophe von 1866, der praktisch die ganze Stadt zum Opfer fiel, versammelten sich in diesem Gebäude die erschütterten Bürger, um über ihre Zukunft zu beraten. Als Vancouver wiederaufgebaut war, vergaß man den Laden und wollte ihn 1929 abreißen. Die *Native Daughters of British Columbia* (weiße Frauen, nicht etwa Indianerinnen …) setzten durch, daß er mit dem Schiff in den Pioneer Park verlegt wurde. Heute ist

Markt auf nville nd.

West Side

HASTINGS MILL

Nicht in vielen Städten kann man auf ein einsames Blockhaus zeigen und sagen: "Hier hat alles angefangen." Der Hastings Mill Store in Vancouver hat jedoch Anspruch auf diesen Titel. Bei der Stadtgründung 1865 war er das Herzstück der kleinen Siedlung am Burrard Inlet und gehört zu den wenigen Gebäuden, die das verheerende Feuer von 1886 überlebten.

Die Sägemühle Hastings Mill war der erste Arbeitgeber der Stadt, das Gebäude war der erste Treffpunkt, das erste Postamt und die erste Kirche. Nach Erschließung des benachbarten Geländes ließ das Werk Vancouvers erste Schule bauen.

So geschehen am Ende der heutigen Dunlevy Street, wo jetzt eine Steinpyramide an den ersten Holzexport des Werks im Jahr 1867 erinnert. Er ging nach Australien, „und so begann Vancouvers wichtigste Funktion als Lieferant von erstklassigen Hölzern in alle Welt", wie die Inschrift auf dem Granitdenkmal lautet. „Das schönste Holz, das die Welt je gesehen hat" diente als Grundlage für den Erfolg der Sägemühle, in deren Umkreis sich die Siedlung Gastown entwickelte. Das alte Gebäude steht als Museum heute acht Kilometer von seinem ursprünglichen Standort entfernt im Pioneer Park.

Captain Edward Stamp war der Besitzer des Werkes, das allerdings nicht das erste Sägewerk am Burrard Inlet war. Vor ihr gab es schon eine Sägemühle an der North Shore, die Sewell Prescott Moody nach finanziellen Schwierigkeiten aufkaufte und an ihrer Stelle die Stadt Moodyville entstehen ließ. Doch Stamps Mühle lag günstiger und die Entscheidung der Canadian Pacific Railway, ihre Gleise nach Vancouver zu führen, sicherte ihr die Führung.

Die Nachfrage nach Holz war im 19. Jahrhundert kaum zu befriedigen: Masten für Segelschiffe, Bauholz für europäische Herrenhäuser und Balken für die Paläste asiatischer Eroberer. Von 1867 bis 1868 fällte der legendäre Jerry Rogers 2000 Spieren, die schon damals 200 Dollar pro Stück einbrachten. Um einen der mächtigen 800jährigen Bäume zu fällen, brauchte man einen ganzen Tag. Auf der einen Seite standen die Holzfäller auf Brettern, die mehrere Fuß über dem Boden in den Stamm geschlagen wurden. Von der anderen Seite wurden drei Meter lange Sägen angesetzt.

Captain Stamp zahlte damals umgerechnet ungefähr 250 Dollar Pacht für die Mühle. Bis sie ihren Betrieb aufnahm, ließ er den ersten Schleppkahn bauen. Wenige Wochen nach Eröffnung der Mühle konnte dieser Kahn vier Schiffe gleichzeitig beladen. Bald stellte Stamp auf Dampfbetrieb um, und seine zusammengewürfelte Belegschaft von Indianern, abgebrannten Goldsuchern und Deserteuren von Segelschiffen war rund um die Uhr mit dem Holztransport beschäftigt. Wer frei hatte, war in Gassy Jacks Kneipe anzutreffen.

Beim großen Brand von Vancouver im Jahre 1886 war Captain Stamp über alle Berge – er war nach schweren finanziellen Verlusten in seine Heimat England zurückgekehrt –, doch seine Mühle war eines der wenigen Gebäude, die vom Feuer verschont blieben.

Das Museum Hastings Mill Store erreicht man mit dem Bus 4, 7 oder 32 durch die 4th Street bis zur Alma Street, dort geht man ein kurzes Stück zu Fuß.

Hastings Mill, das älteste Gebäude Vancouvers

er ein faszinierendes, aber von den Bürgern wenig beachtetes Museum. Es ist im Sommer täglich, im Winter nur an Wochenendnachmittagen geöffnet und zeigt altmodische Gläser, wackelige Regale voll alter Puppen, Nähmaschinen, Indianerkörben und Patchwork-Decken, hölzerne Küchenstühle, wie sie in frühen Straßenbahnen verwendet wurden, eine Öllampe aus dem Brockton-Point-Leuchtturm, ein 1894 als Brautgeschenk aus England importiertes Klavier und ein gesticktes Porträt der Königin Viktoria.

Die Point Grey Road mündet in einen der Zugänge zum **Jericho Park,** wo auf 45 Hektar Naturpfade, Picknickplätze, 640 Meter Strand und die Jugendherberge **Vancouver Youth Hostel** zu finden sind. „Jericho" ist eine Verstümmelung von „Jerry's Cove", benannt nach dem legendären Holzfäller Jeremiah Rogers. Das Gebiet war Stützpunkt der kanadischen Streitkräfte, bis es 1973 der Stadt überschrieben wurde. Im Juli findet hier das **Vancouver International Folk Festival** statt, das scharenweise Musikfans aus Kanada und den Vereinigten Staaten anzieht.

Paradiesische Strände: Westlich des Parks erstrecken sich über eineinhalb Kilometer die Sandstrände von Locarno und Spanish Banks. **Locarno** ist das Zentrum für die Windsurfer im südlichen British Columbia. Bei Ebbe zieht sich das Wasser der **Spanish Banks,** wo Captain George Vancouver 1792 mit zwei spanischen Kapitänen Höflichkeiten austauschte, an die 800 Meter weit zurück. An schönen Tagen können Sie (vorausgesetzt, Sie können gut schwimmen) eine Wattwanderung weit hinaus bis zu den Fahrrinnen der English Bay machen.

Ansonsten können Sie hier baden, romantische Sonnenuntergänge genießen und Schiffe beobachten. Jeden Tag kommen hier unzählige Fischerboote, Öltanker, Containerschiffe und Getreidefrachter mit Ziel auf den Hafen im Burrard Inlet vorbei.

Der Northwest Marine Drive führt von Spanish Banks zum Gelände der **University of British Columbia,** der drittgrößten Universität in Kanada und der ältesten in British Columbia. Die UBC wurde zu Beginn des 20. Jahrhunderts gegründet, doch der Erste Weltkrieg und finanzielle Probleme verzögerten den Bau. Unzufriedene Studenten, die es satt hatten, mit provisorischen Lösungen vertröstet zu werden, organisierten den *Great Trek* von 1922, um die Augen der Öffentlichkeit auf den Mißstand zu lenken. Heute sind die Universitätsgebäude ein Mischmasch architektonischer Richtungen und Launen aus sieben Jahrzehnten, doch prächtige Bäume und Grünanlagen schaffen eine optische Einheit. Das Gelände gehört der Regierung von British Columbia. Daher zahlen die Eigentümer der alten Villen am Nordeingang ihre Grundsteuern nicht an die Stadt, sondern direkt an die Provinz.

Die Kultur der Ureinwohner: Auf der Uferseite des Marine Drive, zwischen Gate 3 und 4, informiert das **Museum of Anthropology** über die interessante und komplexe Kultur der Indianer, die die Europäer einst so hartnäckig auszurotten versuchten. Das Gebäude ist ein Entwurf des Vancouveriten Arthur Erickson, ein Architekt von internationalem Rang, der auch den imposanten Gerichtskomplex in der Innenstadt schuf. An eine Klippe oberhalb der Strait of Georgia geklammert, vermittelt die Anlage von 1976 den Eindruck eines Indianerdorfs der Nordwestküste, idealer Hintergrund für die riesigen Totempfähle der Jahrhundertwende und die Werke zeitgenössischer Indianerkünstler. Das lehrreiche Museum, kurz MoA genannt, zeigt mit Hilfe eines neuen Systems von Schiebekästen unzählige kleine Gegenstände auch anderer alter Kulturen der ganzen Welt.

Der **Nitobe Memorial Garden** gleich hinter dem Museum ist ein heiteres Beispiel für japanische Gartenbaukunst mit Karpfenteich, Teegarten, mehreren alten Laternen und anderen traditionellen Elementen. Der Eintritt ist frei.

Von Juni bis September kommt es nicht weit vom Museum zu Verkehrsstauungen. Dafür sorgt der einzige FKK-Strand der Stadt, 237 Stufen unterhalb

Hochzeit in Queen Elizabeth Park.

der Klippen. Der beschwerliche Abstieg schreckt weder die 100 000 Besucher pro Monat, die hier den raren Sonnenschein Vancouvers genießen, noch die Händler, die hier Bier, Snacks, Schmuck, Neuheiten und auch exotischere Waren an den Mann bringen. Das hüllenlose Konzept von **Wreck Beach** ist bei den eher konservativen Anwohnern nicht allzu populär, doch ihre Mitbürger kommen seit Ende der zwanziger Jahre an diesen sechs Kilometer langen Küstenstreifen, und die lockere Kleiderordnung ist inzwischen inoffiziell offiziell.

Eine kleine, unbeschilderte Seitenstraße des Marine Drive vermittelt eine interessante Nahaufnahme einer wichtigen Industrie British Columbias. Tannen-, Zedern-, Erlen-, Zypressen- und Hemlock-Stämme kommen mit Schiffen von der ganzen Küste der Provinz hierher und warten auf Sortierung und „Booming" – das Zusammenfügen der Stämme zu rohen Flößen, die den Fraser River hinunter in die Holzverarbeitungsfabriken geleitet werden.

Der Eingang zum **UBC Botanical Garden** ist gleich hinter der Einfahrt zu diesem Lagergelände. Die 1916 begonnene Anlage birgt drei attraktive Hauptabteilungen und viele Überraschungen. Der **Asian Garden** ist ein Stück urwüchsigen Waldes, ehemals ein Reservat der Royal Navy, das George Vancouver Masten für seine Segelschiffe lieferte. Einige der Bäume sind über 60 Meter hoch und die Stämme von einem Gewirr von Kletterpflanzen überzogen. Hier gedeiht eine der größten Sammlungen asiatischer Pflanzen Nordamerikas, darunter 300 verschiedene Rhododendronarten.

Durch das runde Chinese Moon Gate und einen Tunnel unter der Straße gelangt man in den **Alpine Garden,** in den **BC Native Garden**, wo verschlungene Pfade durch aromatisch duftenden Wald, über Wiesen und ein Torfmoor führen, und schließlich in den **Physick Garden,** einen typischen Kräutergarten des 16. Jahrhunderts. Grundpfeiler der Naturmedizin wie Stechapfel, Baldrian und Hamamelis gedeihen hier. Schilder beschreiben Heilwirkung und Anwendungsgebiete.

Geist des Pazifiks: Die Wälder, die sich rechts der 16th Avenue nach Osten in Richtung Stadt erstrecken, gehören zum **Pacific Spirit Regional Park:** 763 Hektar einheimischer Flora mit 50 Kilometern Reit- und Joggingwegen. Nutzung und Rechtslage dieses ursprünglich für die UBC gestifteten Areals waren 50 Jahre lang Gegenstand endloser Diskussionen, bis die Regierung das Gebiet 1988 zum Regionalpark erklärte. Bei dieser Entscheidung wurden die Ansprüche eines Musqueam-Stammes, der sein Stammland nie offiziell abgetreten hat, vorsichtshalber ignoriert.

Rechts ab von der 16th Avenue, an der Wallace und 29th Avenue, befand sich von 1912 bis Ende der siebziger Jahre der **Convent of the Sacred Heart,** ein katholisches Mädcheninternat. Der Bau mit Granitfassade, einer prächtigen Wagenauffahrt und zahllosen Brüstungen und Erkerfenstern liegt in einer schönen Waldlandschaft und ist heute eine angesehene Privatschule für Jungen. Vermutlich sind seine Tage gezählt, denn es ist wahrscheinlich unerschwinglich, ihn an die geltenden Sicherheitsbestimmungen für Erdbeben und an moderne Komfortbedürfnisse anzupassen.

Ein paar Kilometer östlich der Universität führt die 16th Avenue in die Welt der ehemaligen Aristokratie Vancouvers. Der Canadian Pacific Railway wurden als Gegenleistung für den Bau der Bahnlinie quer durch Kanada riesige Areale überschrieben. 1901 wurden viele der Grundstücke für das exklusive Wohngebiet **Shaughnessy Heights** verwendet, das nach Sir Thomas Shaughnessy, dem Vorsitzenden der Gesellschaft, benannt wurde.

Innerhalb von 20 Jahren hatte jede einflußreiche Familie Vancouvers hier ein Haus errichtet. Ihre Anwesen waren von erstaunlicher architektonischer Vielfalt. Vom nachgeahmten Georgia-Stil bis zur amerikanischen Gotik und Tudor-Fachwerk war hier alles vertreten.

In den zwanziger Jahren war das Gebiet Schauplatz gesellschaftlicher Ereignisse wie Maskenbälle und Krocketspiele. Die Straßen zwischen 16th Avenue und King Edward schlängeln sich bis heute gemächlich durch eine gepflegte Landschaft, der man sorgfältige Planung und verblaßten Reichtum ansieht. Weil alles so gleich aussieht, hat man sich hier schnell verfahren.

Eine städtische Bestimmung von 1922, die die Aufteilung der großen Grundstücke verbot, wurde gelockert, so daß viele der alten Häuser nun aus der Nähe zu bewundern sind. Von den drei schönsten ist nur noch die **Villa Russe,** 3390 The Crescent, bewohnt. Von einem russischen Einwanderer 1921 erbaut, sah dieses Haus prominente Persönlichkeiten wie den Pianisten und Komponisten Sergej Rachmaninow und den Großherzog Alexander. Das **Hycroft House,** 1498 McCrae Avenue, entstand zwischen 1909 und 1912 und ist heute Domizil des University Women's Club. Die Säulen und die Auffahrt des Hauses im italienischen Stil sind vom Tor aus zu sehen.

Treffer!

Ein wahres Juwel ist **Glen Brae,** 1690 Matthews Avenue. Die Zwillingskuppel von 1910 ist ein Wahrzeichen der Gegend. Der Boden des Ballsaals im dritten Stock wurde zur besseren Federung mit Seetang unterlegt und war seinerzeit Stadtgespräch. Noch mehr Gesprächsstoff bot das Haus seinen Nachbarn, als 1925 die Kanadian Knights des Ku-Klux-Klan die Granville Street hinaufmarschierten, um hier ihr neues Hauptquartier zu beziehen. Doch sie blieben nicht lange. Heute ist der Bau mit den schmiedeeisernen Gittern ein privates Altenpflegeheim *(siehe Bild auf Seite 81).*

Teures Einkaufen: Wer sein Geld nicht allzu schnell loswerden will, sollte auf der South Granville Street zwischen 10th und 16th Avenue tunlichst nicht einkaufen gehen. Die Geschäfte hier führen Konfektion, Perserteppiche, Antiquitäten, Kunst und Möbel, deren Preise dem Einkommen der Bewohner dieser Gegend entsprechen.

Etwas weiter östlich liegen zwei weitere Attraktionen für Gartenfreunde: Der **Van Dusen Botanical Garden**, 37th Avenue bei der Oak Street, ursprünglich Teil eines großen Gebiets, das um 1850 der allgegenwärtigen CPR überschrieben wurde. Hier finden sich Zierpflanzen wie Fuchsien und Rhododendron, ein Labyrinth aus Hecken und interessante Skulpturen. Der **Queen Elizabeth Park,** 33rd Avenue und Cambie Street, wurde auf der mit 150 Metern über dem Meeresspiegel höchsten Erhebung der Stadt, **Little Mountain,** angelegt und bietet einen herrlichen Panoramablick. Der Basalthügel lieferte bis 1908 Baumaterial für viele Straßen Vancouvers.

Heute werden die grasbewachsenen Hänge gern von Familien zum Picknick genutzt. Hochzeitsgesellschaften lassen sich gern im **Arboretum** fotografieren, einem ehemaligen Basaltsteinbruch. Bunte Vögel verirren sich des öfteren in die Glaskuppel des **Bloedel Conservatory,** Heim von 500 tropischen Pflanzenarten und betörend duftenden Blüten. Der Park beherbergt außerdem die Bronzeplastik von **Henry Moore** *Knife-Edge.*

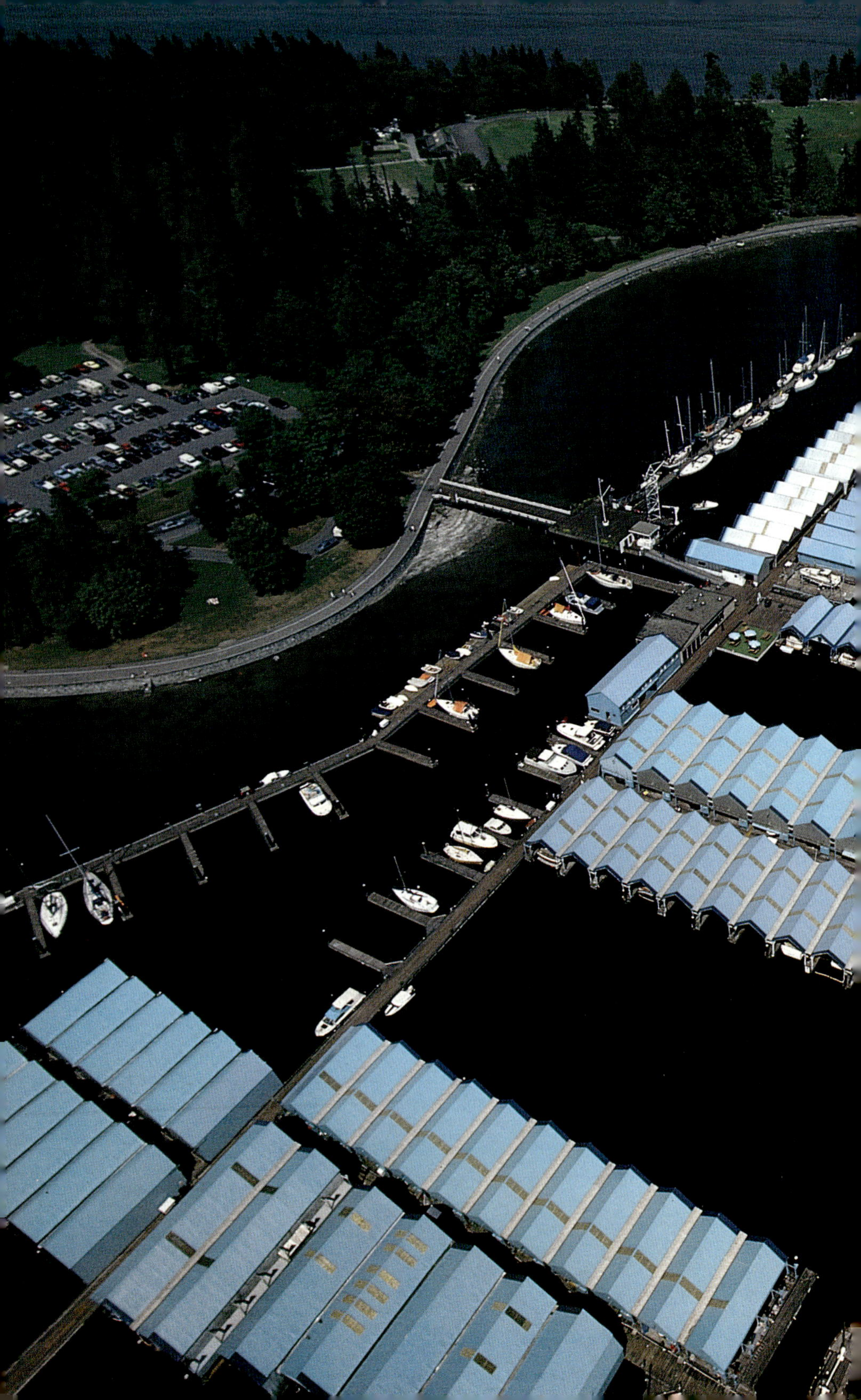

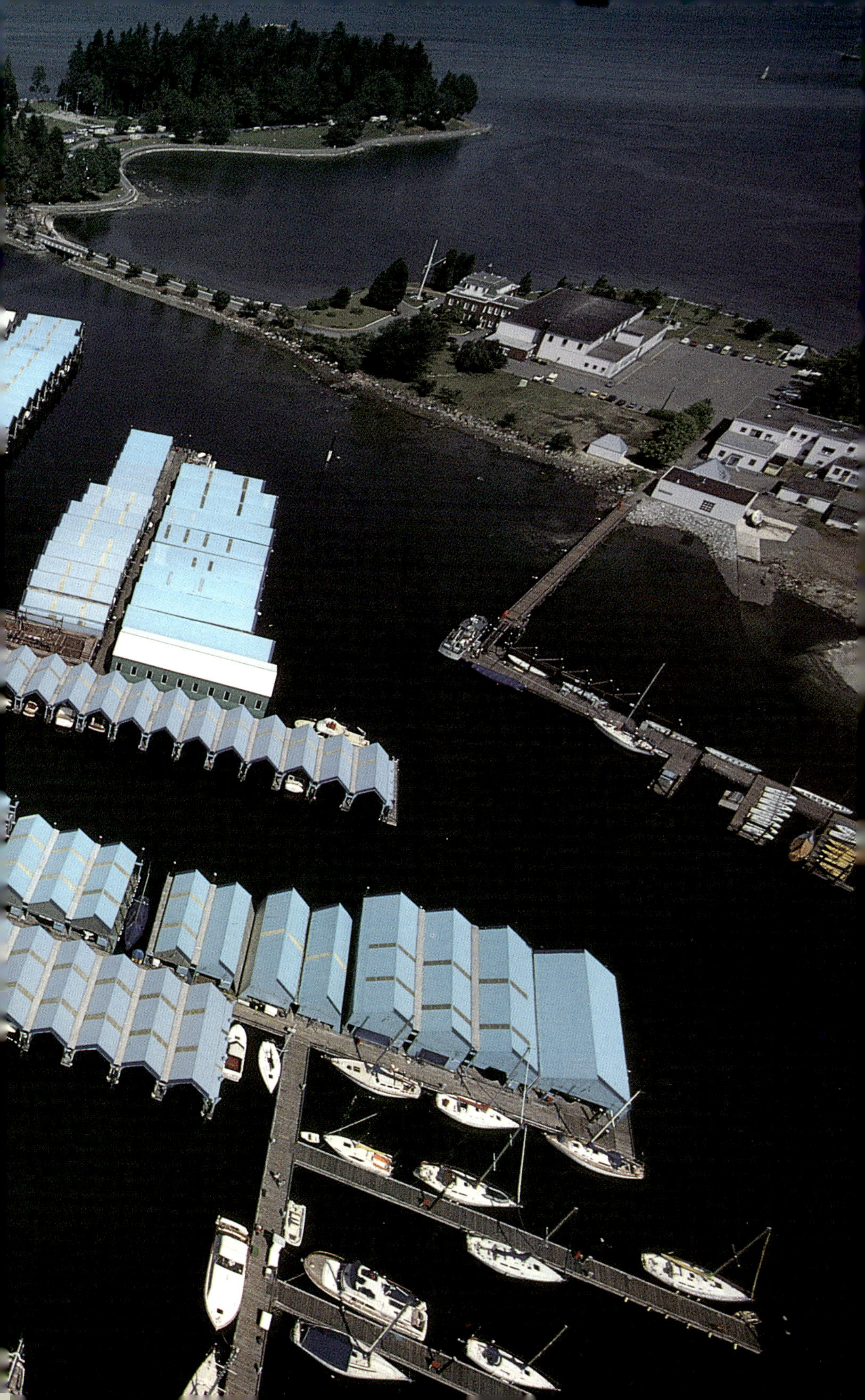

STANLEY PARK UND NORTH VANCOUVER

Der Stanley Park und North Vancouver verleihen der Stadt so viel frisches Grün, wie es wohl kaum eine Großstadt für sich beanspruchen kann. Stanley Park ist eine Wildnis mitten in der Großstadt, quasi die Umkehrung von Vancouver, einer Großstadt in der Wildnis. In North Vancouver jenseits des Burrard Inlet merkt der Besucher erst, wie nah an der Wildnis Vancouver wirklich liegt. In den Stadtparks, nur Minuten von der ruhigen Mittelstandswohngegend entfernt, geben hier Schilder am Wegesrand Verhaltensmaßregeln für Begegnungen mit wilden Bären. Diese kommen allerdings nicht häufig vor, doch gerade die ungezähmte Schönheit dieser Waldgebiete ist eine der größten Attraktionen Vancouvers.

Riesige Parks: 1935 wurde die **Lions Gate Bridge** über die First Narrows vollendet, die vor allem den Wert des großen Landbesitzes der irischen Familie Guinness steigern sollte. Die Normalbürger waren gegen das Projekt: „Straßenlärm wird die Ruhe unseres geliebten Stanley Park zerstören!" Natürlich hat die Straße den Park verändert, doch bis heute ist er eine idyllische Oase mit genügend Attraktionen für einen ganzen, langen Ferientag. **Stanley Park** ist von einer Promenade umgeben, die zum Meer hin von einem flachen Wall begrenzt wird. Dieser beginnt bei Vancouvers erstem Denkmal – einer Bronzestatue der **Königin Viktoria**, die aus Spenden von Vancouvers Schulkindern anläßlich ihres Todes 1901 finanziert wurde.

Beim Haupteingang des Parks (am Westende der Georgia Street) steht das **Denkmal des Lord Stanley,** des kanadischen Generalgouverneurs, nach dem der Park benannt wurde. Seine Existenz verdankt er aber einem anderen unermüdlichen Freund der Stadt, J. S. Matthews, der die notwendigen Mittel aufbrachte zu einer Zeit, als die Stadt in großer Armut versank. Major Matthews, gebürtiger Waliser, trug in vier Jahrzehnten ein unschätzbares Archiv über die Frühzeit Vancouvers zusammen.

Die acht Kilometer lange Einbahnstraße um den Park ist gegen den Uhrzeigersinn zu befahren. Sie führt an der Küste von **Coal Harbour** entlang, vorbei an den Booten vom Ruder- und Yachtklub und an der Kanone, die jeden Abend pünktlich um 21 Uhr abgefeuert wird (ursprünglich eine Warnung, daß Angeln verboten war), hinaus zum **Brockton Point.**

Ein Damm ist die Verbindung zu **Deadman's Island,** einem ehemaligen Indianerfriedhof. Etwas weiter östlich liegt **Hallelujah Point,** wo die Heilsarmee gesellige Picknicks abhielt. Brockton Point wurde nach dem Chefingenieur der *HMS Plumper* benannt, des ersten Schiffes, das dieses Gebiet 1859 kartographisch erfaßte.

Die meisten Totempfähle im Park, die von verschiedenen Stämmen der Küstenindianer stammen, liegen weithin sichtbar um das **Brockton Oval Sports Field** (wo sich im Sommer weißgekleidete

Vorherige Seiten: De Yachthafe am Stanle Park. Link und rechts Die Capila Suspensi Bridge in North Van couver.

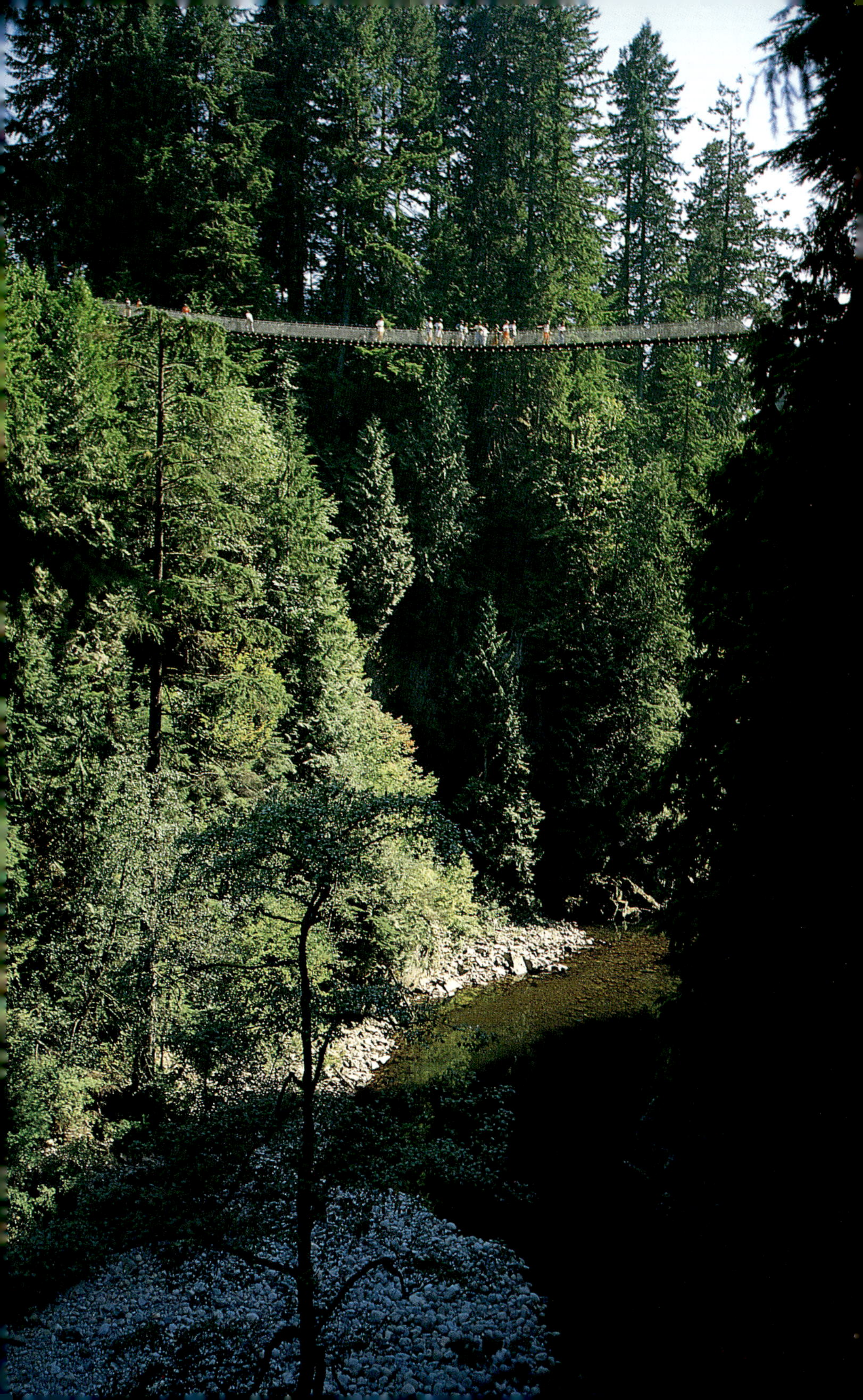

Kricketspieler tummeln). Einer steht am **Zoo**, der sich durch den Park nach Norden zieht, östlich der **Malkin Bowl.** Hier gibt es ein **Open Air Theater,** einen **Kinderzoo,** eine **Miniatureisenbahn** und das **Aquarium,** wo man durch Unterwasserfenster Delphine und Wale beobachten kann. In zahlreichen Galerien sind die verschiedensten Fischarten zu bewundern, und possierliche Seeotter zeigen ihre Kunststücke. Unter den Denkmalen dieses Parkabschnitts sind eine **Statue des Warren Harding,** geschaffen von Charles Marega zum Gedenken an den Vancouver-Besuch des US-Präsidenten im Jahr 1923 und das **japanische Kriegerdenkmal,** das im Frühling zur Kirschblüte in einem Blütenmeer versinkt. Die nahen **Rose Gardens** beherbergen 5000 Rosenstöcke, die Anfang Juni blühen.

Wieder zurück auf der Rundstraße, ist die **Galionsfigur der *Empress of Japan*** (die Fiberglas-Replik von dem CPR-Schiff, das von 1891 bis 1922 die Pazifikküste befuhr) und die **Skulptur *Girl in Wetsuit*** (Mädchen im Taucheranzug) zu sehen. Dahinter steht der **Lumberman's Arch,** ein Bogen zu Ehren des Besuches des Duke of Connaught in seiner Eigenschaft als Generalgouverneur im Jahre 1912. Bevor die Weißen kamen, lag in diesem Teil des heutigen Vancouver das Indianerdorf Whoi-Whoi.

Kurz vor dem 2,5-Meilen-Zeichen der Rundstraße zweigt der **Ravine Trail** landeinwärts zum **Beaver Lake** (Bibersee) ab, dessen schnurrbärtige Bewohner wegen ihrer hartnäckigen Versuche, durch einen Dammbau am Ausfluß des Sees die Gegend zu überfluten, umgesiedelt werden mußten. Wasservögel und Reiher zeigen sich heute zwischen farbenfrohen Seerosen und Blumen.

Westlich der Straße zur Lions Gate Bridge stand an der Nordspitze des Parks der **Prospect Point,** einer der ersten Signalmasten, der aber nicht verhinderte, daß British Columbias erster Dampfer, die *SS Beaver*, 1888 auf die nahen Felsen auflief. Eine Steinpyramide erinnert an dieses Unglück. Von dem Restaurant am Prospect Point kann man den Verkehr auf der Brücke hoch über den First Narrows betrachten, doch im Sommer fahren viele lieber weiter in den Park hinein, zu einem Picknickareal. Dieses liegt auf einem heute zugeschütteten Reservoir, aus dem die Stadt Anfang des Jahrhunderts Trinkwasser bezog.

Der hohle Baum: Eines der berühmtesten Wahrzeichen des Parks, eine mächtige **Rote Zeder,** war bereits hohl, als die ersten Europäer vor über hundert Jahren hierherkamen. Heute steht sie, von Eisenstangen gestützt, symbolisch für den Wald, der einst die ganze Gegend bedeckte. Auf Dachböden und in Schubladen vergilben in ganz Kanada Fotografien von Menschen in Autos, Kutschen oder zu Pferde, die sich, allein oder in Gruppen, zu Beginn dieses Jahrhunderts vor dem Baum ablichten ließen.

Von diesem Baum führen Pfade zum **Siwash Rock** vor der Küste, der nach indianischer Legende ein Jüngling ist, der zur Belohnung für seine Selbstlosigkeit in Stein verwandelt wurde. Von nä-

Kricketspi
im Stanle
Park.

herer Erkundung des Felsens ist dringend abzuraten. Einen Taucher kostete ein derartiger Vorstoß bereits das Leben.

Es folgen **Third Beach** (etwas weiter liegen die Second Beach und der Strand der English Bay) und **Ferguson Point**, so genannt nach einem frühen Mitglied des Parkkuratoriums, mit dem nahegelegenen Teehaus, dem einzigen Überbleibsel der Befestigungsanlagen aus dem Zweiten Weltkrieg. Hier ruht in dem einzigen bezeichneten Grab des Parks die Dichterin Pauline Johnson, die ihr ganzes Leben lang begeistert über diese Stadt schrieb und ausdrücklich darum bat, im Park beigesetzt zu werden.

Unterhalb von **Second Beach** liegt ein großes Erholungsgebiet mit Sportanlagen, Minigolf, Tennisplätzen und einer Freilufttanzfläche, wo verschiedene Bevölkerungsgruppen Volkstänze vorführen. Daran schließt sich die **Lost Lagoon** an, eine Lagune, die einmal mit dem Coal Harbour verbunden bar. Heute ist sie bei Ebbe nahezu wasserfrei und ein Paradies für eine erstaunliche Vielfalt von Vogelarten, unter anderem Reiher, Kanadagänse und schwarze Schwäne.

Stanley Park endet mit dem Wall zum Meer vor den Büros der Parkverwaltung an der Beach Avenue. Gegenüber steht die Charles-Marega-Statue des viermaligen Bürgermeisters **David Oppenheimer**, der 1891 starb. Im Park kann man Fahrräder mieten (an der Promenade gibt es Radwege) oder eine Rundfahrt mit einem überdachten Pferdewagen machen – selbst an Regentagen ein Vergnügen.

North Vancouver: Ein Ausflug über den Burrard Inlet an die North Shore (der SeaBus legt am Canada Place direkt in der Innenstadt ab) zeigt Ihnen die Stadt von ihrer besten Seite. Die drei Berge der Cypress Mountains – Grouse, Seymour und Cypress – bieten Wander- und Skimöglichkeiten, doch nur auf den **Grouse Mountain** fährt eine Kabinenseilbahn. Der atemberaubende Blick vom Gipfel ist das ganze Jahr über ein Erlebnis, nicht nur zur Skisaison. An klaren Abenden sieht man die Lichter des 80 Kilometer entfernten Victoria. An bedeckten Tagen blickt man von oben auf die Wolkendecke, ebenfalls ein eindrucksvoller Anblick. Im Restaurant oder der Bar auf dem Gipfel können Sie sich die Zeit vertreiben, bis es aufklart. Nehmen Sie für die Auffahrt auf jeden Fall eine Jacke oder einen Pullover mit, denn hier oben kann es empfindlich kalt werden.

Manche Leute kennen North Vancouver nur von den Ausfahrtschildern an der Straße zum Fähranleger. In Wirklichkeit ist es eine eigene Stadt, die 1907 gegründet wurde und sich damals von Horseshoe Bay nach Osten bis Deep Cove erstreckte. An diesem Ufer des Burrard Inlet befand sich die erste Sägemühle, Moodyville, und bis heute rumpeln Laster aus den Wäldern im Norden und Osten mit Stämmen durch die Straßen dieser Vorstadt Vancouvers, die hauptsächlich Schlafstadt ist.

Die Küste North Vancouvers ist eine Hafengegend mit Lastkränen und Werften und natürlich Sägewerken. Am **Lonsdale Quay Market** mit seinen urigen Läden legt der SeaBus an, mit dem North Vancouver am schnellsten zu erreichen ist (die Brücken sind zur Stoßzeit meist hoffnungslos verstopft). Die Fahrt mit der Fähre ist so vergnüglich wie praktisch und bietet eine atemberaubende Aussicht auf Vancouver.

Die **Capilano Suspension Bridge** ist die letzte Version (von 1956) der Hängebrücke aus Zedernholz, den ein Siedler namens George Grant Mackay um 1880 mit den beiden Indianern August Jack und Willie Khahtsahlano baute. Sie wurde 1903 durch eine zweite und 1914 durch eine dritte Brücke aus Drahtseilen ersetzt. Die Brücke war von jeher Attraktion für abenteuerlustige Touristen, denen es Spaß machte, den 107 Meter breiten Cañon 70 Meter über dem Fluß zu überqueren. Der Blick in die Tiefe auf das Wasser am Grunde der Schlucht ist den Nervenkitzel wert, doch man sollte schwindelfrei sein, denn die Brücke schwingt.

Die ersten **Totempfähle** in dem Park auf der anderen Seite der Brücke schufen in den dreißiger Jahren die beiden dänischen Einwanderer Aage Madsen und Karl Hansen. Die anderen haben die Indianer Mary Capilano und Häuptling Mathias Joe Capilano geschnitzt. Es sind inzwischen weitere hinzugekommen.

Die Brücke führt zu kilometerlangen, beschilderte Wanderpfaden, die am Ende der Capilano Park Road zu einer **Lachsfarm** und dem **Capilano Lake** führen.

Im rund zwei Kilometer östlich der Brücke gelegenen **Lynn Headwaters Park** fand – eine zweifelhafte Ehre – ein berühmter Liebessprung statt. Arm in Arm wurde 1991 ein Pärchen in einem Abgrund tot aufgefunden. Niemand kann sagen, ob die beiden hinunter oder hinüber springen wollten oder im Taumel der Leidenschaft versehentlich über den Rand gerieten.

Der beste Pfad für einen kurzen Abstecher in die Wildnis ist der **Lynn Loop/ Cedars Mill Trail.** Eine relativ leichte zweistündige Wanderung führt Sie auf gut markierten Wegen durch die Bergwildnis North Vancouvers.

Raben und Donnervög[el] sind belieb[te] Motive auf Totempfäh[len]

TOTEMPFÄHLE

Totempfähle sind komplizierte und geheimnisvolle, kühne und kraftvolle Symbole in der „primitiven" Kunst. Jahrhundertelang wurden diese mächtigen Ehrenmale von Indianern an der nordwestlichen Pazifikküste geschnitzt und in den Küstendörfern aufgestellt.

Ein Totempfahl kann die Geschichte einer Familie oder ihrer Abstammung erzählen oder eine historische Begebenheit. Rabe, Donnervogel, Bär, Wal und Frosch sind beliebte Motive. Der Brauch wurzelt in dem Glauben, Menschen könnten sich in Tiere verwandeln und Tiere umgekehrt in Menschen. Man durfte das Bild eines Tieres verwenden, wenn man es besiegt, getötet oder zum Menschen gemacht hatte. Dieses Recht ging auf die Nachkommen über, so daß ein Totempfahl immer auch Bindeglied zu den Vorfahren war.

Viele Totempfähle sind in verlassenen Dörfern umgestürzt oder abgefault, und die traditionelle Schnitzkunst war beinahe ausgestorben, als sie vor allem durch das Engagement des großen Schnitzers, Juweliers und Künstlers Bill Reid neu belebt wurde.

„Bill fand die Knochen einer großen Kunst, und nach Schamanenart schüttelte er den Museumsstaub ab und hauchte ihr neues Leben ein", schrieb Kunsthistoriker Bill Holm 1974 für eine Retrospektive auf Reids Werk in der Vancouver Art Gallery.

Der Halbindianer Reid wurde 1920 in Victoria als Sohn einer Haida aus Skidegate auf den Queen Charlotte Islands geboren. Sein Vater war deutsch-schottischer Amerikaner. Reid begann seine Karriere beim Radio, bis er in Toronto von einem Haida-Pfahl im Royal Ontario Museum inspiriert wurde, der aus Tanu stammte, dem Dorf seiner Großmutter.

Er belegte einen Kurs über Schmuckherstellung und brachte Haida-Motive in seine Arbeiten ein. Die Anregungen dazu holte er sich von Fotografien oder in Museen. Zum Beruf wurde ihm seine Passion, als ihn die University of British Columbia bat, für das Museum of Anthropology ein traditionelles Haida-Dorf nachzubauen. Daran arbeitete er von 1958 bis 1962.

In die Totempfahlschnitzerei weihte ihn der Kwakiutl-Meisterschnitzer Mungo Martin ein, bei dem er ganze zehn Tage in die Lehre ging. Der Pfahl, den sie gemeinsam bearbeiteten, steht am Grenzübergang Peace Arch in Blaine im US-Staat Washington. Martin, der 1962 starb, war der letzte große Schnitzer. Er hat im Museum of Anthropology von Vancouver und am Thunderbird Park des Royal British Columbia Museum in Victoria mitgewirkt.

Für Reid ging „ein Lebenstraum" in Erfüllung, als ein Totempfahl aus seiner Werkstatt 1978 in Skidegate aufgerichtet wurde. Es war der erste Pfahl, der seit über hundert Jahren im Dorf seiner Mutter errichtet worden war, und gleichzeitig eine Ehrenbezeigung an die großen Haida-Künstler der Vergangenheit.

Im Gespräch mit der Autorin Edith Iglauer sagte er: „Ich konnt niemals etwas für mein Volk tun, außer durch meine Bemühungen, die Leistungen seiner Ahnen der Welt vor Augen zu halten. Ich halte den Kunststil der Nordwestküste für eine einzigartige Errungenschaft, für die Krönung menschlicher Leistung. Ich will einfach nicht, daß all das unter den Teppich gekehrt wird, ohne daß ein Hahn danach kräht." ∎

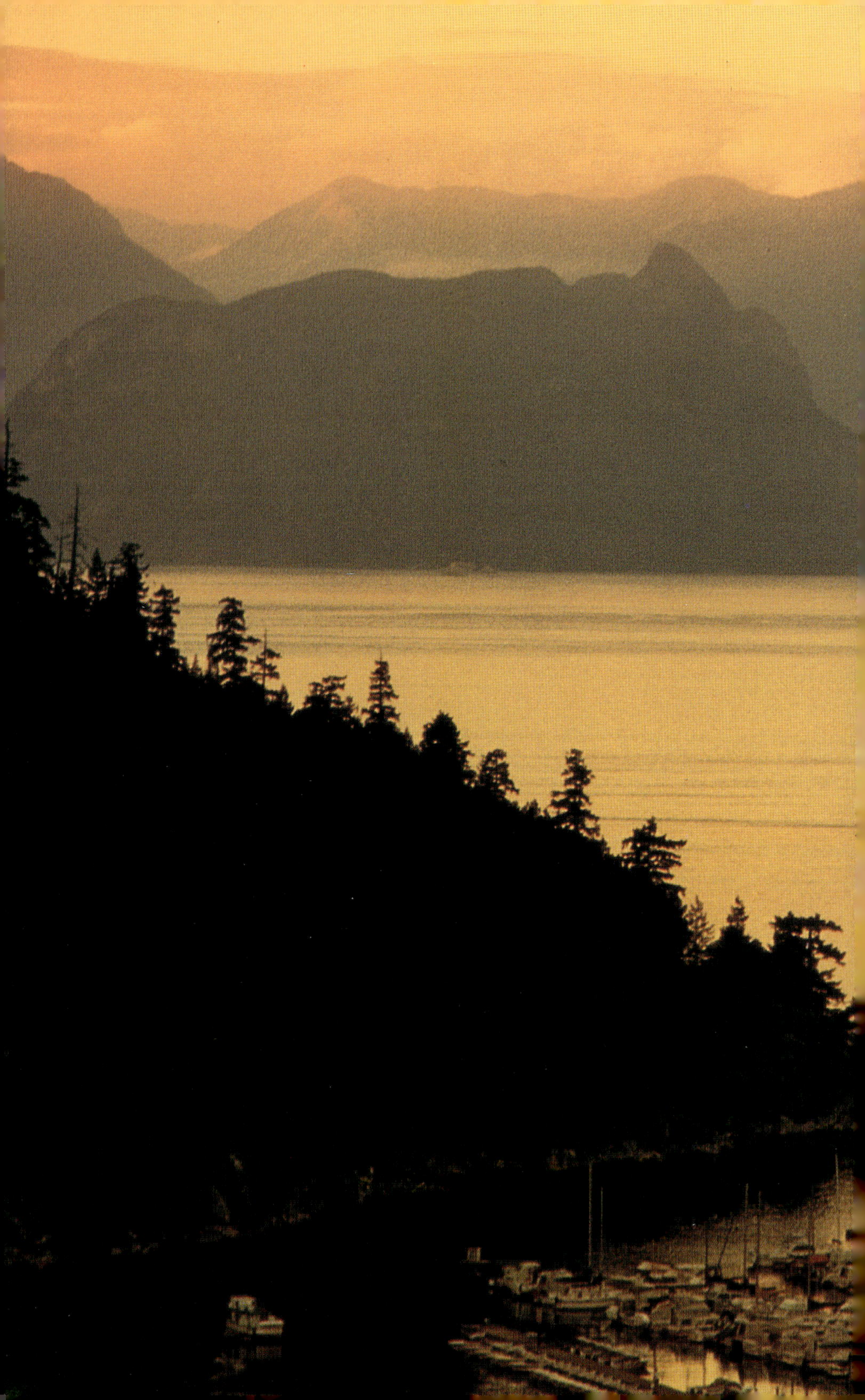

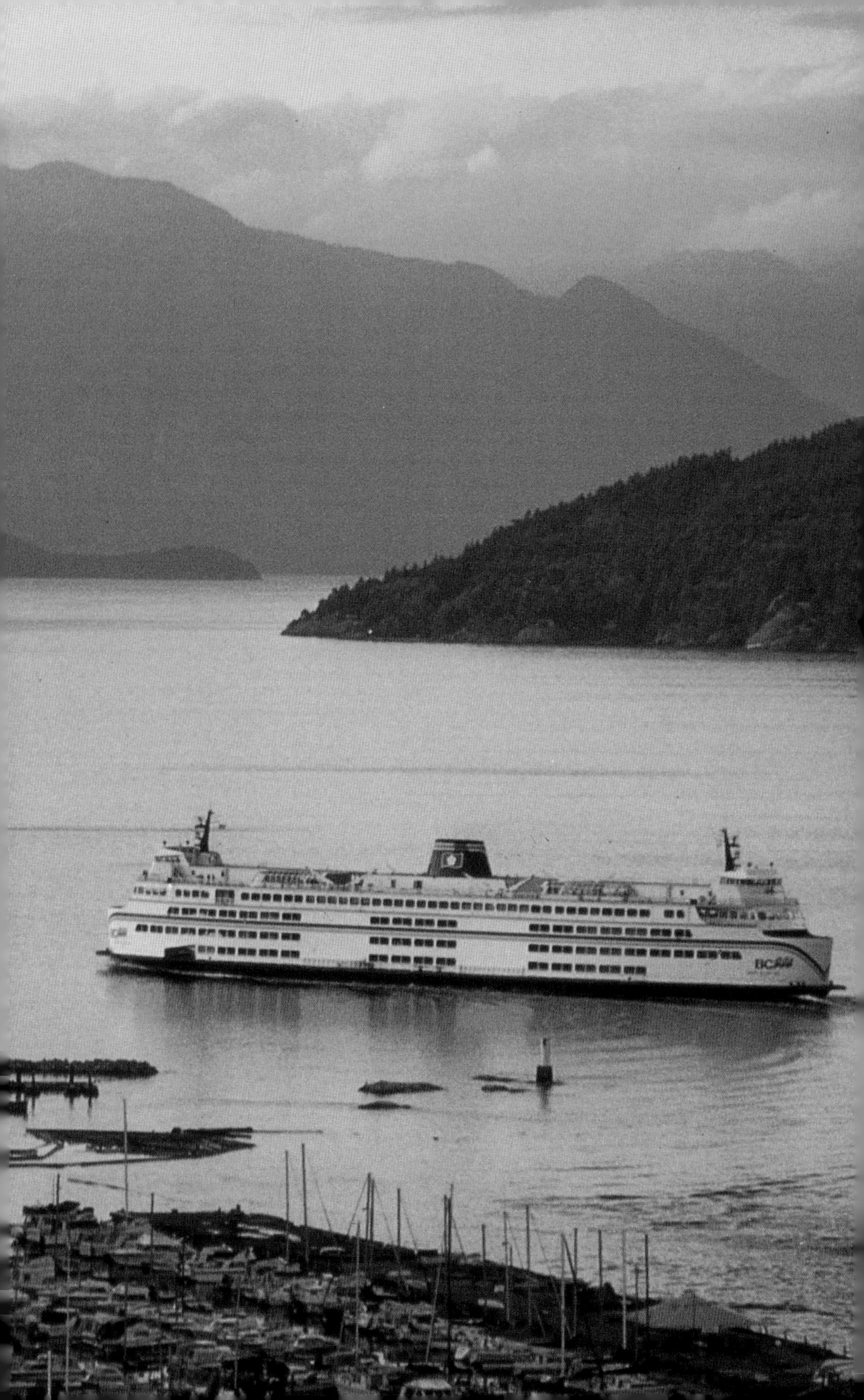

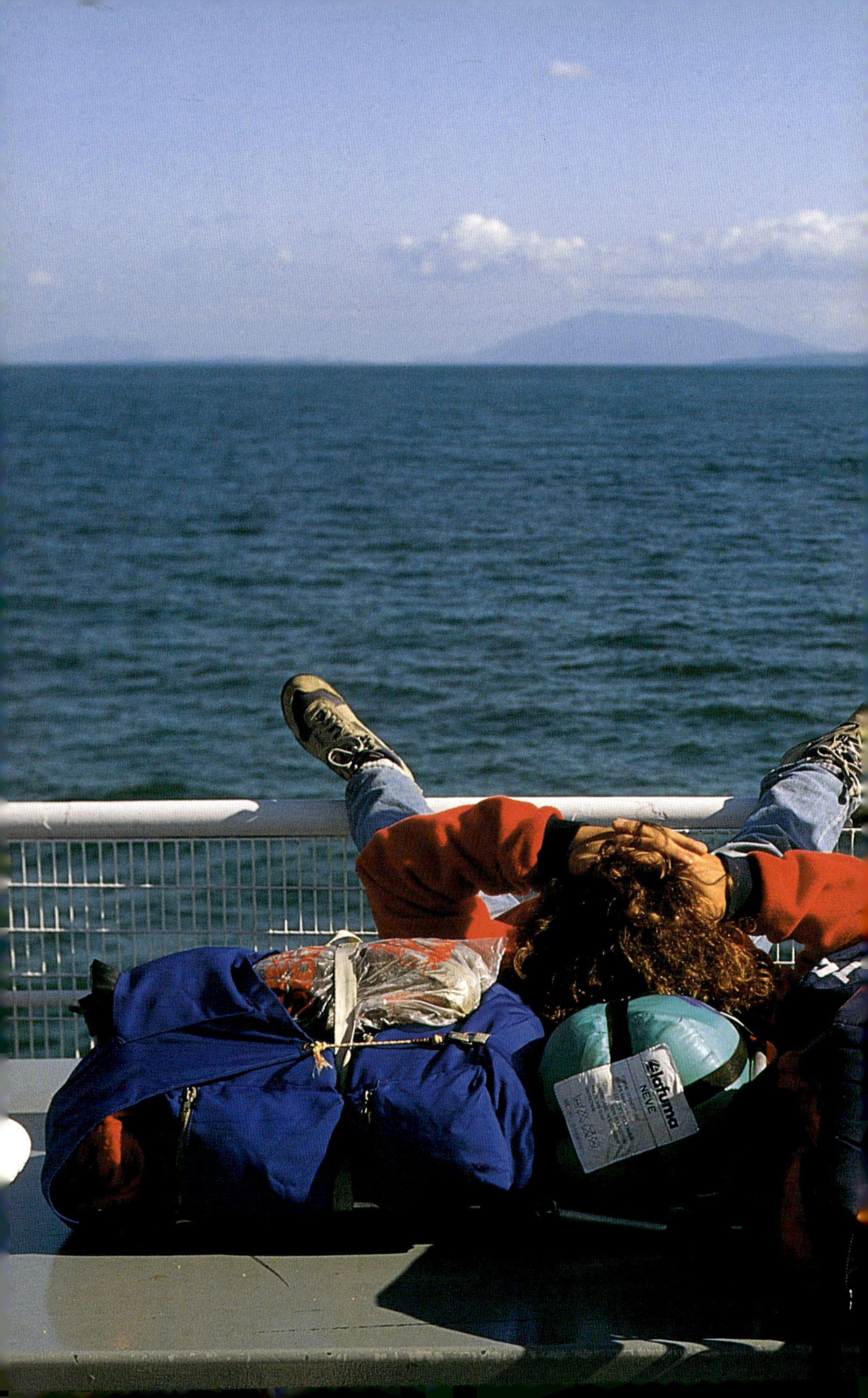
Lafuma
NEVE

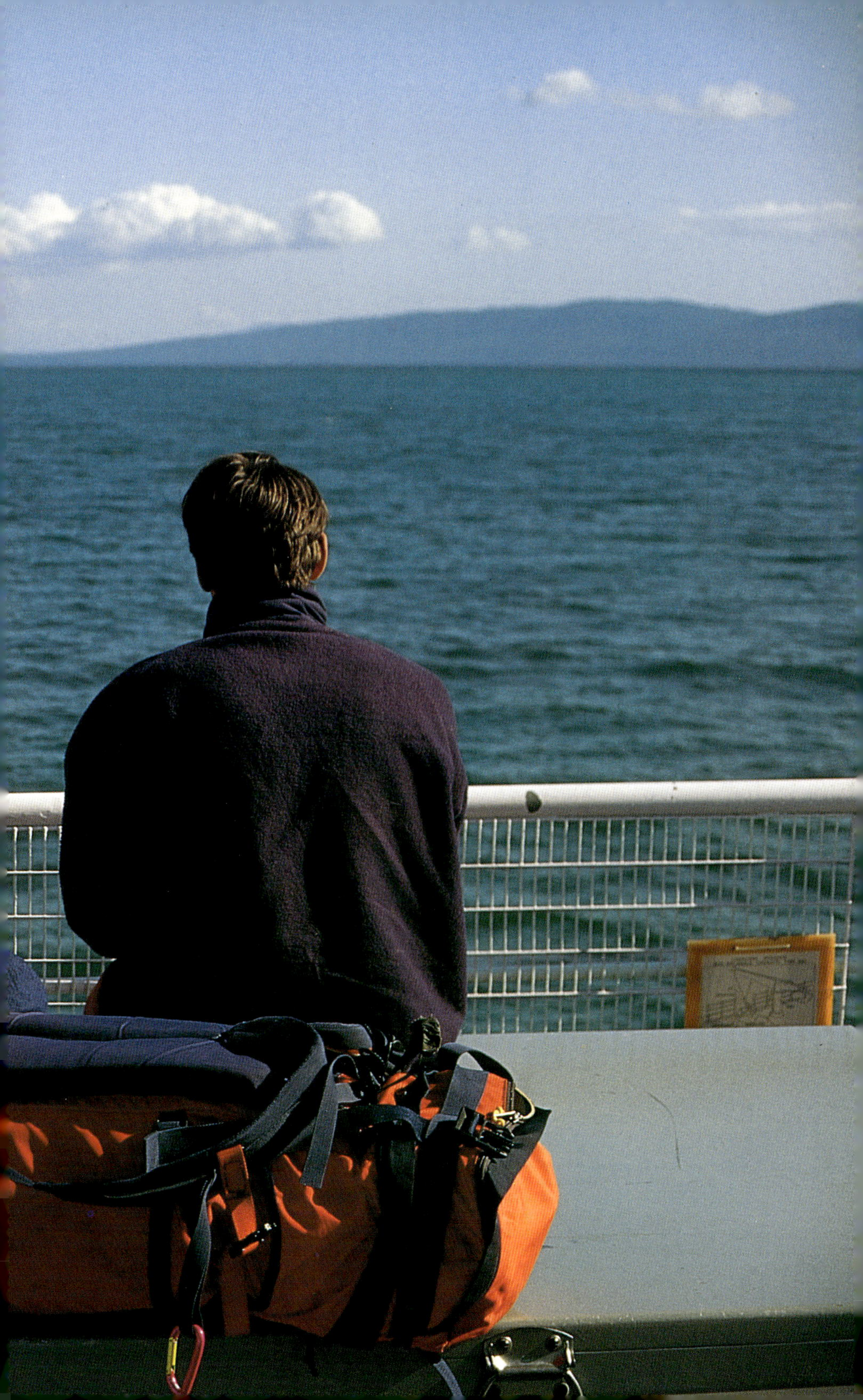

The Vancouver Area

48km/ 30 miles

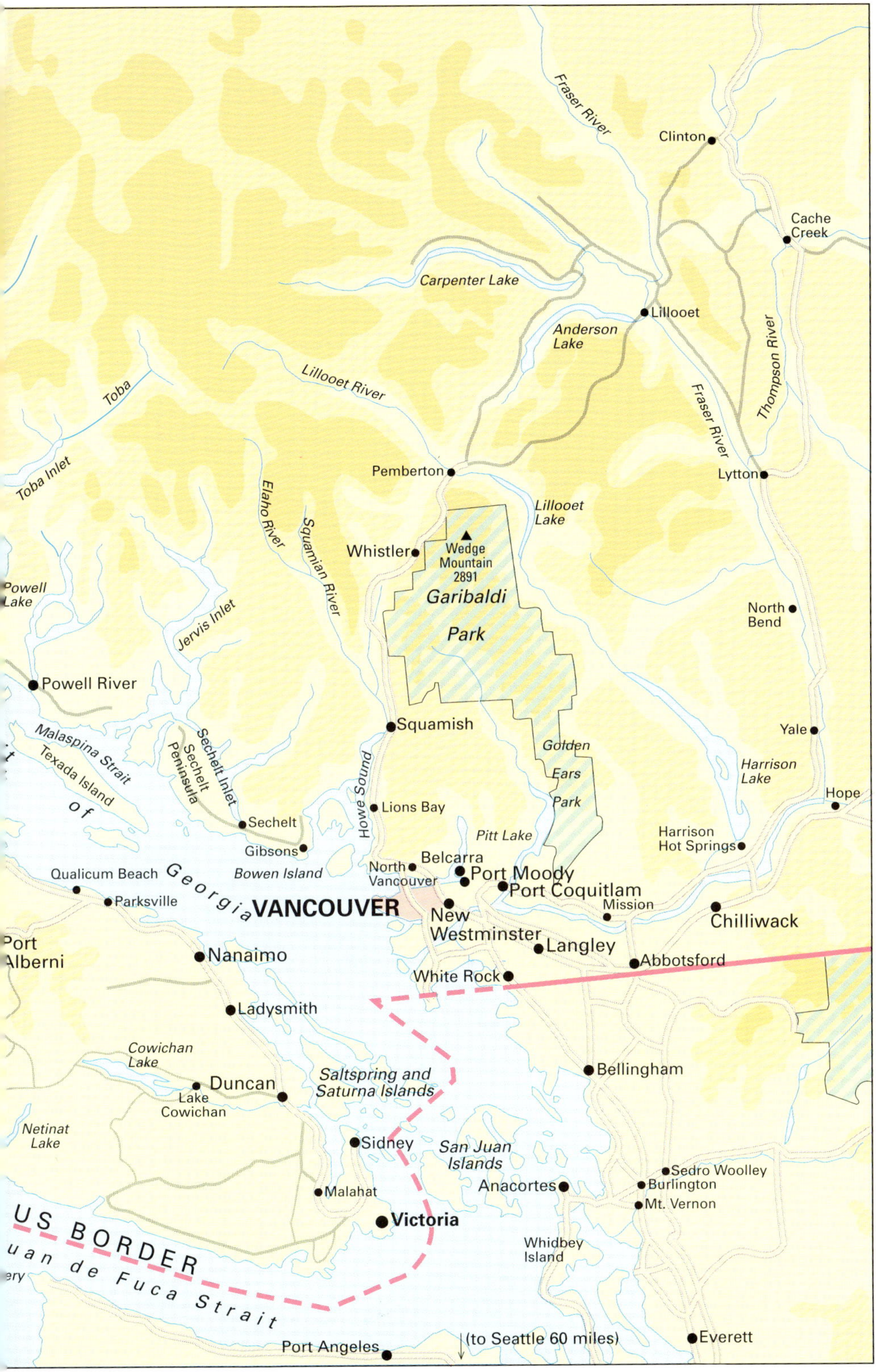

Fraser River
Clinton
Cache Creek
Carpenter Lake
Lillooet
Anderson Lake
Thompson River
Lillooet River
Fraser River
Toba
Toba Inlet
Pemberton
Lytton
Lillooet Lake
Elaho River
Squamian River
Whistler
Wedge Mountain 2891
Garibaldi Park
Powell Lake
Jervis Inlet
North Bend
Powell River
Squamish
Yale
Malaspina Strait
Texada Island
Sechelt Inlet
Sechelt Peninsula
Howe Sound
Golden Ears Park
Harrison Lake
Hope
Lions Bay
Sechelt
Pitt Lake
Harrison Hot Springs
Gibsons
Belcarra
North Vancouver
Port Moody
Port Coquitlam
Qualicum Beach
Bowen Island
Strait of Georgia
Parksville
VANCOUVER
Mission
New Westminster
Chilliwack
Port Alberni
Nanaimo
Langley
Abbotsford
White Rock
Ladysmith
Cowichan Lake
Bellingham
Duncan
Lake Cowichan
Saltspring and Saturna Islands
Netinat Lake
Sidney
San Juan Islands
Sedro Woolley
Burlington
Anacortes
Malahat
Mt. Vernon
US BORDER
Victoria
Whidbey Island
Juan de Fuca Strait
Port Angeles
(to Seattle 60 miles)
Everett

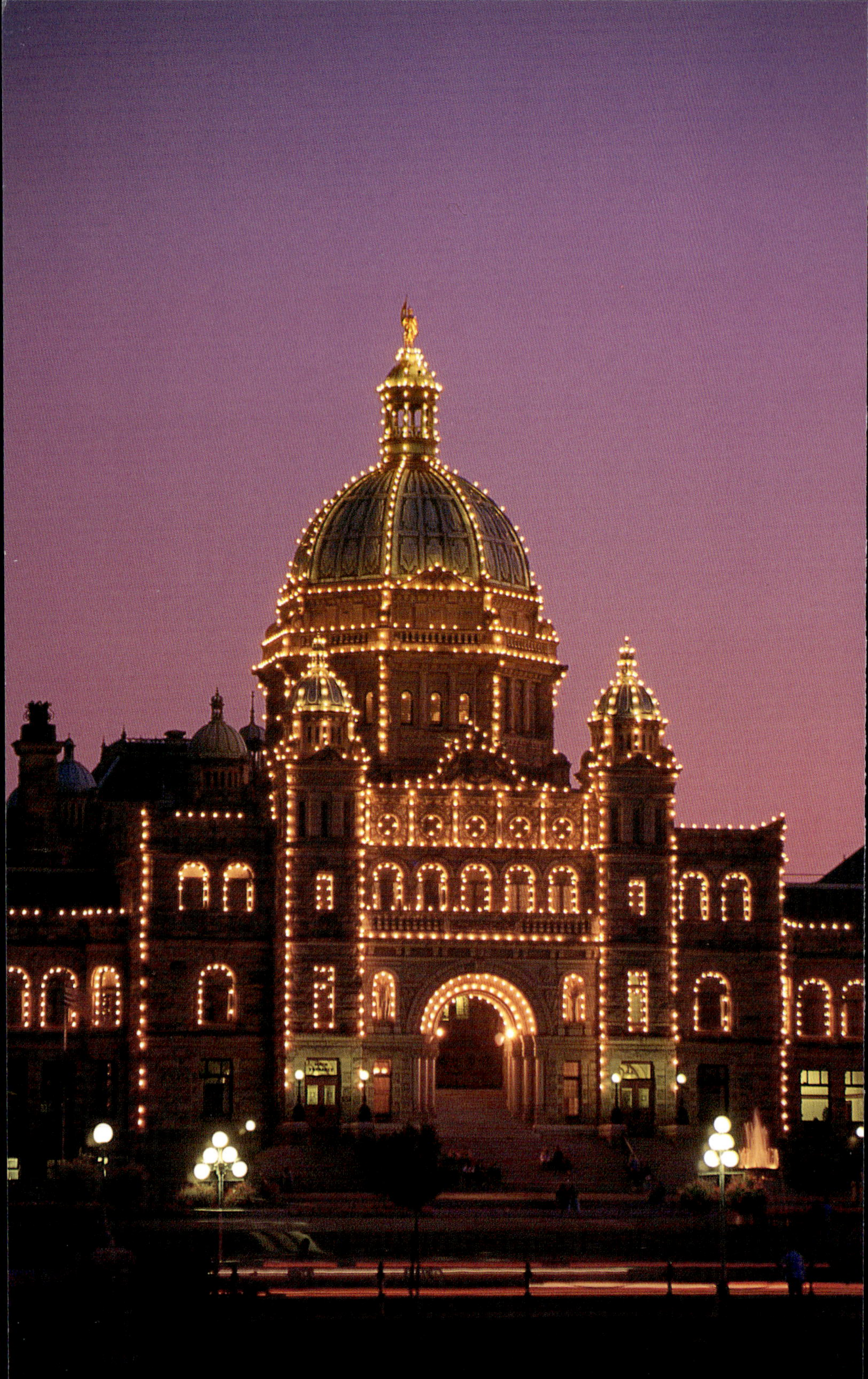

VICTORIA

Als größte Insel der nordamerikanischen Westküste liegt Vancouver Island im Westen der Stadt, nach der sie benannt ist, und unterhält gute Fährverbindungen zu ihr. Die größte Stadt auf der Insel, **Victoria**, liegt so weit im Süden, daß sie an zwei Seiten vom Festland der Vereinigten Staaten umschlossen wird. Victoria liegt genau in der Mitte zwischen Vancouver und Seattle, von beiden Städten 183 Kilometer mit der Fähre entfernt. Die Vermutung läge nahe, daß die geographische Nähe zum südlichen Nachbarn Victoria amerikanisch geprägt habe, doch es ist nicht nur durch und durch kanadisch, sondern britischer als Vancouver. Manche sagen sogar, es sei britischer als Großbritannien.

Zu erreichen ist die 32 000 Quadratkilometer große Insel, die man in einem Tag erkunden kann, mit Fähre, Flugzeug oder Bus. Mehr haben Sie allerdings davon, wenn Sie sich dem gemächlichen Rhythmus des Insellebens anpassen und ihr ein paar Tage widmen. Wie auch immer, beginnen sollten Sie Ihre Inselrundfahrt in Victoria.

Hauptstadt: Die Hauptstadt von British Columbia war wie viele Städte der westkanadischen Provinz ursprünglich Stützpunkt der Hudson's Bay Company. Den Standort wählte James Douglas von der HBC, der ihn als „vollkommenes Paradies" beschrieb. Um die Jahrhundertwende wurde den Förderern der Stadt klar, daß regelmäßiger Fährverkehr mehr Menschen nach Victoria locken würde, nachdem die CPR offensichtlich nicht beabsichtigte, hier einen Bahnhof und Brücken zum Festland zu bauen. „Auf gewelltem Gelände angelegt – wie im alten England –, unterscheidet sich Victoria allein durch seine Lage von den anderen Städten am Sound", schrieb Henry T. Finck 1907. „Auch folgen die Straßen nicht dem in den Vereinigten Staaten üblichen geometrischen Muster. Die Reiterinnen, die vielen Kirchen, der Betrieb auf den Straßen an Samstagabenden, die Rindfleischmärkte, die Raubdrucke amerikanischer Romane in den Bücherregalen, das Erscheinungsbild der Häuser und viele andere Dinge weisen darauf hin, daß man zwar in Amerika ist – aber nicht in den Vereinigten Staaten."

Die ersten Besucher der Stadt waren meist Goldgräber aus Kalifornien, die Fort Victoria 1858 entdeckten. Es war Zwischenstation auf dem Weg in die Cariboo-Berge, einer Reise, die durch die Gründung der BC Express Company merklich erleichtert wurde. Dreißig Jahre später machte Barnards Sohn, ein Anwalt, mit dem Flußbootkapitän J. W. Troup Victoria zum Touristenziel. Barnard wurde Stadtrat und später Bürgermeister und überredete mit seinem Partner die CPR, eine Fährverbindung zum kanadischen Festland einzurichten. In Zusammenarbeit mit der Stadt bauten sie ein Luxushotel, ein Entwurf des begabten Architekten Francis Mawson Rattenbury, der auch die **Parliament Buildings**, das Parlamentsgebäude, schuf.

Nach Abschluß der Planung 1904 sollte es noch Jahre dauern, bis der Hafen entwässert und verlandet, Pfähle in den Boden getrieben und mit Pferdewagen Schutt abtransportiert war, bevor das **Empress Hotel** mit 116 Zimmern – und Baukosten von über 1,3 Millionen Dollar – eröffnet werden konnte. „Schön in seiner prunkvollen Erhabenheit", schrieb ein Augenzeuge über das Hotel am Eröffnungstag, dem 20. Januar 1908. Seit damals beherrscht es den Hafen. Es ruhte, so der offizielle Biograph Godfrey Holloway, auf einem „dicken gelben Pfannkuchen" aus Lehm, Bauholz und Beton und war „in gleichem Maße kommerzielles Unternehmen wie Stadtentwicklungsprojekt".

Heute ist es mit 480 Zimmern bekannt für Stil und Service *(siehe S. 181)* und wohl berühmtestes Wahrzeichen der Stadt – wenn auch nicht immer unumstritten. 1972 beklagte sich der damalige Direktor Louis Finnamore darüber, daß die Werber der unersättlichen Reiseveranstalter seine Gäste „im Stil von Marktschreiern" mit Prospekten belagerten. Daraufhin gab einer der Stadträte – ganz zufällig Mitinhaber eines Reiseunternehmens – zurück: „Das Empress Hotel, das sich von diesen Zuständen distanziert, ist in Wirklichkeit stark daran beteiligt."

Vom Empress Hotel aus werden Stadt- und Inselrundfahrten veranstaltet, doch die übersichtliche Stadt lädt zur Erkundung auf eigene Faust ein. Holen Sie sich einen Stadtplan oder Rat beim hilfreichen **Tourist Office** in dem Art-déco-Gebäude von 1931 gegenüber dem Hotel. Das **Victoria Clipper Dock** liegt am Hafen unterhalb des Tourist Office. Schnelle Katamarane fahren von hier täglich in zweieinhalb Stunden nach Seattle. Ein halbes Dutzend der touristischen Sehenswürdigkeiten der Stadt liegen im oder um das Hafengebiet. Sie sind zu Fuß leicht zu erreichen und zu erkennen und machen einen gemächlichen Bummel zum Vergnügen.

Für das phantasievolle **Royal British Columbia Museum** sollten Sie ausreichend Zeit mitbringen. Für die Teilnahme am **Open Ocean Trip** herrscht stets großer Andrang. Holen Sie sich zeitig eine (Frei-)Karte im zweiten Stock und schließen Sie sich einer der Gruppen an, um dieses faszinierende Abenteuer mitzuerleben. Im Museum gibt es Fotografien, Totempfähle, Kunstwerke und Bilder der Indianer, Schaubilder des Watts mit Enten und Wildvögeln oder ausgestopfte Robben auf Felsen zu sehen. Klettern Sie in die rekonstruierte Kapitänskajüte der *HMS Discovery* und sehen Sie, wie im 18. Jahrhundert ein Kapitän standesgemäß lebte. Schauen Sie sich das Sägewerk und die Geräte der frühen Farmer an. Betrachten Sie alte Zeitungen und Magazine, einen klapprigen Fernseher aus den fünfziger Jahren, Bakelittassen und -untertassen, Topfhüte und ein Dampfbügeleisen.

An einer Kopfsteinpflasterstraße liegen ein Mietstall, ein Stoffgeschäft und eine Werkstatt mit einem Auto von 1913, ein Bahnhofssaal, untermalt von den Geräuschen vorbeifahrender Züge, und das Roxy-Kino, in dem Stummfilme von Laurel und Hardy laufen. Im Freien befinden sich ein Totempfahlpark, ein Garten mit einheimischen Pflanzen und ein altes Schulhaus. In diesem vielseitigen Museumkomplex geht der Tag viel zu schnell zu Ende.

Lange, schlanke Hundshaie und silbrige Lachse schauen zum Greifen nah durch die Scheiben der **Underseas Gardens** beim Hafen. Die großen Fische betrachten die Besucher nicht weniger neugierig als die Besucher die großen Fische. In den Gängen blickt man durch Fenster in felsiges Wasser mit Muscheln und Seesternen. Im Theater trennt eine Glaswand die Zuschauerreihen von zahllosen Arten von Meerestieren, darunter ein scheuer Oktopus namens Armstrong.

Beim Stadtbummel begegnet man mit etwas Glück einem Londoner Bobby, der Königin Viktoria im Rollstuhl herumfährt, ein beliebtes Fotomotiv für Touristen. Die beiden laufen Reklame für das **Royal London Wax Museum** in einem Gebäude des Architekten Francis Mawson Rattenbury.

Victoria 177

Unter den Wachsfiguren sind Gestalten aus der Literatur, der britischen Königsfamilie, der Sportwelt (etwa Gordie Howe, der in seiner 32jährigen Hockeykarriere erster Großvater auf dem Spielfeld war), Forscher und Erfinder (wie der Kanadier Sir Frederick Banting, Entdecker des Insulins) und die üblichen Stars von Lorne Greene aus Ottawa bis zu Elvis Presley und Marilyn Monroe.

Der **Crystal Palace,** ein weiterer Entwurf Rattenburys, ist ein Tropenparadies mit Glasdach und angrenzender Einkaufsmeile. Er beherbergt ausgefallene Fische, bunte Vögel, grazile Flamingos, scheue Schildkröten, kleine Äffchen und andere kuriose und possierliche Tierchen aus aller Welt, die sich zwischen Pflanzen und Blüten, Teichen und Wasserkaskaden tummeln. Der berühmte Nachmittagstee des Empress Hotel ist – wenn auch weniger vornehm – an vielen Orten kopiert worden, unter anderem hier.

Gegenüber dem Crystal Palace liegt das **Collectors' Car Museum,** eine Reihe von Werkstattimitationen und alten Tankstellen als Hintergrund für vorsintflutliche Oldtimer wie den Packard (zuletzt 1950 hergestellt), Model-T Ford, DeLorean, holzgetäfelte Kombis und das ausgefallene Amphicar von 1964, das 19 Liter Benzin in der Stunde schluckte, wenn es auf dem Wasser fuhr, doch nie gefragt genug war, um in Serie zu gehen.

Im Norden des Empress Hotels liegt die **Miniature World,** eine Ausstellung mit Mini-Nachbildungen von Szenen aus Charles-Dickens-Romanen, einer funktionsfähigen Sägemühle und einem amüsanten Zirkus sowie aus dem mittelalterlichen England und dem Wilden Westen. Abertausende von Arbeitsstunden stecken in den aufwendigen Stücken, deren eindrucksvollstes vielleicht die längste Modelleisenbahn der Welt ist. Sie erzählt die Geschichte der kanadischen Eisenbahn. Dafür wurden 8000 Kilometer Gleise in 12 000 Stunden auf 34 Metern nachgebildet und liebevoll mit Holzfiguren, winzigen Häusern und 10 000 Bäumen verziert. Kostenpunkt für diese Spielerei: 100 000 Dollar.

Erinnerung vornehme Zeiten.

Über 50 Jahre lang, bis 1948, hatte Victoria eine gemütliche Straßenbahn, deren Schienen früher hin und wieder von schlafenden Kühen (oder sogar Pumas) blockiert wurden. Heute gibt es ein gutes Busnetz, doch die meisten Sehenswürdigkeiten kann man auch leicht zu Fuß erreichen. Bummeln Sie am Hafen entlang durch die Wharf Street zur Fort Street, bis Sie zur **Emily Carr Gallery** kommen, wo die Werke der hier ansässigen Künstlerin, die 1945 verstarb *(siehe S. 147)* ausgestellt sind. Emilys Vater hatte einen Lebensmittelladen in der Wharf Street, die im 19. Jahrhundert das Geschäftszentrum der Stadt war.

Das **Maritime Museum** am Bastion Square ist im ehemaligen Provinzgericht untergebracht. In der Nähe des **Bastion Square**, wo einst das Fort Victoria lag, stehen sich einige der ältesten und interessantesten Bauten der Stadt. An dem Platz selbst liegt das **Burnes House** aus dem Jahre 1887, einst ein Luxushotel, und eine schloßähnliche Bank von 1896, die Rattenbury in der 1200 Government Street baute. Im gleichen Straßenzug folgen noch zwei bemerkenswerte Bauten, Samuel Maclures **Temple Building,** heute eine Buchhandlung, sowie die **Bank of British Columbia** (heute ein ganzjährig geöffneter Weihnachtsladen), die der Architekt W. H. Williams, 1883 erbaut hat.

Auch das **Craigdarroch Castle** hat er entworfen. Den Auftrag erhielt er von dem Schotten Robert Dunsmuir, der seiner Frau ein Schloß versprochen hatte, um ihr die Eingewöhnung im neuen, ungeliebten Land zu erleichtern. Dunsmuir hatte mit einer Kohlengesellschaft in Vancouver ein Vermögen gemacht. Er starb 1889, als das Schloß, das am Joan Crescent liegt, noch nicht vollendet war. Zu Fuß ist es ziemlich weit dorthin. Vielleicht nehmen Sie deshalb lieber den Bus an der Fort Street.

Das weithin augenfällige **Capital Iron Building,** 1900 Store Street, war um 1880 ein Sägewerk. Später wurden dort 100 Schiffe abgewrackt. In der Johnson Street zwischen Store und Government

Street liegen das alte Milne Building (1891) und das Strand Hotel (1892). Sie sind Teil des Geschäftskomplexes **Market Square** mit insgesamt 45 Läden und Lokalen.

Einen Block weiter nördlich liegt in der **Fan Tan Alley** das einst größte Chinesenviertel Nordamerikas mit großen architektonischen Kostbarkeiten. Südlich des Hafens stehen das Queen-Anne-Haus von William Pendray, 309 Belleville Street, mit einem sehenswerten Garten, und das Haus seines Architekten Thomas Hopper (243 Kingston Street).

Victorias Parkanlagen sind vom Stadtzentrum aus zu Fuß erreichbar. Der 74 Hektar große **Beacon Hill Park** wurde 1852 von James Douglas als Naherholungsgebiet vorgesehen. Eine große Rasenfläche umfaßt Ententeiche, bunte Gärten, Steinbrücken, elegante Bäume und Bänke mit Blick aufs Meer. Ein besonders großer, schlanker Kwakiutl-Totempfahl erhebt sich 39 Meter hoch über dem Rasen und zeigt 16 Vorfahren des Gee-Eskem-Clans.

An der Südwestecke des Parks beginnt der Trans-Canada Highway (an der Ecke Douglas Street/Dallas Road) mit der **Mile Zero.** Er führt bis nach St John's in Neufundland, das von hier 7820 Kilometer entfernt ist.

Eine der größten Sehenswürdigkeiten Victorias, die **Butchart Gardens,** 21 Kilometer nördlich der Stadt, entfalten ihre Pracht in einem ehemaligen Steinbruch. Als Robert Pim Butchart British Columbias erste Portland-Zementfabrik aufbaute, begann seine Frau, die Kalksteinruinen in einen Park zu verwandeln. Gewundene Pfade führen durch die bunte Blumenpracht mit duftenden Geißblattblüten und Rosen über Rasenflächen, vorbei an Teichen und Brunnen. Abends ist der Park stimmungsvoll beleuchtet.

Westlich der Stadt liegt an der Lampson Street (Bus 24) **Anne Hathaway's Cottage,** eine authentische Reproduktion des Geburtshauses von Shakespeares Frau in Stratford-upon-Avon, das mit zeitgenössischen Antiquitäten eingerichtet ist. Es gehört zu einem Komplex von Gebäuden im Tudorstil, wo in einem typisch englischen Gasthof typisch englisches Essen serviert wird.

Exquisite Küche: Motorisierte Feinschmecker mit einem Sinn für Abenteuer sollten unbedingt das **Sooke Harbour House** besuchen, eines der besten Restaurants der pazifischen Nordwestküste. Der Küchenchef kreiert aus landestypischen Lebensmitteln phantasievolle Köstlichkeiten. Besonders gut sind die Fischgerichte mit einem Hauch Exotik. Probieren Sie Jakobsmuscheln, Strandschnecken oder Fleisch von den umliegenden Farmen. Frische Kräuter, eßbare Blüten und Gemüse aus lokalem Anbau vervollständigen die Mahlzeit. Das Restaurant verfügt auch über Fremdenzimmer, wo Romantiker – oder auch Opfer der guten Küche, die zu träge sind für die Rückfahrt – übernachten können. Sie erreichen es über den Highway 1 nach Norden durch die Unterführung Highway 1A, die dann in den Highway 14 nach Westen übergeht. Bis nach Sooke sind es von hier 45 Kilometer.

Sooke Harbour House.

Das Empress Hotel

Ein irregeleiteter Krimineller, so wird erzählt, soll einst versucht haben, das Empress Hotel zu überfallen. Er kam dabei aber nicht über den unerschrockenen Portier hinaus. „Solch ein Benehmen ist hier unträgbar", zischte der empörte Hotelangestellte. Der verdatterte Räuber ergriff unversehens die Flucht.

So oder ähnlich könnte es sich durchaus zugetragen haben. Das glaubt jeder, der Victorias berühmtes Wahrzeichen kennt, das seit seiner Eröffnung 1908 zu den besten Hotels der Welt zählt. Mit eleganter Atmosphäre und strenger Kleiderordnung („Keine Jeans – niemals, niemals, niemals", deklamierte die Hostess des Bengal Room, als sie jemanden abwies) wirkt das Hotel manchmal einschüchternd. Aber gerade das Formelle macht seinen Ruf aus.

Das nach Königin Viktoria als Kaiserin (Empress) Indiens benannte Hotel wurde von dem gebürtigen Engländer Francis Mawson Rattenbury entworfen und 1987 für 45 Millionen Dollar renoviert.

Zwanzig Jahre vorher waren Heizung und elektrische Leitungen erneuert, sechs Kilometer Teppichboden verlegt, besondere Webstühle für Hunderte neuer Bettüberwürfe angemietet und Echtheit tausender neuer (beziehungsweise alter) Möbelstücke für die nun insgesamt 480 Zimmer überprüft worden. Der neue Patisseriechef hatte Referenzen aus dem Buckingham Palace. Die ganze Aktion lief unter der profanen Bezeichnung „Operation Teetasse".

Antike Eichenmöbel und natürlich Teetassen sind das Markenzeichen des zum Hafen gelegenen Hotels, dessen Baustil als Mischung zwischen einem französischen Chateau und einem schottischen Herrensitz bezeichnet wurde. Architekt Rattenbury gewann mit Kußhand den Wettbewerb für die Parlamentsgebäude der Stadt. Daher überraschte es nicht, als er auch den Auftrag für das Empress erhielt.

Der Nachmittagstee im Empress wurde zum Mythos. Es wird berichtet, daß bei dem Hotel Anfragen aus aller Welt eingehen, die um Auskunft über das korrekte Zubereiten und Servieren von Tee bitten – etwa, ob man die Milch vor oder nach dem Tee in die Tasse gießt. Gäste müssen einen Tisch vorbestellen, um das herauszufinden. Den Gästen werden Sandwiches, Pfannkuchen mit Honig und Butter, Gebäck mit Sahne und Marmelade, französisches Gebäck und natürlich Tee serviert – eine Mischung aus Darjeeling, schwarzem China und Orange Pekoe.

Die heutigen Gäste des Empress sind von konventioneller Eleganz. In seiner „Biographie" des Hotels erinnert sich Godfrey Holloway an herrlich exzentrische Gestalten aus der Vergangenheit, meist ältere Damen, die Leber mit Zwiebeln oder Marmelade auf dem Zimmer zubereiteten, Tennisschuhe zu eleganten Roben trugen, heißes Wasser für mitgebrachte Teebeutel bestellten oder für ein Wochenende gekommen waren und 20 Jahre blieben.

1974 fiel eine lärmende Horde von Flitzern in die Halle ein und ließ die Teetrinker erstarren. „Sie tauchten so plötzlich auf und veranstalteten ein großes Geschrei", berichtete atemlos die Betreiberin des Zeitungsstandes in der Halle. „Ein Auto muß auf sie gewartet haben, so schnell waren sie wieder weg." Aus Respekt vor den Traditionen des Hauses trugen die splitternackten Eindringlinge angeblich Krawatten. ■

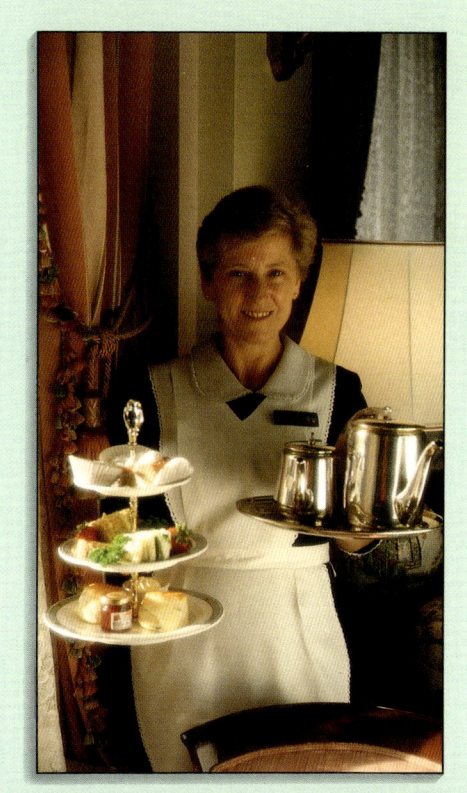

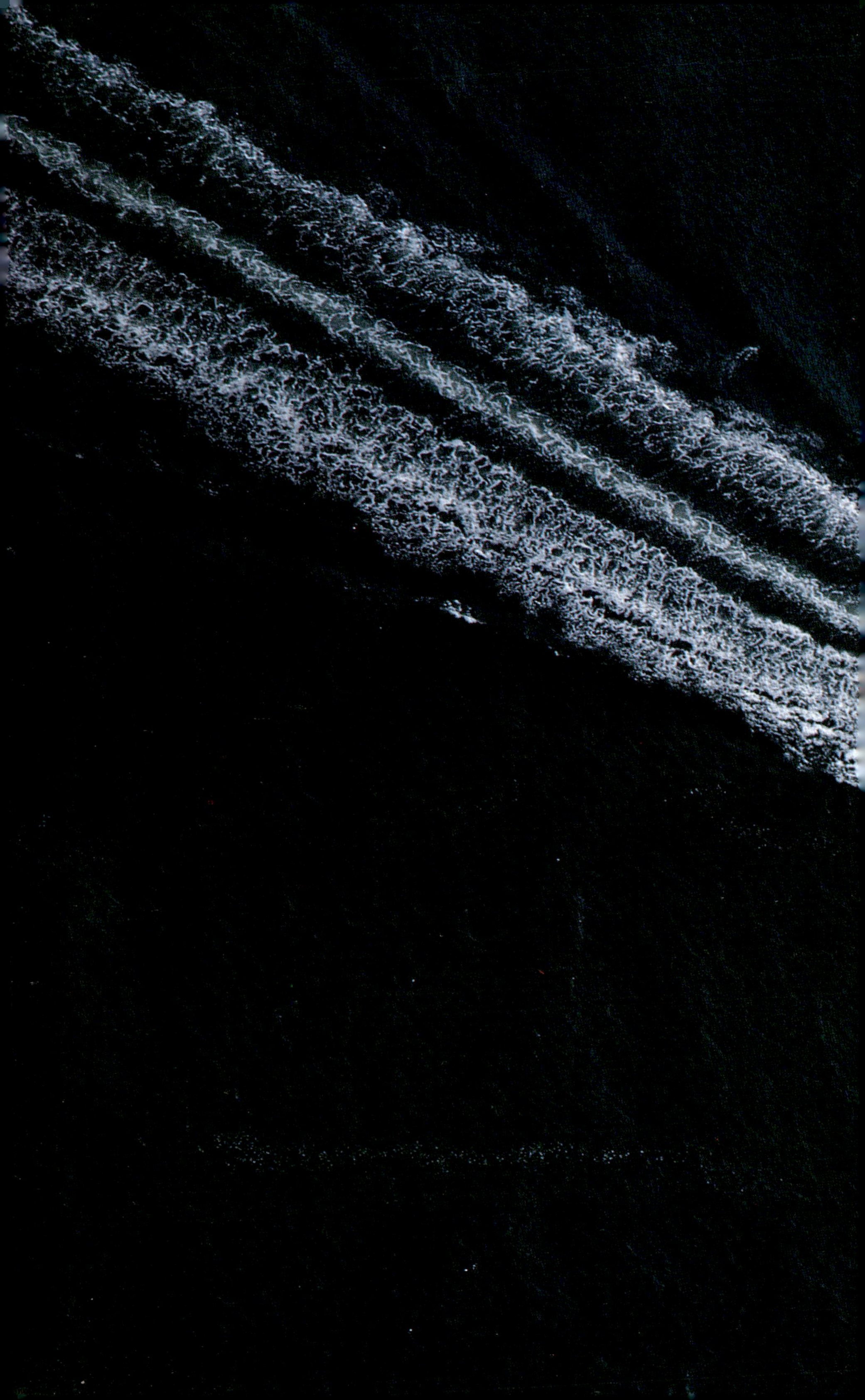

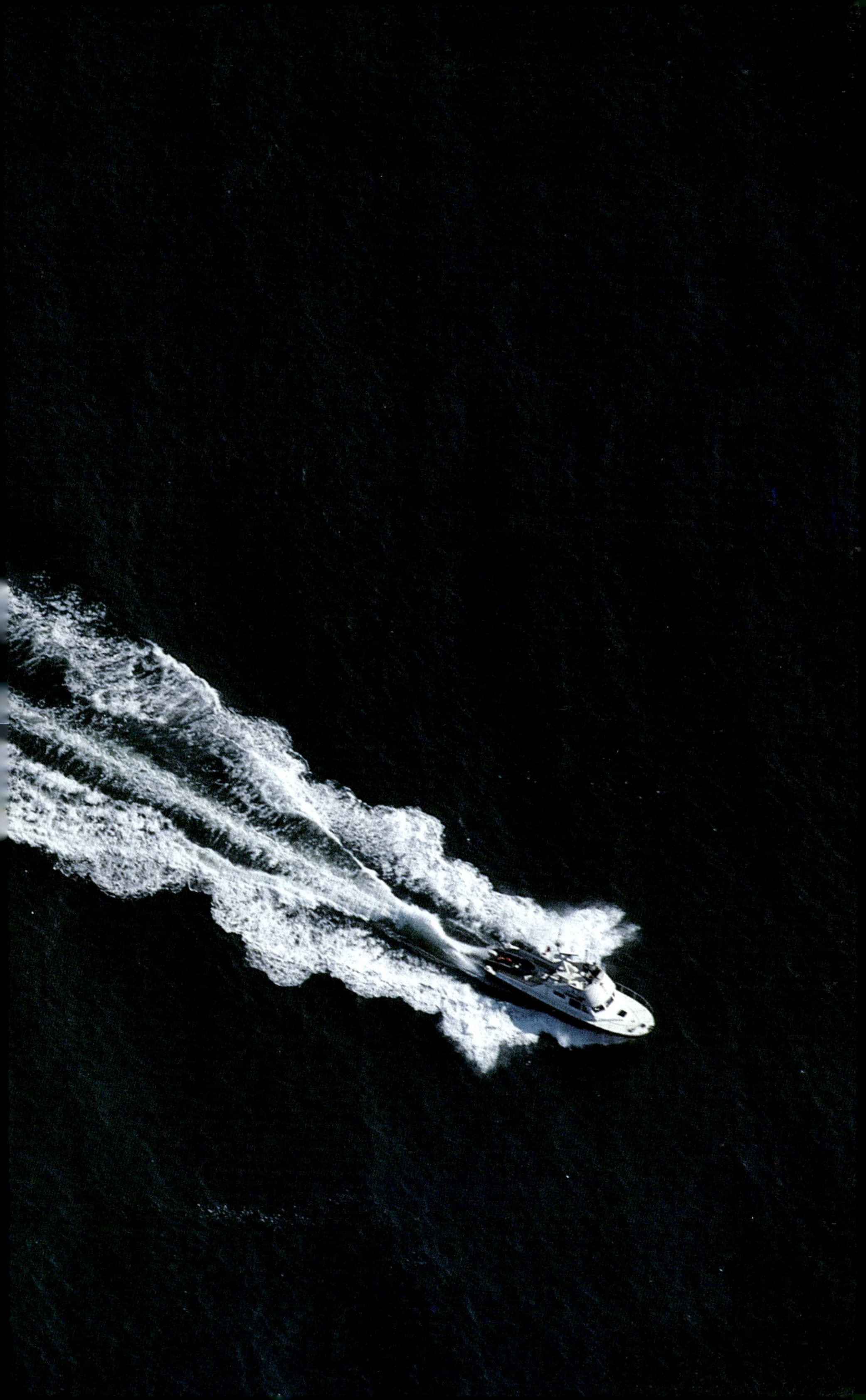

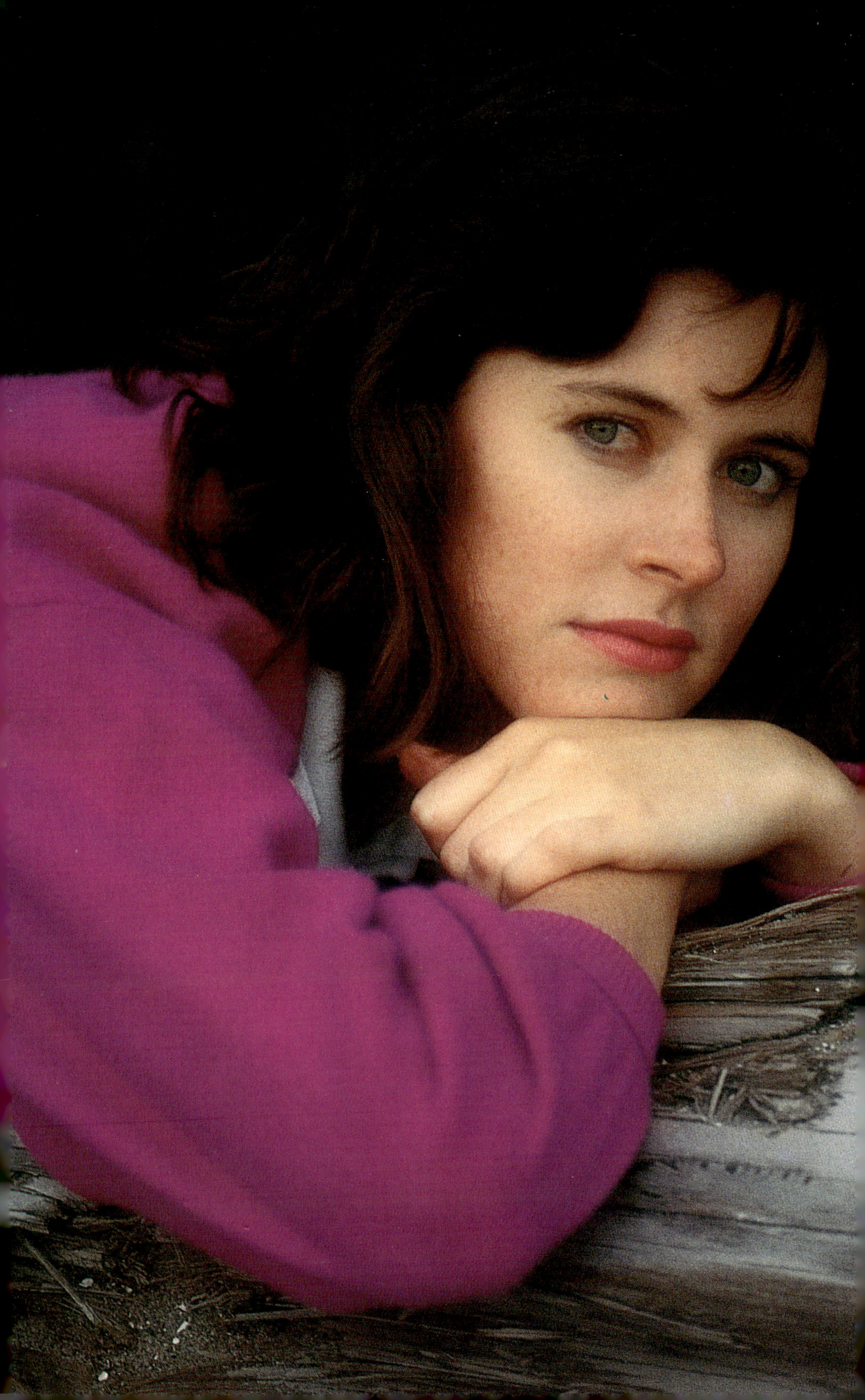

VANCOUVER ISLAND

Auf Vancouver Island ist das Klima mild, das Leben gemächlich und die Landschaft abwechslungsreich – von zerklüfteten, schneebedeckten Gipfeln im Inselinnern über liebliches Farmland im Osten sowie einer wilden Ufergegend mit tiefeingeschnittenen Fjorden, heftigen Stürmen und Fischerdörfern in geschützten Buchten an der Westküste. Die 435 Kilometer lange und 48 bis 80 Kilometer breite Insel bereist man am besten per Zug oder Auto. Die Bahn fährt alle bekannteren Orte an, während man mit einem Mietwagen von Victoria aus auf eigene Faust die abgelegene West- und Nordküste erkunden kann.

Mit dem Zug nach Norden: Die Esquimalt & Nanaimo Railroad, kurz E&N genannt, hat ihre Existenz dem Industriellen Robert Dunsmuir zu verdanken, der ein zuverlässiges Transportmittel für die Kohle aus seinen Stollen benötigte. Die Canadian Pacific Railway hatte ihre Transkontinentalstrecke an der Westküste enden lassen, da sie ein Überqueren der Georgia Strait für unrentabel hielt. 20 Jahre später änderte sie ihre Ansicht, als die E&N hübsche Gewinne einstrich. 1905 erwarb sie für 2,3 Millionen Dollar die E&N samt 600 000 Hektar Land und erweiterte das Schienennetz bis Courtenay. Der Ausbruch des Ersten Weltkriegs ließ die Bauarbeiten hier zum Stillstand kommen.

Noch heute wird die einspurige Gleisstrecke zwischen Victoria und Courtenay täglich von einem einsamen Zug befahren, der allerdings schon längst nicht mehr Kohle oder Stämme transportiert.

Der Malahat Dayliner verläßt Victoria jeden Morgen um 8.45 Uhr und kehrt mit 20minütigen Zwischenstopps in Nanaimo und Courtenay um 17.45 Uhr zurück. Der Fahrplan weist auf die vielen Sehenswürdigkeiten an der Strecke hin, von der spektakulären Brücke über den **Niagara Canyon** bis zur ehemaligen Bergwerksstadt **Cassidy.** Man braucht aber schon sehr scharfe Augen, um vom Zug aus mehr zu sehen als ein paar Häuser, Seen, Berge und – vor allem – Bäume.

Trotzdem ist die Fahrt erholsam. Sie haben Gelegenheit, in Ihrer Reiselektüre zu schmökern und das wichtigste Wirtschaftsgut von British Columbia in seiner natürlichen Umgebung zu erleben. Unter anderem wächst hier der Erdbeerbaum, der einmal im Jahr seine rote Rinde abwirft, und der herrlich blühende Hartriegel. Das zunächst nostalgisch anmutende Pfeifen der Lok kann jedoch nach einiger Zeit eher nervtötend sein.

Gleich nördlich von Victoria liegt **Shawnigan,** Ausgangspunkt für Ausflüge an den Shawnigan Lake mit Badeorten und Campingplätzen. Hier finden im Sommer viele Feste statt. **Cowichan Bay** weiter im Norden liegt nicht an der Bahnlinie, ist aber mit seinem Yachthafen, dem Meeresmuseum und guten Fischrestaurants ein Tip für Autofahrer. **Malahat,** indianisch „viel Beute" (was sich auf die fischreichen Wasser des Saanich Inlet bezieht), liegt am höchsten Punkt des 180 Meter hohen Passes. Von Malahat bis Duncan säumen Milchfarmen die Schienen; hie und da sieht man ein Reh zwischen den Bäumen. Kurz vor Duncan ist der Cowichan River schon mehrfach über die Ufer getreten, wobei die Passagiere der Bahn einmal in einer dramatischen Rettungsaktion von Indianern mit Einbäumen gerettet wurden.

In **Duncan** fanden bei einem ehrgeizigen Totempfahl-Projekt viele indianische Handwerker Arbeit, die 40 mächtige Pfähle schufen, von denen die ein Hälfte den Highway säumt, die andere Rathaus und Bahnhof umgibt. An allen Tagen der Woche können Besucher von Mitte Juni bis Oktober für eine kleine Gebühr das am Fluß gelegene **Native Heritage Centre** besuchen und den Indianern bei der Arbeit an Totempfählen zusehen. An einem Felsen im Cowichan-See reiben sich der Legende nach die Wale und verwandeln sich dadurch in Wölfe, um auf dem Land zu jagen.

Nördlich der Stadt liegt auf 40 Hektar das **British Columbia Forest Museum** mit einer Farm aus der Zeit der Jahrhundertwende, einer funktionsfähigen Sägemühle, einem Holzfällercamp und einer Schmiede sowie Ausstellungen, Filmen und Vorführungen zum Thema Wald. Rund um das Hauptgebäude wachsen viele Tannen aus den Samen eines 1000jährigen Mutterbaumes. Sie wurden 1967 zur Hundertjahrfeier Kanadas gepflanzt. Zehn Autominuten sind es von Duncan zur **Whippletree Junction,** wo Bauten aus anderen Regionen rekonstruiert wurden: Wagonwheel Antiques war einmal eine Fischkonservenfabrik, das **Boardwalk Museum** war das Postamt und die Bank von Cobble Hill.

Die Kleinstadt **Chemainus** weiter nördlich erhebt Anspruch auf den Titel „Kanadas Hauptstadt der Wandbilder" – mit 30 riesigen Gemälden, die die Geschichte der Region darstellen. Dieses Projekt wurde 1982 ins Leben gerufen, um die Stadt nach Schließung des Sägewerks wiederzubeleben, und machte Chemainus berühmt. Jedes Jahr bummeln an die 300 000 Besucher durch den **Waterwheel Park** und den Ortskern, besuchen Galerien, Restaurants und Antiquitätenläden und bewundern die Schiffe, Dampfmaschinen und ethnischen Motive auf den Wandgemälden. Eines der Bilder sieht man vom Zug aus, der kurz in Chemainus hält. Wer auf den Geschmack gekommen ist, kann eine Rundfahrt im Kleinbus buchen, die an allen Bildern vorbeiführt. Früh im Jahr kann man manchmal Adler in den Bäumen am Chemainus River entdecken.

Das Städtchen **Ladysmith,** von seinem Gründer James Dunsmuir nach einem südafrikanischen Ort benannt, der im Burenkrieg eine Belagerung überstand, war einer der ersten Orte in British Columbias, der den Boom der Industrialisierung erlebte. Dunsmuir, Sohn des Industriemagnaten Robert Dunsmuir, brachte die Kohlenarbeiter lieber hier im Hafen unter, als bei dem Flöz etwas weiter nördlich (heute eine Geisterstadt). Er kaufte Häuser in Wellington, ließ sie in der Mitte durchsägen und mit dem Zug hierher transportieren. Auf dem Hügel westlich

In Chemain[us] erzählen üb[er] 30 Wandbil[der] der die Geschichte de[r] Region.

des Hafens wurden sie wiederaufgebaut und stehen zum Teil heute noch.

Die Mine wurde schon vor 60 Jahren geschlossen, in den achtziger Jahren folgte die Holzindustrie. Heute lebt die Stadt, die ihr historisches Erbe aufpoliert hat, hauptsächlich vom Tourismus. Das Schmuckgeschäft in einem Gebäude der Gatacre Street stammt aus der Zeit vor dem Ersten Weltkrieg trägt noch die Reklametafel eines Herrenkonfektionsladens. Das **Black Nugget Museum** im selben Block beherbergt eine Sammlung von Antiquitäten und interessanten Gegenständen, unter anderem eine Bar aus dem 19. Jahrhundert, als das Haus ein doppelstöckiges Hotel war. Insgesamt wurden 17 Gebäude restauriert und 27 verschönert, was Ladysmith mehrere Preise und allgemeines Lob für seinen neuen alten Look eintrug.

Historische Bauten: Am meisten profitierte die First Avenue, beginnend mit dem **Other Hall Building,** heute ein Schönheitssalon. Damals lag über Mrs. Smith's Chicken Restaurant (drei Gänge für 35 Cent) ein Bordell. Das **Travelers Hotel** war 1913 das beste der 18 Hotels der Stadt, die damals noch Schlammstraßen und Holztrottoirs hatte. Die **Nicholson Cottage** gegenüber wurde 1904 von einem Stadtrat erbaut. Heute wohnt dort seine Urenkelin. Der rote Ziegelbau gegenüber der Gatacre Street war Sitz der Gewerkschaft im Jahre 1912, als der bittere zweijährige Streik gegen die Dunsmuir Colliery begann.

Das **Wigwam Café,** das sich heute darin befindet, ist seit 40 Jahren ein beliebtes Lokal der Stadt. Das **Island Hotel** nebenan wurde 1913 als Ersatz für seinen Vorläufer erbaut. Johnson's Shoes vier Türen weiter war 1901 eine Metzgerei und später Miss Forrester's Hat and Dress Shop. Am Ende der Gatacre Street beherbergt das **Comox Building** – einst Hauptsitz einer großen Holzgesellschaft – George's Restaurant und die von der **Ladysmith Railway Historical Society** ausgestellten alten Lokomotiven. Daneben liegt das **Arboretum,** ein Park, in dem Bäume aus aller Welt zu bewundern sind. Nicht weit davon ist auch das Schiffahrtsmuseum **Seafaring Museum** der Tall Ships Society.

Kurz vor Nanaimo verringert der Zug seine Geschwindigkeit, aus Sicherheitsgründen wegen der vielen verlassenen Schächte und Stollen unter den Gleisen, doch auch um einem interessanten Vehikel Platz zu machen, das mit Hochdruck Dampf ins Gesträuch an den Gleisen sprüht – die effektivste und umweltschonendste Methode, Unkraut zu entfernen.

Nanaimo (nach dem indianischen *Sne-Ny-Mo* – „wo der große Stamm lebt") ist der größte Ort zwischen Victoria und Courtenay. Sein Wohlstand reicht zurück bis ins Jahr 1850, als die Indianer beim Graben nach Muscheln „schwarzen, brennbaren Stein" entdeckten, Ursprung des Kohlebergbaus, mit dem die Familie Dunsmuir ihr Vermögen machte. „Nanaimo erlebt reiche, blühende Zeiten", stellte die Zeitschrift *The Coast* 1907 fest. „Die Geschäftstätigkeit war nie profitabler oder umfangreicher. Niemand sollte Vancouver Island verlassen ohne einen Abstecher nach Nanaimo gemacht zu haben. Die Sitten, das Leben und die Gastfreundlichkeit der Einwohner sind süß und erquickend."

Badewannenboote: Die Stadt wirkt auch heute noch unverdorben, viel weniger bemüht als ihre Nachbarn, sich für die Touristen aufzumotzen. Im Juli macht Nanaimo jedes Jahr Schlagzeilen als Zielort des Great Canadian Bathtub Race, das Badewannenrennen über die 58 Kilometer breite Georgia Strait. Es gibt hier auch Fährverbindungen zum Festland, nach Tsawwassen und zur Horseshoe Bay. Nach Ankunft in Nanaimo können Sie die ein, zwei Kilometer bis zum Ortskern auf dem **Harbourside Walkway** und der **Queen Elizabeth Promenade** zu Fuß gehen oder mit dem Taxi fahren. Manchmal riecht es hier nach Kohl – dann wird das Wetter schlecht, und der Westwind trägt die Abgase der Papierfabrik von der anderen Inselseite herüber.

Die Promenade führt am Rande des **Maffed-Sutton Parks** mit einer Lagune entlang und endet an einem Hügel, auf dem die seltsam geformte **Bastion** liegt. In dieser sind das **Historische Museum** und das **Tourist Office** untergebracht. Die achteckige Bastion aus quadratischen Balken mit Holzverbindungen wurde von der Hudson's Bay Company 1852 erbaut und später als Stadtgefängnis genutzt.

Die größte Attraktion der Stadt liegt im Hafenbecken: das 286 Hektar große **Newcastle Island**. Die Insel war einst nobles Erholungsgebiet der CPR-Eisenbahner und ist heute ein beliebter Wildpark mit Camping- und Picknickplätzen, Stränden, Wander- und Radwegen. Hier sind freilaufendes Wild, alte Steinbrüche und ein verlassenes Kohlebergwerk zu sehen. Das **Visitor Centre** bietet audiovisuelle Informationen, ein Restaurant und Naturlehrpfade. Im Sommer fährt jede Stunde ein Fähre zur Insel.

Das **Nanaimo Centennial Museum** an der **Harbour Park Mall** zeigt eine Hauptstraße aus dem 19. Jahrhundert und die Nachbildung eines Kohlebergwerks.

Das berühm[te] Badewanne[n]rennen von Nanaimo.

Führungen durch die acht Straßenblocks der Innenstadt beginnen zweimal täglich an diesem Museum. Gegen eine Gebühr können Sie teilnehmen. Die interessanteste Straße ist wohl die **Front Street.** Hier stehen das **Globe Hotel** von 1887 sowie das monumentale Gericht **Provincial Courthouse** von dem in Kanada allgegenwärtigen Architekten Francis Mawson Rattenbury. Drei Blocks vom Stadtkern entfernt liegt der **Bowen Park** mit einem hübschen Wasserfall.

Die besten Restaurants sind meist außerhalb der Stadt zu finden, so etwa das hübsche **Marble House Restaurant** an der Cedar Road bei Hemer, das die Familie Marble neben der ältesten Bar British Columbias eröffnete. Weiter draußen liegt das Strandlokal **Inn of the Sea** an der Yellow Point Road in schattiger Einsamkeit mit Swimmingpool im Freien und privatem Hubschrauberlandeplatz. Nicht weit davon stößt man im dichten Wald auf die ebenso reizvolle **Yellow Point Lodge,** ein riesiges Blockhaus mit großem Speisesaal, in dem man mit anderen Gästen an langen Tafeln sitzt und den hier üblichen Luxus genießt.

Auch Landgasthöfe im Stil englischer Pubs sind in der Gegend verstreut. Lohnend ist für Englandliebhaber ein Besuch bei **Cow and Gate,** 13 Kilometer südöstlich der Stadt an der Cedar Road abseits des Island Highway. In der gemütlichen Bar oder auf der Terrasse an einem Teich mit Schwänen und Enten wird (zu stolzen Preisen) englisches Pubessen serviert wie Steak und Nierenpastete oder Shepherd's Pie.

Weiter im Norden: An der Steigung zwischen Nanaimo und Wellington sieht man vom Zug aus im Osten den **Long Lake** liegen, wo es Forellen, Enten und Gänse gibt. **Wellington,** einst Umschlagplatz für Kohle aus Robert Dunsmuirs Bergwerken hatte zu seiner Blütezeit ein erfolgreiches Varieté und veranstaltete Radrennen. Die Gleise führen ins **Pleasant Valley** hinab, vorbei an **Brannen Lake** und **Nanoose Bay,** wo Muschelfischer zu beobachten sind. Der **French Creek,** über den eine 319 Meter lange Bockbrücke führt, quillt förmlich über von Fischen. Qualicum Beach ist benannt nach dem indianischen Wort für „Orte, wo man Lachs findet". Am Big Qualicum River hinter Dunsmuir liegt eine Lachsfarm.

Qualicum Beach, eines der schönsten Fleckchen der Insel, ist ein beliebter Touristenort mit Flugverbindungen nach Vancouver. Der Strand liegt nicht weit vom Bahnhof. Zu den Attraktionen dieser Gegend zählen Wanderungen auf dem **Mount Arrowsmith,** Ausflüge zu Seen und Höhlen, Picknicks an den **Little Qualicum Falls** und die 800jährigen Tannen in **Cathedral Grove.** Für Sportler bietet der Ort Möglichkeiten zum Golf- und Tennisspielen, Schwimmen, Reiten, Fischen und Wasserskifahren.

Auf der Strecke zur Endstation **Courtenay** blickt man im Osten über **Comox Harbour** auf die Coast Mountains und im Westen auf das schöne **Forbidden Plateau.** Courtenay ist die größte Stadt im Umkreis und ein Zentrum des Wintersports. Im Old House Restaurant an der Riverside Lane kann man gut essen.

Auch im Sommer befördert der Blue-Chair-Skilift Besucher auf den 1600 Meter hohen Gipfel des **Mount Washington** mit herrlicher Aussicht über die Georgia Strait. Die Handelskammer von Comox Valley betreibt ein Fremdenverkehrsbüro am Highway südlich der Stadt. Die Hauptattraktionen der Stadt sind der **Lewis Park** mit Totempfählen und das **Courtenay and District Museum** an der Cliffe Avenue. Die meisten Motels liegen in der Nähe. Das Hauptskigebiet, Forbidden Plateau im **Strathcona Provincial Park,** ist in einer halben Stunde von der Stadt zu erreichen.

Zwischen Courtenay und dem **Campbell River** gibt es viele Strände und Campingplätze. Dahinter führt eine wenig befahrene Straße nach **Port McNeil** und **Port Hardy.** Es gibt Fährverbindungen zu den kleinen Inseln in der Strait und nach Prince Rupert auf dem Festland.

Rechts: Vancouver Island hat ein wohltuendes Klima.

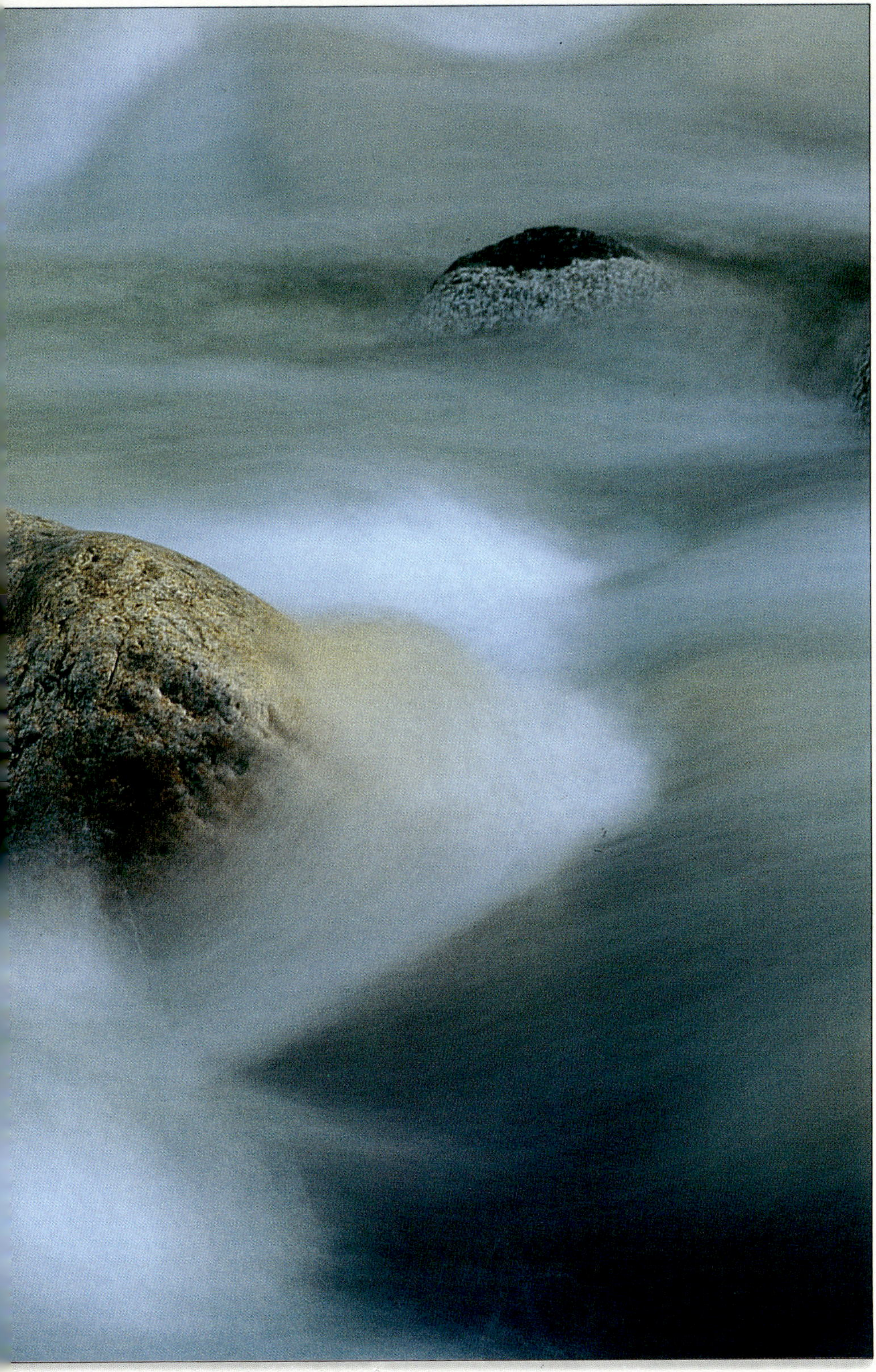

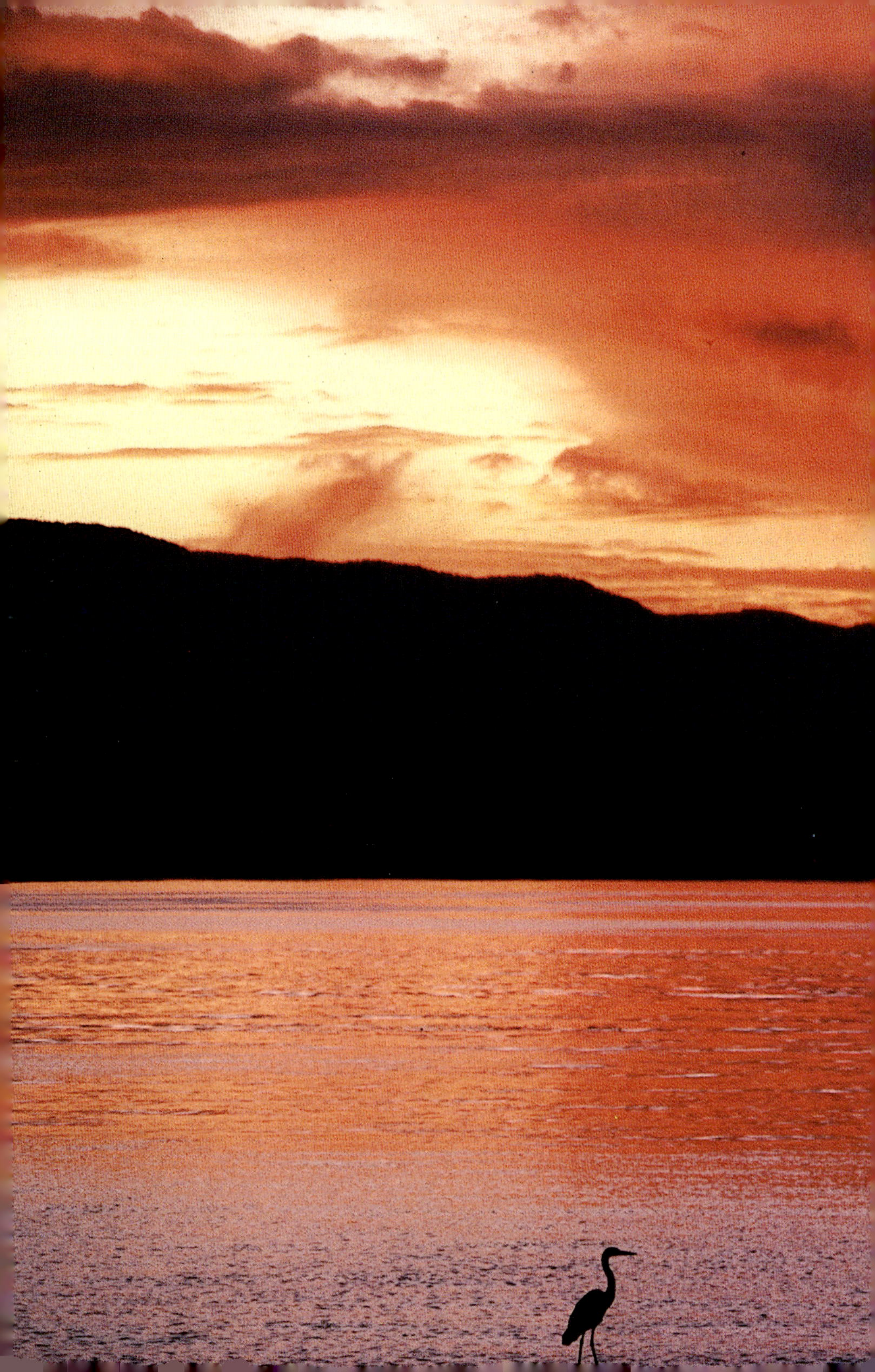

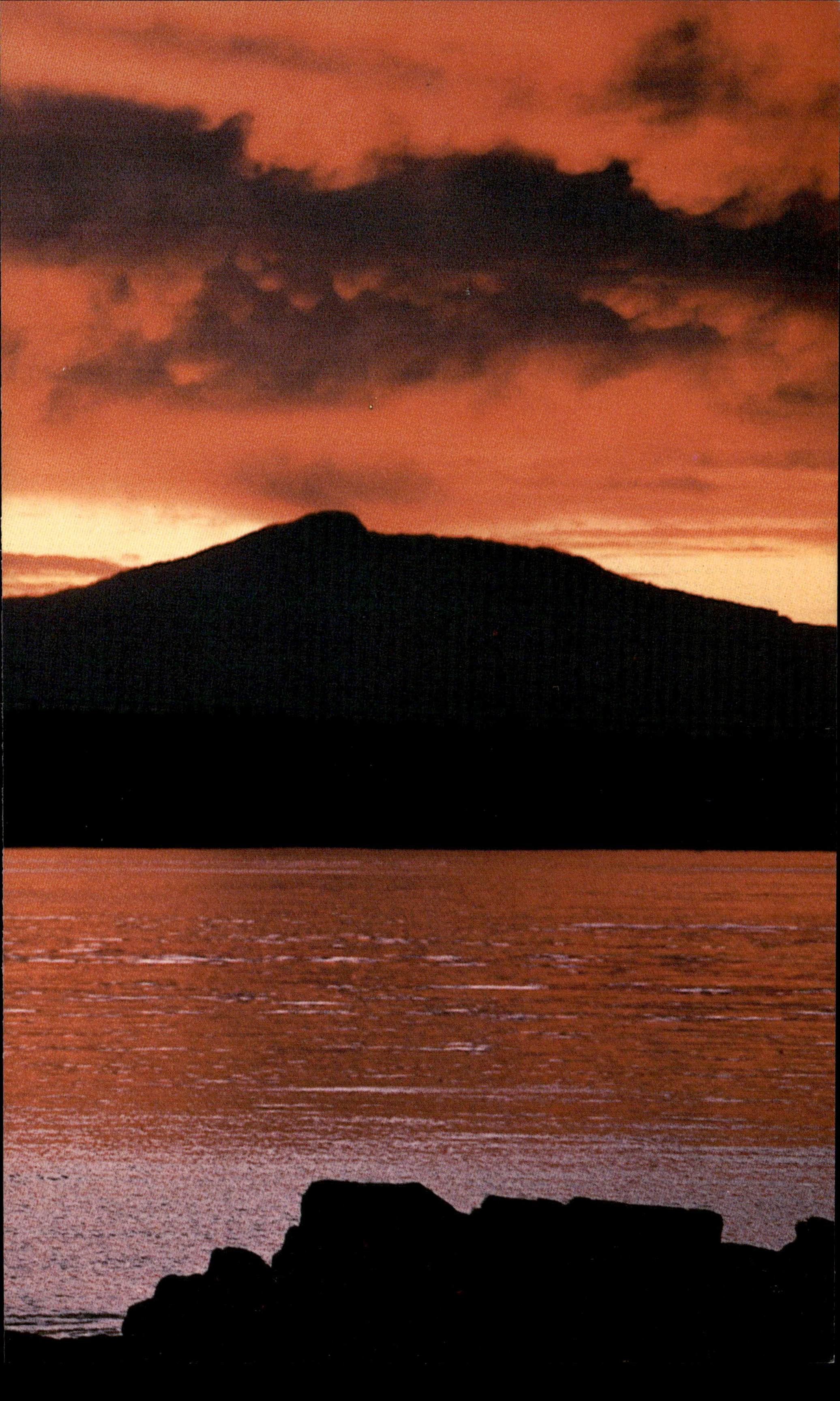

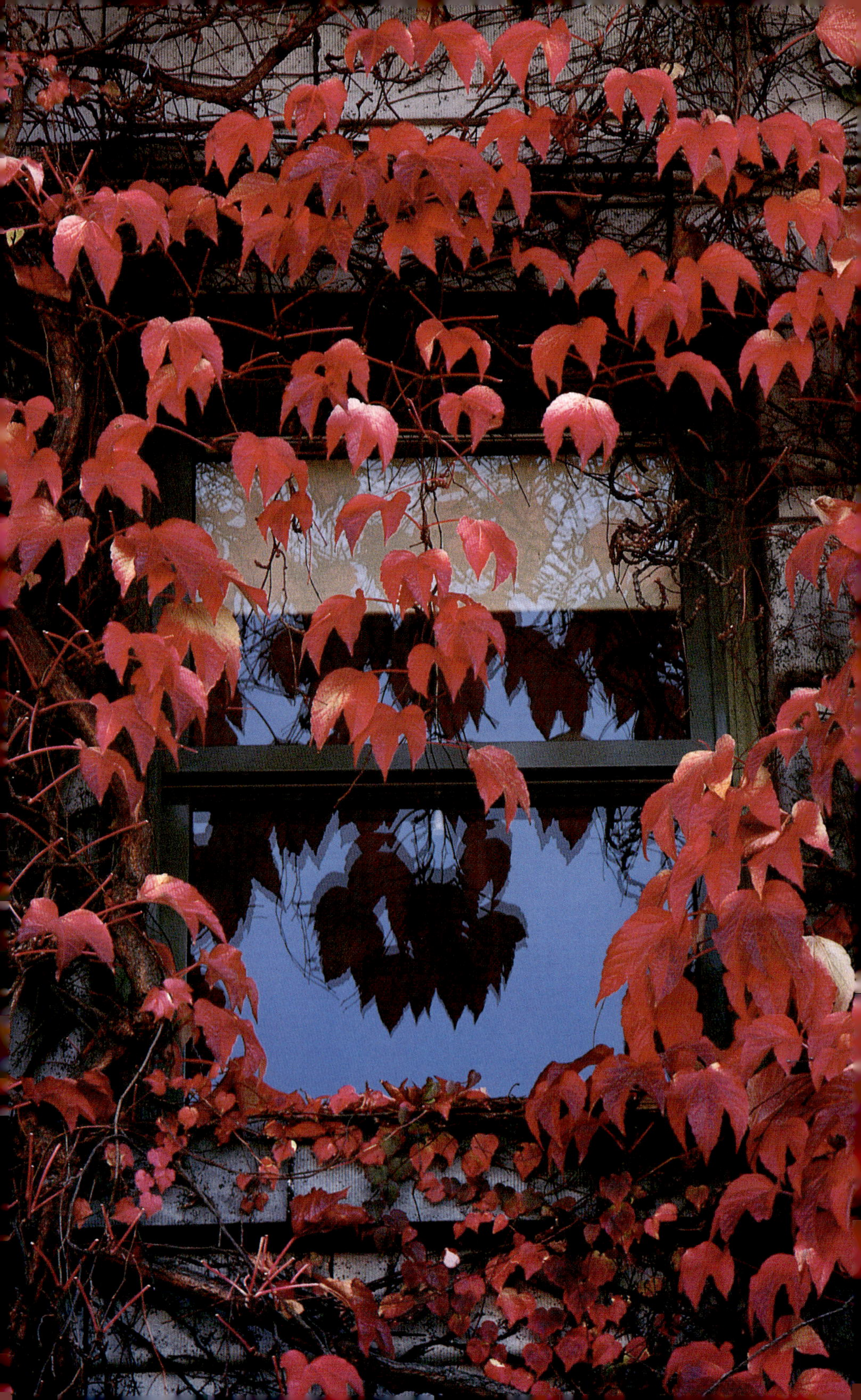

Im Osten, Süden und Westen

Die Unterschiedlichkeit der Landschaft im Osten, Süden und Westen Vancouvers bietet viel Abwechslung. Von der Strait of Georgia verbreitert sich das fruchtbare Lower Fraser Valley, bis es grasbewachsenen Ebenen und schließlich dem Hochgebirge weicht. Die ebene Talsohle ist ideal für landwirtschaftliche Nutzung, und obwohl sich die Stadt immer weiter ausdehnt, säumen Getreidefelder, Beerensträucher, Obst- und Gemüseland und Farmen die idyllische Strecke zu dem Ort mit dem optimistischen Namen Hope. In Fort Langley und New Westminster kann man sich in schöner Umgebung in die Geschichte der Gegend vertiefen.

Südwestlich von Vancouver, vor der Küste Vancouver Islands, kann man sich auf den auf den **Gulf Islands** erholen und das Meeresleben, die landschaftliche Schönheit und den ruhigen Lebensstil der Einheimischen genießen.

Im Osten Vancouvers: Zwei große Highways führen nach Osten ins Fraser Valley und weiter: der Trans-Canada Highway 1 (Freeway) und der Lougheed Highway 7. Letzterer ist landschaftlich reizvoller, doch wir wollen uns zunächst mit dem **Highway 1** befassen, der bei der **Port Mann Bridge** den **Fraser River** überquert und an den Städten Surrey, Cloverdale und Langley vorbeiführt. Doch schon in der Umgebung Vancouvers sind einige Orte sehenswert, bevor man sich weiter von der Stadt entfernt.

Nehmen Sie die Ausfahrt Kensington, biegen Sie nach Osten auf den Canada Way ein und folgen Sie den Wegweisern zum **Burnaby Village Museum,** einem „lebenden" Museum mit zeitgerecht (1890 - 1925) kostümierten Statisten und über 30 Häusern und vielen Exponaten, die das Landleben beschreiben. Im ehemaligen Altenheim hämmert ein Schmied Hufeisen, ein chinesischer Kräutermann erklärt die Zubereitung von getrockneter Kanton-Eidechse, und es wird von Hand gebuttert. Die Führer sind freundlich und kompetent. Gegen Mittag können Sie auf der Deer Lake Avenue zum Hart House Restaurant fahren, wo ländliche Gerichte mit frischen Feldfrüchten, Kräutern und Lokalerzeugnissen serviert werden. Hinter dem Restaurant liegt der **Deer Lake Park,** ein stilles, friedliches Fleckchen Erde mit Strand.

Die **Burnaby Art Gallery** ist in einem eleganten Anwesen von 1909 mit offenen Kaminen und Salons untergebracht, mit Blick auf den Park. Zu den häufig wechselnden Ausstellungen gehören auch Video- und Multimediashows. Hinter der Galerie liegen die **Century Gardens** mit fröhlichen Tagetes, Rhododendren und Japanischem Ahorn. Von Vancouver aus kommen Sie auch mit dem 120 New Westminster Station Bus von der Hastings Street zwischen Burrard und Main hierher.

Autoliebhaber sollten das **BC Transportation Museum** in Cloverdale auf keinen Fall auslassen. John Lennons knalliger 1965er Rolls-Royce, eine Personen-Postkutsche aus dem Jahre 1911 und ein Benzinlastwagen von 1900 sind unter den über 180 Wagen, Motorrädern und Flugzeugen, die das Museum über die Jahre zusammengetragen hat. Nehmen sie die Ausfahrt 176th Street des Highway 10 und biegen rechts in die 177th Street. Die Fahrzeit von Vancouver aus beträgt etwa 40 Minuten.

Die **Vancouver Game Farm** liegt weiter östlich, abseits vom Highway 1, an der 264th Street in Aldergrove. Über 110 Arten wildlebender Tiere (z.B. Nilgauantilopen oder Guanakos) durchstreifen die großen Gehege der 50-Hektar-Farm. Zwischen Vedder Canal und Abbotsford wurden dem Sumpf durch Entwässerung des Sumas Lake und ein genial angelegtes Netz von Kanälen, Deichen und Dämmen bis 1924 über 13 000 Hektar Ackerland abgerungen.

Im August findet in Abbotsford die größte Flugschau Nordamerikas statt. Auch die größte Hitze kann Hunderttausende von Zuschauern nicht davon abhalten, sich über den überfüllten Highway zur **Abbotsford International Airshow** zu quälen. Zu sehen sind Stunts, Übungen, Akrobatik, Modelle aus der Frühzeit der Flugzeuggeschichte und Militärflugzeuge. Vorführungen boten hier unter anderem die Canadian Snowbirds, US Angels und die sowjetische MiG-29.

Das **Canadian Military Engineers Museum** in der Canadian Forces Base an der Vedder Road zeigt Waffen, Panzer und andere Exponate aus der Geschichte der kanadischen Militärtechnik, manche davon aus dem 17. Jahrhundert.

Der Lougheed Highway: Die Landschaft am Lougheed Highway 7 bietet mehr fürs Auge, der Verkehr wirkt weniger hektisch. Folgt man vom **Broadway** aus dem Nordufer des Fraser River durch Coquitlam und Port Coquitlam, wird das Land bei **Pitt Meadows** langsam weiter. Zwischen Gewerbe- und Wohngebieten grasen Kühe inmitten von üppigen Feldern, Obst- und Beerenfarmen, Sümpfen und Bächen, Deichen und Gehöften.

Wer sich für Wald und Forstwirtschaft interessiert, sollte den **University of British Columbia Research Forest** im Programm haben. Hier führen Pfade an Bäumen in verschiedenen Wachstumsstadien vorbei und veranschaulichen Aufforstung, Pflanzung und Kahlschlag. In der Baumschule sind 120 Baumarten aus aller Welt zu sehen. Die Anlage ist täglich geöffnet und liegt zwischen den Erholungsgebieten **Alouette Lake** und **Pitt Lake,** acht Kilometer nördlich des Highway 7 an der 232nd Street.

Das Freizeitangebot des **Golden Ear Provincial Park,** nach zwei in der Dämmerung golden schimmernden Gipfeln benannt, reicht von Wandern, Klettern, Reiten, Schwimmen, Fischen, Wasserskilaufen, Windsurfen und Kanufahren bis zum Studium der Natur.

Das Areal um den **Alouette Lake** war früher Jagd- und Fischgebiet der Salish-Indianer. In den zwanziger Jahren wurde es abgeholzt, und die Spuren des Raubbaus durch den Eisenbahnbau sind im wiederentstandenen Wald mit Douglas- und Hemlocktannen und Roten Zedern noch zu erkennen. Mit etwas Glück bekommt ein Wanderer hier Rehe, Biber, Bergziegen oder Schwarzbären zu sehen.

Vom Südende der 240th Street bringt Sie die **Albion Ferry** über den Fraser River zum historischen **Fort Langley**, einer Nachschubstation der Hudson's Bay Company, 1827 als Pelzhandelsstützpunkt gegründet. Hier wurde British Columbia zur britischen Kronkolonie erklärt, und hier ließ 1828 Händler der Company Archibald McDonald erstmals Lachs für den Export verarbeiten. Zwar erwies sich der Fraser River nicht wie erhofft als schiffbar bis ins Landesinnere, doch von Ackerbau und Fischverarbeitung lebte die Handelsstation bis 1866. 1955 wurde sie als **National Historic Park** wiederaufgebaut.

Original erhalten ist nur das Lagerhaus, doch die anderen Gebäude sind authentische Nachbildungen der Bauten von 1850. Kostümierte Statisten führen wie in Burnaby Schmiedearbeiten und die Herstellung von Fässern vor.

Fort Langley ist alternativ auch über den Highway 1 zu erreichen oder mit

Die Minia eisenbahn von Burna

einem Schaufelradboot aus dem 19. Jahrhundert. Das Boot **Fraser River Connection** braucht vom Westminster Quay in New Westminster bis nach Fort Langley zwei Stunden. Je nach Strömung dauert der Ausflug insgesamt sechs Stunden.

Alte Hauptstadt: Am besten erreicht man Westminster mit dem SkyTrain. **New Westminster** wurde 1859 von Gouverneur James Douglas als Hauptstadt von British Columbia gegründet und erhielt von Königin Victoria den königlichen Titel *The Royal City* . Neun Jahre später wählte der gesetzgebende Rat Victoria zur Provinzhauptstadt. Mehr über die Geschichte der Stadt erfahren Sie im **Irving House Historic Centre,** einem Haus mit 14 Zimmern, daß 1865 für den Flußbootkönig Captain Irving erbaut wurde. Salon und Schlafzimmer des Hausherrn sind noch original mit Möbeln aus England eingerichtet.

Am Fraser River bei Fort Langley gibt es hübsche Picknickplätze. In der Nähe sind in dem riesigen **British Columbia Farm Machinery and Agricultural Museum** Landmaschinen aller Art, Bauernwagen und Pferdekutschen ausgestellt, und das **Langley Centennial Museum and National Exhibition Centre** informiert über die Kultur der Küsten-Salish.

Weiter östlich am Highway 7 liegt in der Flutebene des **Hatzic Lake** die **Westminster Abbey,** ein Benediktinerkloster, das nach 28 Jahren Bauzeit 1982 fertiggestellt wurde. Der Glockenturm ragt 180 Meter hoch über das Tal. 64 bunte Glasfenster zieren den Bau unterhalb der Kuppel. An den meisten Nachmittagen unter der Woche sind Besucher willkommen. Wenn Sie auf der Dewdney Trunk Road nach Norden fahren, sehen Sie bald das Kloster.

Das **Kilby General Store Museum** bei Harrison Mills ist einmal ein zweistöckiger Laden mit neun Hotelzimmern gewesen, den Thomas Kilby 1904 erbaute. Drei Schlafzimmer, Eßzimmer, Wohnzimmer, Speisekammer und Postamt sehen noch in etwa so aus wie damals, als Goldgräber, Eisenbahner und

Osten, Süden, Westen und Gulf Islands 19

Holzfäller durch den Ort am Zusammenfluß von Fraser und Harrison zogen. Der Laden ist mit Waren aus den zwanziger und dreißiger Jahren bestückt: Kaffee- und Teebüchsen, Töpfe mit Zuckerstangen, galvanisierte Eimer, Werkzeuge, Besen, Socken- und Handschuhspanner für eingegangene Wollsachen. An heißen Sommertagen wird in der Meierei leckere, hausgemachte Eiskrem angeboten.

In der Nähe des **Kilby Provincial Park** mit Sandstrand, Picknick- und Campinganlagen kann man – leider nur im Winter – Trompetenschwäne und mächtige Seeadler beobachten.

Die Goldroute: Bei Agassiz führt der Highway 9 nach Norden in den Urlaubsort **Harrison Hot Springs** am Südzipfel des **Harrison Lake**. Während des Goldrausches um 1850 überschwemmten Goldsucher das Seeufer auf der Durchreise zu den Cariboo-Feldern. Das **Harrison Hotel** ist seit 1926 Wahrzeichen der Gegend. Der öffentliche Pool in der Nähe wird von zwei heißen Schwefel-Kaliumkarbonat-Quellen gespeist.

Hier soll der sagenumwobene Bigfoot oder Sasquatch leben – das Salish-Wort für „haarige" oder „wilde Männer". Die Wahrscheinlichkeit, dem angeblich friedfertigen Wesen im **Sasquatch Provincial Park** zu begegnen, ist gering, doch man kann ja nie wissen… Achten Sie jedenfalls auf überdimensionale Fußspuren und gebückte, haarige Gestalten, doppelt so groß wie ein Mensch.

Zwischen Harrison und dem Trans-Canada Highway liegen vor der Silhouette des Mount Cheam die **Minter Gardens,** eine herrliche Anlage mit jadegrünem Rasenflächen, gluckernden Bächlein und lieblichen Bäumen, mit Rosen-, Farn- und Rhododendrongärten und speziellen Sektionen zum Thema Wiese, Park und Duft. Außerdem gibt es drei Volieren und die größte Sammlung von Penjing-Felsbonsais außerhalb von China. Darunter sind Ying-Yang-Arrangements von Korallen und seltenen Gesteinen zu verstehen. Die Gärten sind von April bis Oktober ab 9 Uhr bis Sonnenuntergang geöffnet.

Hinauf in die Berge: Hope, 154 Kilometer von Vancouver entfernt, ist das Tor zum wilden Landesinneren British Columbias. Von hier führen drei große Highways in die Berge. Der Trans-Canada Highway 1 verläuft durch den Fraser Canyon bis zum **Cache Creek** und weiter in die Rocky Mountains.

Der neuere Coquihalla Highway 5 ist eine vierspurige, gebührenpflichtige Direktverbindung nach **Kamloops.** Der Hope-Princeton Highway 3 führt durch **Manning Park** zum **Okanagan.**

Hope am Ufer des Fraser River, umgeben von Bergen, ist ein schöner Ort mit vielen Übernachtungsmöglichkeiten. Kehren Sie zum Tee im restaurierten Bahnhof **Canadian National Railway Station** an der Rainbow Junction der Highways 1 und 3 ein. Er wurde 1916 von der Great Northern Railway erbaut, stand ursprünglich an der Hudson Bay Street und Fifth Avenue und ist heute Teehaus und Kunstzentrum. Das **Hope Museum** beim **Travel InfoCentre** informiert über Pelzhandel, Bergbau, Holzwirtschaft

Die Abbots International Airshow ist eine Flugschau von Weltklasse

und Indianerkultur. Die **Christ Church** aus von 1866 handgehobeltem Holz an der Park Street und Fraser Avenue ist eine der ältesten Kirchen der Provinz.

Besonders sehenswert sind die **Othello Quintette Tunnels.** Die Kettle Valley Railway, Tochter der Canadian Pacific Railway, sprengte dafür fünf Tunnel durch die Granitwände des **Coquihalla Canyon,** der die Kootenays mit der Küste verbindet – ein ebenso abenteuerliches wie kostspieliges Unterfangen: Ein Teilstück von anderthalb Kilometern kostete damals, 1914, stolze 300 000 Dollar. Befahren wurde die Strecke bis 1959. Die Tunnels erreichen Sie über die Kawkawa Lake Road vom Highway 5 oder über die 6th Avenue in Hope zur Othello Road.

Der Coquihalla Highway erklettert in steter Steigung den 1247 Meter hohen **Coquihalla Summit.** Die Landschaft hier ist von lieblicherer Schönheit als der wilde **Fraser Canyon.** Achten Sie auf die Lawinenbahnen voller Geröll und abgeknickter, verkrüppelter Bäume. Im Winter kriecht man als Fahrer, blind im Schneetreiben, oft im Schneckentempo hinter einem Schneepflug her.

Im Sommer dagegen stehen oft dampfende Autos mit überhitzten Kühlern am Straßenrand. Erfrischen Sie sich bei einem Spaziergang am Fluß im **Coldwater River Provincial Park.** Der Baumwuchs wird hier allmählich spärlicher, die Berge flachen ab, bis bei **Merritt** trockenes, welliges Ranchland folgt. Zurück gelangt man durch den Fraser Canyon, auf dem Highway 8 durchs Nicola Valley über Spences Bridge und Lytton. Ab Hope sind es 150, von Vancouver aus 320 Kilometer.

Flußflöße: Die beiden Provinzparks **Goldpan** südlich von Spences Bridge und **Skihist** östlich von Lytton sind von Mai bis Oktober geöffnet und bieten viele Campingmöglichkeiten. In der Nähe von **Lytton,** wo Fraser und Thompson zusammenfließen, ist Rafting die beliebteste Sportart. Lytton war ursprünglich ein Dorf der Inland-Salish namens Camchin – „große Gabeln".

Das **Stein River Valley** zwischen Lillooet River Valley im Westen und Fraser River Valley im Osten ist von Lytton aus zu erreichen. Bei den Stämmen der Lillooet und Nlaka'pamux gilt das Tal als heilig. Sie jagten dort, fischten, sammelten Pflanzen und hielten Zeremonien ab. Vom Quellgebiet in 2900 Metern bis zum Tal in 130 Metern Höhe sind Geographie, Klima und Vegetation abwechslungsreicher als in jedem anderen Park von British Columbia. Es gibt hier zwei Klimazonen, drei Gletscher und vier größere Seen, trockene Ebenen, Zedern- und Kiefernwälder, stille Sümpfe und reißende Stromschnellen. Zu den in dieser Region heimischen Tieren gehören Grizzly, Schwarzbär, Bergziege, Wolf, Puma, Reh und Murmeltier.

Yale, 63 Kilometer hinter Hope gelegen, begann 1848 als Pelzhandelsposten der Hudson's Bay Company, erblühte im Zuge des Goldrausches und wurde Endstation einer der längsten Raddampferstrecken der Westküste. Um 1868 waren die Zeiten endgültig vorbei, in denen der Saloon bis zu 10 000 Dollar täglich einnahm. Auch der damals begonnene Eisenbahnbau der CPR wurde bald wieder eingestellt. Heute ist Yale ein kleiner Forstwirtschaftsort mit 500 Einwohnern.

Das **Historic Yale Museum** zeigt farbenfroh den Goldrausch von 1858 sowie das CPR-Gebäude. Zu seinen Exponaten gehören Indianerkunst und -körbe, außerdem ein Denkmal für die chinesischen Arbeiter, die zum Bau der Eisenbahn angeheuert wurden. Sie erhielten mit 50 Cent am Tag die Hälfte des Lohns eines Weißen und starben scharenweise an Seuchen und bei Unfällen.

Die **Hell's Gate Airtram** fährt 153 Meter über dem Fluß und bietet einen atemberaubenden Blick auf die Stromschnellen und die enge Schlucht unterhalb, wie auch auf die Gleise der Eisenbahn. Die Fischleitern wurden gebaut, um den Lachsen über die Reste eines Erdrutsches von 1913 hinwegzuhelfen, der einen ganzen Flußlauf blockierte und dem Lachsgeschäft schwere Verluste bescherte. Probieren können Sie den köstli-

Bergtouren

chen Fisch im Salmon House Restaurant, das vor allem bekannt ist für seine ausgezeichnete Fischsuppe.

Auf dem Highway 3 nach Osten: Wie alle Bergstraßen ist auch der Hope-Princeton Highway 3 Erdrutschen, Lawinen und Überschwemmungen ausgesetzt. 1965 löste ein leichtes Beben 46 Millionen Kubikmeter Fels, Schnee und Geröll vom Johnson's Peak. Drei Fahrzeuge und vier Menschen wurden vom Highway weggefegt, und das Nicolum Creek Valley um 60 Meter Höhe aufgefüllt. Die Gedenktafel am Aussichtspunkt **Hope Slide** östlich der Stadt informiert über das Unglück.

Der **Manning Park** in den North Cascades, 225 Kilometer östlich von Vancouver, bietet eine leicht zugängliche, herrliche Berglandschaft auf weitem, abwechslungsreichem Gelände. **Rhododendron Flats** ist im Juni am schönsten, wenn der immergrüne Busch tiefrosa blüht. Mit dem Auto kann man bis zu den subalpinen Wiesen an der **Blackwall Road** hinauffahren. Im Juli und August wogt hier ein Blütenmeer von Lupinen und gelben Lilien. Im Sommer erwarten Sie lange Wanderwege, im Winter die Skipisten. Informationen, Karten und Prospekte erhalten Sie bei der Parkverwaltung und im **Visitor Centre,** 800 Meter östlich der Manning Park Lodge. Der Ausgangspunkt des 3780 Kilometer langen Wanderwegs **Pacific Crest Trail** befindet sich im Osten der Parkverwaltung. Dieser anstrengende, wiewohl unvergeßliche Trek durch die Wildnis bis hinunter zur mexikanischen Grenze dauert mindestens sechs Monate.

Das Erholungsgebiet **Skagit Valley Provincial Recreation Area** ist über Wanderwege vom Manning Park aus oder über die Silver Skagit Road, 32 Kilometer südöstlich von Hope zu erreichen. Hier leben viele Säugetierarten wie Rehe, Schwarzbären, Pumas, Luchse, Biber, Kojoten, Nerze, Eichhörnchen, Hasen und Streifenhörnchen. Über 200 Vogelarten und über 50 Arten von Wasservögeln wurden beobachtet. Der **Skagit River** ist bei Anglern ein beliebter

Fluß. Wie überall in British Columbia brauchen Sie einen Angelschein und müssen die örtlichen Bestimmungen beachten. Am Skagit River zum Beispiel muß man die gefangenen Fische wieder aussetzen.

Südlich von Vancouver: Zwischen Vancouver und der Grenze zu den Vereinigten Staaten liegen abseits des Highway 99 einige Sehenswürdigkeiten. Fahren Sie hinter dem Massey Tunnel rechts (nach Westen) ab auf den Steveston Highway, biegen Sie links auf die Road No. 2 ein und dann nach Süden auf die Moncton Street. Erstes Ziel ist das historische Fischerdorf **Steveston.** Hier können Sie einen Einkaufsbummel machen, Fish and Chips probieren und zu den Docks spazieren, wo der Tagesfang an Lachs, Kabeljau, Schnappern, Krabben, Krebsen, Garnelen, Seezunge und Hering gleich ab Schiff verkauft wird.

Die großen Lachsvorkommen lockten japanische Fischer in diese Gegend. Sie wurden im Zweiten Weltkrieg von der kanadischen Regierung zwangsevakuiert, kehrten aber später zurück. Ihr Einfluß ist bis heute zu spüren. Außerdem wurde hier 1894 eine der größten Konservenfabriken am Unterlauf des Fraser erbaut, die Gulf of Georgia Cannery.

Das **George C. Reifel Waterfowl Refuge** auf **Westham Island** in der Frasermündung ist das größte Winterquartier für Wasservögel in ganz Kanada. Das 340 Hektar große Feuchtgebiet im Delta bietet 240 Vogelarten Zuflucht. Im Novembermachen riesige Züge von Schneegänsen hier Station auf dem Weg von ihren Nistplätzen in der Arktis ins kalifornische Sacramento River Valley.

Angelegte Pfade und Hütten mit Sichtfenstern erlauben dem Besucher, die Vögel zu beobachten, ohne sie zu stören. Hier sind unter anderem Schwalben, Singspatzen, Wildenten, Kanadagänse, der seltenere Schwarzköpfige Nachtreiher, Rotschenkel und Gerfalken anzutreffen. Das Vogelschutzgebiet ist in dem unübersichtlichen Gelände nicht leicht zu finden. Folgen Sie südlich von **Ladner** drei Kilometer lang der River Road. Dann fahren Sie nach rechts auf die Westham Island Road, bis Sie über eine einspurige Brücke kommen, und folgen dann den Wegweisern.

Zum Beobachten von Vögeln eignet sich auch **Boundary Bay,** wo Salzmarsch, Watt, Deiche und Dünen Adler, Möwen, Reiher, Seeschwalben und Enten an die den Gezeiten ausgesetzten Sandstrände ziehen. Die Boundary Bay Road erreichen Sie über den Highway 17 nach Süden, dann die 56th Street nach links (Osten) und die 12th Avenue wieder nach links (Osten).

Die Strände im Osten der Boundary Bay zählen zu den schönsten des Lower Mainland. Der Highway 99 bringt Sie zu Kanadas südlichstem Ort auf dem Festland, **White Rock** an der Semiahmoo Bay. Auf dem Weg liegt das **Canadian Museum of Flight and Transportation.** Sehr populär sind in diesem Flugzeugmuseum Vorkriegsflugzeuge sowie die Fahrzeuge vom Highway 86, die auf der Expo 86 besonders bei Kindern Begeisterung hervorriefen.

Brückenansicht eines Baums.

Crescent Beach und **Blackie's Spit** sind die beliebtesten Strände der Region und ein wahres Paradies für Schwimmer. **White Rock** ist ein Künstlerdorf an der Küste mit Ausstellungen im Station Art Centre, einer restaurierten Great Northern Railway Station von 1913. Der **White Rock Pier** erstreckt sich 469 Meter auf die Semiahmoo Bay hinaus.

Die Golfinseln: Südwestlich von Vancouver liegen im Schutz von Vancouver Island die **Gulf Islands,** 200 reizvolle Inseln in der Strait of Georgia. Die meisten sind bewaldet und weisen Wälder, sandige Strände und Felsnasen auf. Ihre landschaftliche Schönheit wird noch vollkommener durch ein trockenes, mildes Klima. Die Bewohner der wenigen besiedelten Inseln leben einfach und naturnah, selbst diejenigen, die in Vancouver arbeiten. Sie wünschen sich oft, sie könnten die Tür hinter sich zumachen, um ungestört ihr Inselleben zu genießen.

Die Inseln bieten einen erholsamen Kontrast zum Verkehrsgetümmel und Großstadtstreß des Festlandes. Wer länger bleiben will, kann sich ein gemütliches Privatzimmer mieten oder campen. Die größeren Inseln werden von der Fähre vom Fährhafen Tsawwassen (30 Kilometer südlich von Vancouver) und von Swartz Bay (32 Kilometer nördlich von Victoria) aus angefahren.

Saltspring Island ist die beliebteste, größte und touristisch am besten erschlossene der fünf Hauptinseln. Ihre ersten Bewohner waren schwarze Einwanderer, die vor rund 50 Jahren aus den USA kamen. Sie gründeten eines der ersten Bauerndörfer der Gegend, und bis heute ist die Insel bekannt für Schafzucht, Obstbau und Milchprodukte.

Die moderne Küstenstadt **Ganges** ist der größte Ort der Gulf Islands mit vielen Geschäften und Dienstleistungsunternehmen. Das teure Hotel Hastings House erwarb sich durch gute Küche, schöne Räumlichkeiten und Lage den Titel des kanadischen Landhauses des Jahres, verliehen von einem Reisemagazin.

Wer weniger anspruchsvoll ist, kann im **Ruckle Provincial Park** campen und die Felsküste und Buchten erkunden. Den schönsten Blick auf Fulford Harbour, Vancouver Island und die anderen Inseln hat man von Baynes Peak auf dem Mount Maxwell.

Galiano Island ist lang und schmal und nach dem spanischen Marinekommandanten Dionisio Galiano benannt, der die Gegend 1792 entdeckte – als die Salish schon jahrtausendelang hier lebten. Bei Ausgrabungen stieß man auf Relikte der Küsten-Salish und riesige *Midden* (prähistorische Abfallhaufen).

Es ist die trockenste Insel der Gruppe mit lediglich 46 Zentimetern Niederschlag im Jahr. Der **Montague Harbour Provincial Marine Park,** ältester Meerespark in British Columbia, bietet geschützte Bootsanlegestellen, feine Sandstrände und reichlich Gelegenheit zum Muschelsuchen oder Fischen. Die großen Blaureiher zeigen sich am ehesten in den Lagunen. Auch Austernfischer, Kormorane und Seeadler sind gelegentlich zu beobachten. In dem von den Kanadiern geschätzten Park gibt es 40 Campingplätze, gute Restaurants – darunter das beliebte Pink Geranium, La Berengerie und den Pub Hummingbird Inn.

Miner's Bay auf **Mayne Island** war während des Goldrauschs von 1858 Zwischenstation für Goldsucher zwischen Vancouver Island und dem Festland. Durch ihre zentrale Lage und ihre vielen Hotels und Lodges ist die Insel seit der Jahrhundertwende beliebter Erholungsort. Mayne ist heute viel friedlicher und ruhiger als zu der Zeit, als das 1896 erbaute Gefängnis benutzt wurde. Im Gefängnis ist jetzt das **Mayne Island Museum** untergebracht. Die Insel selbst ist winzig und gut an einem Tag zu besichtigen.

North und **South Pender Island** sind bekannt für herrliche Buchten und Strände. Die beiden Inseln sind durch eine einspurige Brücke zwischen Bedwell und Browning Harbour verbunden. **Bedwell Harbour Resort** auf South Pender ist Einfuhrhafen für Waren aus den Vereinigten Staaten. Hier liegt das Gasthaus Whale Pod. Am Yachthafen Port Browing auf North Pender empfiehlt sich das Lokal Sh-qu-ala – das „Wasserloch".

Saturna Island ist die südlichste der Gulf Islands und weniger frequentiert, da man für die Überfahrt eigens ein Boot chartern muß. Wer sich gerne abseits der Massen bewegt, wird einen Ausflug hierher für einen oder mehr Tage sicher genießen. Am ersten Juli allerdings findet am **Saturna Beach** das größte Ereignis der Golfinseln statt – ein Lammessen zur Feier des Canada Day.

Das **East Point Lighthouse,** 1888 erbaut, liegt wildromantisch. Reizvoll sind auch die Sandsteinformationen, Seetangbeete und der Muschel- und Kiesstrand am Ende eines kurzen, steilen Weges. Im Sommer zeigen sich hier auch Killerwale, doch häufiger bekommt man Robben und Seelöwen sowie Kormorane, Strandläufer und Reiher zu Gesicht. Der **Winter Cove Provincial Marine Park** mit Schlamm- und Sandstränden ist zu Wasser und zu Land zu erreichen. Auf Saturna gibt es wenig Unterkünfte und keine Campingmöglichkeiten.

Links: Pool im Watt. **Rechts:** Bizarre Sandsteinformationen findet man überall auf den Gulf-Islands.

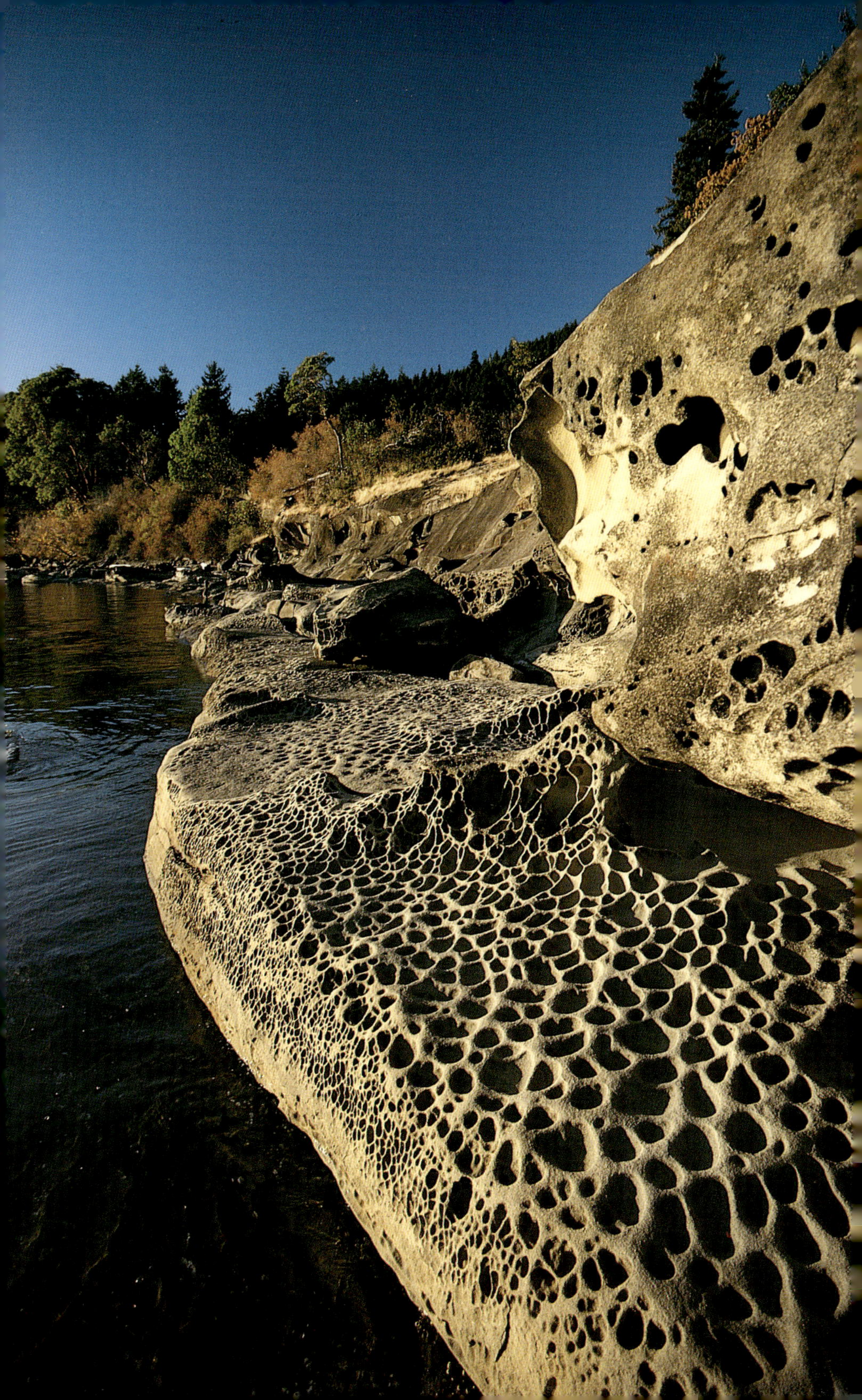

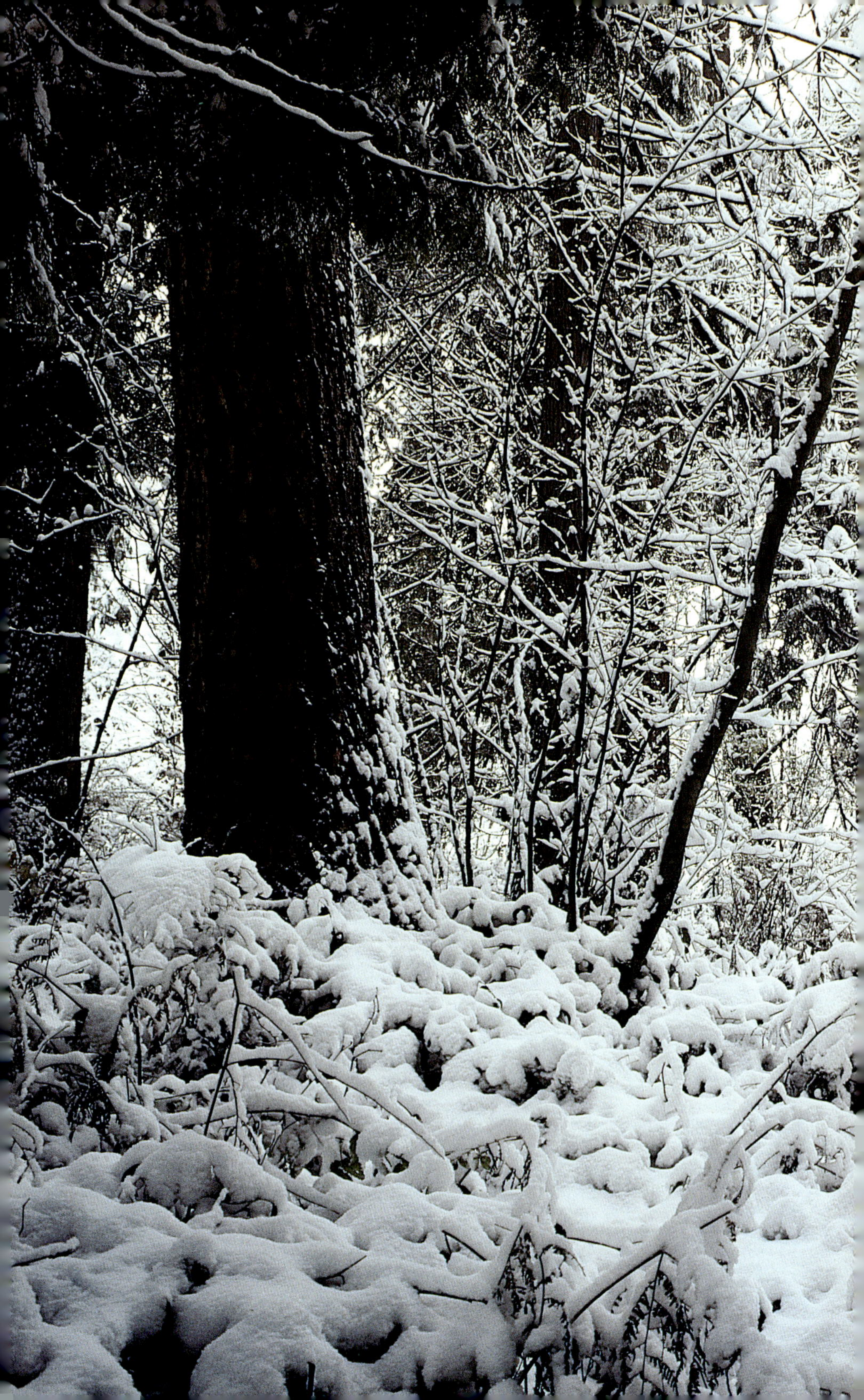

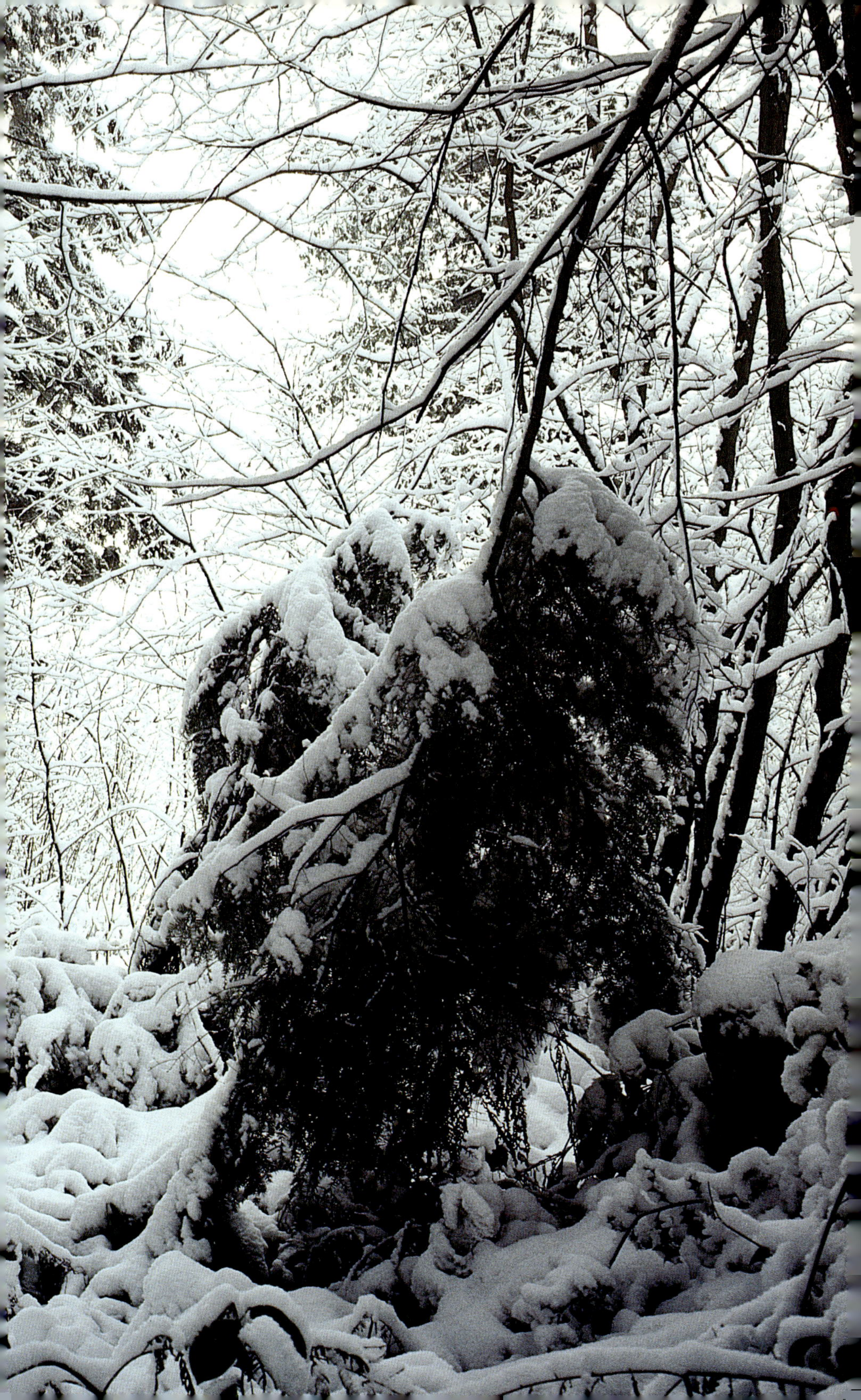

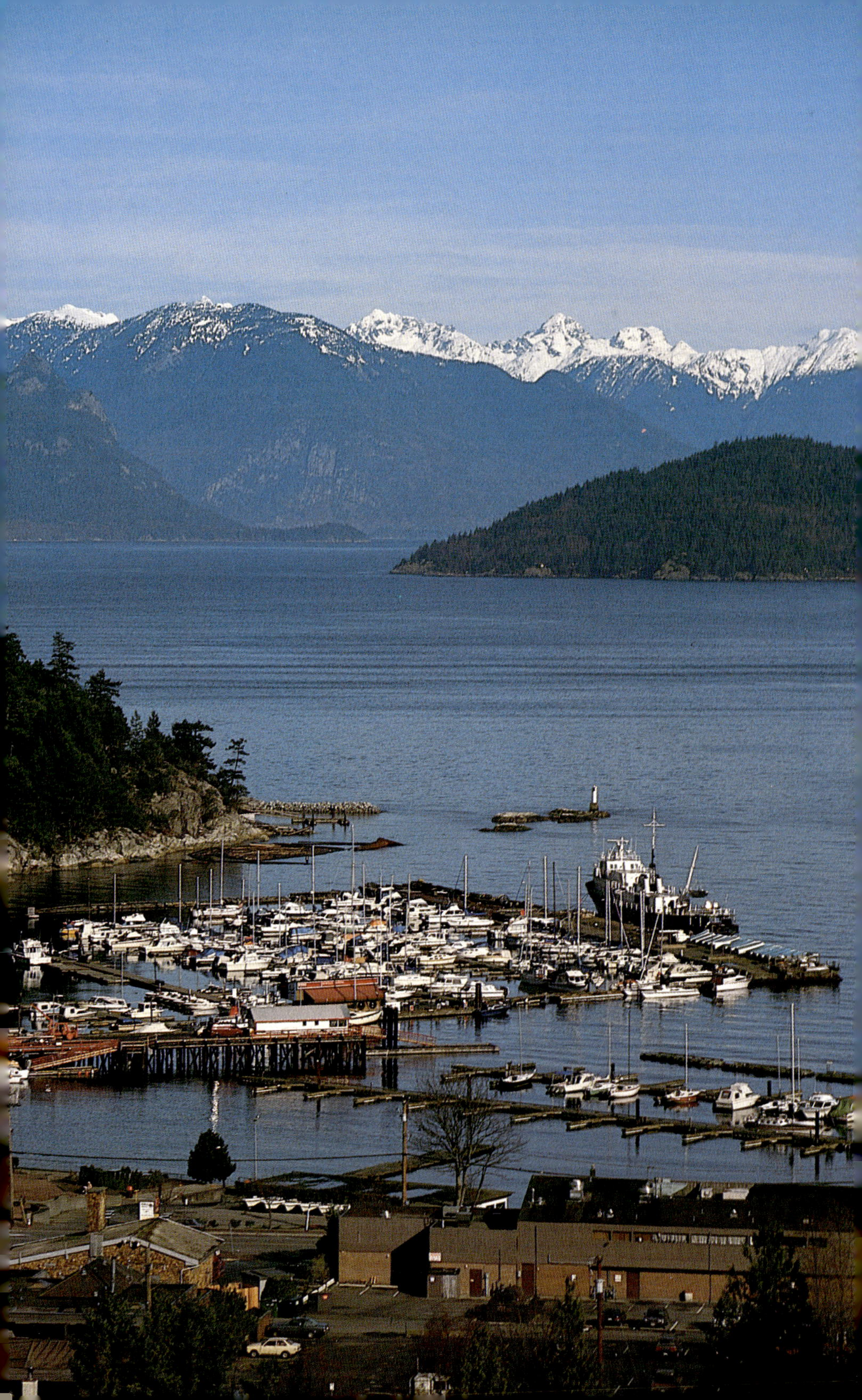

IM NORDEN VON VANCOUVER

„Wenn jemand sagt, er liebe Vancouver, so liebt er weniger die Stadt als ihre Umgebung, wie ich meine", bemerkte Architekt Arthur Erickson einmal über seine Heimatstadt. Die Umgebung von Vancouver ist wirklich äußerst reizvoll: Ozean, zerklüftete Berge, üppige Vegetation, glasklare Seen, Flüsse und die Tierwelt direkt vor der Haustür – ein Paradies für jeden Naturfreund.

Jenseits der Strände, die die felsige Küste immer wieder unterbrechen, zieht sich das **Küstengebirge** vom Tiefland des Fraser River bis zum **Yukon**-Gebiet, ein Gebirgszug mit eisüberzogenen Gipfeln, tiefen Tälern, Fjorden und Küstenregenwald. In die Wildnis wagen sollten Sie sich grundsätzlich nur mit der richtigen Ausrüstung und Einstellung. Nicht selten haben sich unerfahrene Wanderer gleich außerhalb Vancouvers verirrt. Und erwarten Sie nicht, alles auf einmal sehen zu können. So mancher hat Wochen in entlegenen Gebirgsgegenden verbracht und immer noch auf Schritt und Tritt Neues entdeckt.

Nicht jeder ist auf Wildnis und Abenteuer aus. Die Alternativen sind in Vancouvers Umgebung naheliegend: auch Erholungsurlaub oder kulturelle Besichtigungstouren bieten sich an.

Nach Norden: Der Highway 99, die einzige Straße, die von Vancouver direkt nach Norden führt, geht an der **Horseshoe Bay** vorbei. Von hier kann man in anderthalb Stunden mit der Fähre nach Nanaimo auf Vancouver Island übersetzen. Inselbegeisterte können auch in 20 Minuten die Überfahrt nach Snug Cove auf dem winzigen **Bowen Island** im Howe Sound machen, oder Sie setzen zur Sunshine Coast über, einer durch Howe Sound und Küstengebirge von Vancouver abgetrennten Halbinsel.

Die **Sunshine Coast** vermittelt dank ihrer Abgelegenheit – es sind 45 Fährminuten bis hierher – das typische, gelassene Inselfeeling. Ein Blick in eine Lokalzeitung genügt, um zu sehen, daß das scheinbar so gemächliche Leben dieses Landstrichs auch von Kontroversen geprägt ist. Es leben hier hauptsächlich Künstler, Schriftsteller, Holzfäller, Fischer und Aussteiger, die die 2400 Sonnenstunden im Jahr und den geringen Niederschlag genießen.

Einzige Landverbindung ist der Highway 101, der 150 Kilometer an der Küste entlang führt und im kleinen Fischerdorf **Lund** endet. Beliebte Freizeitaktivitäten sind hier Tauchen, Fischen, Radeln, Wandern, Kajakfahren, Skilaufen, Strandgut-Sammeln, Sonnenbaden und Landschaftsbetrachtung.

Folgen Sie dem Marine Drive zu Molly's Reach Café im Fischerdorf **Gibsons,** wo die populäre Fernsehserie *The Beachcombers* für den Sender CBC gedreht wurde. Am Gibsons Fish Market neben dem Gemüsemarkt gibt es erstklassige Fish and Chips. Das **Elphinstone Pioneer Museum** verfügt über eine außergewöhnliche Muschelsammlung und Exponate aus der Pionierzeit und der

Indianerkultur. Der erste von mehreren Naturparks ist am **Roberts Creek,** 14 Kilometer nordwestlich von Gibsons. Hier können Sie im aufgeforsteten Tannen- und Zedernwald campen oder picknicken oder am Kiesstrand spazierengehen. Bei Ebbe finden Sie hier Seesterne, Muscheln und Austern. Wer zum Fischen aufs Meer hinaus will, sollte gute Navigationskenntnisse besitzen. Zum Schwimmen ist der Strand bei **Wilson Creek/Davis Bay** weiter oben am Highway 101 besser geeignet.

Indem Städtchen **Sechelt** ist das eindrucksvolle **House of Hewhiwus,** das Häuptlingshaus der Sechelt-Indianer kaum zu verfehlen. Darin untergebracht sind der Sitz der Stammesverwaltung, Museum, Kunst- und Handwerkszentrum des Indianerstammes, Theater und Souvenirladen. In Sechelt kann man sich Ausrüstung zum Tauchen und Angeln besorgen und Boote chartern; ansonsten ist die Stadt wenig reizvoll. Im **Porpoise Bay Provincial Park** kann man Radtouren machen, zelten und im Kanu oder Kajak im Erholungsgebiet **Sechelt Inlets Marine Recreation Area** paddeln.

Auf einem Tagesausflug kommt man selten weiter als bis Sechelt, wenn man nicht ein besonderes Ziel im Auge hat. Dabei gibt es auf der Sechelt Peninsula ein einmaliges Naturschauspiel zu sehen: die größten Salzwasserstromschnellen der Westküste im **Skookumchuck Narrows Provincial Park.** Der Park liegt im Nordosten der **Sechelt Peninsula,** östlich von Egmont. Die Fahrt hierher durch das friedliche Gebiet von **Pender Harbour,** vorbei an Madeira Park, Irvine's Landing und Garden Bay, ist durchaus lohnend.

Feuchtes Vergnügen: Skookumchuck oder „starke Wasser" heißt die Gegend nach den Stromschnellen, die durch Wirkung von Ebbe und Flut in einem schmalen Kanal entstehen. Die durch die Skookumchuck Narrows brodelnden Wassermassen sind ein unvergeßlicher Anblick. Informieren Sie sich über die Tidenzeiten (vor Ort oder in Lokalzeitungen zu erfahren) und lassen Sie sich so viel Zeit, den Übergang vom ruhigen Geplätscher zum tobenden Element erleben.

Größte Attraktion hinter **North Point** sind Ebbe und Flut bei **Roland Point**. Bei Ebbe sind außergewöhnliche Exemplare von gigantischen Krebsen, Seeigeln, Seeanemonen und Weichtieren zu sehen – ein Traumziel für Taucher aus aller Welt. Die Meerenge ist auch bekannt für ihren Reichtum an Lachsen und Kabeljau, doch mit dem Boot ist hier größte Vorsicht geboten. Vom Parkplatz bis Roland Point ist es eine Stunde Fußmarsch.

Der Highway führt zum Fährhafen **Earls Cover,** 16 Kilometer hinter Madeira Park. Hier kann man in 50 Minuten den Jervis Inlet überqueren. **Powell River** ist ein beliebter Ferienort und bezeichnet sich gern als Hauptstadt der Taucher. Mehrere versunkene Schiffe ziehen Oktopus, Aal und Leng an. Eine der größten Papierfabriken der Welt ist wichtigster Wirtschaftsfaktor der Region. Eine weitere Fähre verbindet Powell River mit Comox auf Vancouver Island.

Essen und schlafen w ein König i Buckingha Palace.

Highway zwischen Himmel und Meer: Der Highway 99, der sich an den steilen Klippen und Bergen über dem Howe Sound emporwindet, ist die landschaftlich schönste Strecke in der Nähe von Vancouver. Besonders stimmungsvoll ist er, wenn große, graue Wolkenbänke auf den Hängen liegen und von den Tannen und den Erdbeerbäumen der Regen tropft. Kommt die Sonne hervor, glitzert und strahlt die Landschaft ringsherum in ihrer ganzen Pracht.

Statt mit dem Auto kann man den Sound auch per Bus, Schiff oder Zug bereisen. Erholsam ist die gemütliche, dreistündige Zugfahrt mit dem historischen **Royal Hudson Steam Train** nach Squamish. Zurück können Sie das Kreuzfahrtschiff *Britannia* (siehe unter *Anreise* im Kurzführer auf S. 219) nehmen. Beim Tagesausflug von Vancouver aus haben Sie etwa eine Stunde Aufenthalt, die Sie für die Busfahrt zu den Shannon Falls *(siehe S. 212)* oder einen – nicht ganz billigen – Gletscherrundflug nutzen können.

Die Wohnsiedlung **Lions Bay,** 11 Kilometer nördlich der Horseshoe Bay, besteht aus gelungenen Einfamilienhäusern, die an gefährlich steilen Abhängen kleben, westlich von **The Lions,** den beiden hochaufragenden Felsen, die Vancouvers Skyline bereichern. Der steile, anstrengende Aufstieg auf den Hauptzug südlich des West Lion ist eine beliebte Bergtour. Der Rundweg beginnt bei Lions Bay und nimmt etwa sechs Stunden in Anspruch. Der **West Lion** ist mit 1646 Metern höher, doch ist er nur etwas für erfahrene Kletterer: er forderte schon Menschenleben. Der **East Lion** liegt in der Wasserscheide und darf nicht bestiegen werden.

Einen spektakulären Sonnenuntergang können Sie erleben, wenn Sie die zweite Abzweigung in Lions Bay nehmen, ein Stück bergauf fahren und neben der Landkarte am Fluß parken. Die Stufen den Berg hinunter führen in einen kleinen Park mit Sitzgelegenheiten an einem Haus, das in Wirklichkeit ein verkleideter Wassertank ist.

Jenseits des Howe Sound legen sich die Wolken wie Wattebäusche in die Schluchten. Weiter südlich ähneln sie eher riesigen, zusammengeknüllten Taschentüchern. Manchmal verschmelzen die Wolkengebilde zu einem dicken Band, das Teile der Berge verdeckt – ein Meer über dem Meer. Wenn die Sonne nun untergeht, wird das gedämpfte Orange von Fenstern in der Nähe reflektiert. Im fleckigen Grau der Wolken erscheint ein heller Lichtstreif wie eine Pforte zum Himmel.

Porteau Cove bietet Tauchern, Kajakfahrern, Surfern und Anglern leichten Zugang zum Meer. In dem nur 39 Kilometer nördlich von Vancouver gelegenen Naturpark gibt es Zeltplätze am Meer, Bootsanleger und Picknickareale. Der Highway führt noch eine Steigung hinauf und dann nach **Britannia Beach** hinunter, einer ehemaligen Bergwerksstadt. Hier wurde einst das meiste Kupfer im gesamten Empire gefördert – bei Hochbetrieb Ende der zwanziger, Anfang der dreißiger Jahre 7000 Tonnen täglich. Das **BC Mining Museum**, heute nationales Kulturdenkmal, veranstaltet Führungen unter Tage. Im Museum werden interessante Werkzeuge und Maschinen der Schürfer und Kumpel ausgestellt und vorgeführt.

Der **Murrin Provincial Park** ist bei Anglern, Wanderern, Kletterern und für Picknicks beliebt. Im kleinen **Browning Lake** an der Straße werden regelmäßig Regenbogenforellen ausgesetzt. Wem der glitschige Grund nichts ausmacht, der kann hier auch schwimmen. Interessanter sind die **Shannon Falls** etwas weiter, die 340 Meter tief über eine Felskante stürzen. Ein kurzer Spaziergang durch den Wald führt Sie zum drittgrößten Wasserfall der Provinz. Wenn Sie kein Picknick dabeihaben oder – was öfter vorkommt – bei Regen wandern, bekommen Sie im Klahanie Restaurant am Highway köstliche Buttertörtchen.

Der **Stawamus Chief,** ein 650 Meter hoher Monolith aus Granit überragt das 61 Kilometer nördlich von Vancouver gelegene Squamish und lockt Kletterer

Das Chateau Whistler im besten Skigebiet von British Columbia.

aus aller Welt an. Bei gutem Wetter überzieht ihn ein Netz aus bunten Seilen, und kleine Pünktchen bewegen sich vorsichtig den Fels hinauf. Von der Rückseite kann man jeden der drei Felsgipfel besteigen, ohne klettern zu müssen. Der herrliche Blick von oben wird nur beeinträchtigt durch die Abgase einer Holzfaserfabrik jenseits des Howe Sound.

Im Holzfällerstädtchen **Squamish** (12 000 Einwohner) gibt es Läden, nette Restaurants (guten Espresso bei Quinn's) und Übernachtungsmöglichkeiten. Bald nach Ankunft der ersten europäischen Siedler 1873 wurden die riesigen Zedern und Tannen Hauptwirtschaftsgut der Region. Heute entwickelt sich hier besonders der Tourismus, vor allem durch die idealen Bedingungen für Kletterer und Windsurfer. Dennoch ist die Stadt stolz auf ihre Holzfällervergangenheit und veranstaltet im August originelle Holzfäller-Sportwettbewerbe.

Bei den Salish heißt Squamish „Mutter des Windes" oder „starker Wind". Wo der Fluß in den Howe Sound mündet, herrschen die angeblich besten Bedingungen zum Windsurfen in ganz Kanada. Vom Aussichtspunkt weiter nördlich bei **Brackendale** am Highway 99 kann man von November bis Februar Seeadler beobachten. Sie nisten hier und ernähren sich vornehmlich von den Lachsen des Squamish River.

Der größte und meistfrequentierte Naturpark des Lower Mainland ist der **Garibaldi Park,** der östlich des Highway 99 von Squamish bis hinter Whistler verläuft. Es sind hier viele verschiedene Tageswanderungen durch die herrliche Gebirgslandschaft möglich. **Garibaldi Lake,** ein klarer, blauer Gletschersee vor dem Granitmassiv **Panorama Ridge,** ist atemberaubend schön. Eine sehr beliebte Tour führt den vulkanischen Black Tusk hinauf und endet mit der Kraxelei auf einem 99 Meter hohen Schornstein.

Weniger Geübte sollten sich lieber an die alpinen Wiesen in der Umgebung halten, die zur Blütezeit im Spätsommer besonders reizvoll sind. Vom Ausgangspunkt bis zum Garibaldi Lake oder Black

Tusk und zurück brauchen Sie rund sechs Stunden. Im Park gibt es viele Wanderzeltplätze, vier Hütten und sechs Tagesunterkünfte.

Der **Whistler Mountain** wurde 1960 für die olympischen Skiwettbewerbe ausgewählt; davor war das **Alta Lake Valley** ein abgelegenes Wanderziel im Sommer, wo nur wenige hartgesottene Naturfreunde und Holzarbeiter anzutreffen waren. Seither sind durch umsichtige Erschließung hier kopfsteingepflasterte Straßen, Geschäfte und Galerien, Restaurants und ein Golfplatz entstanden. Die herrliche Landschaft mit fünf Seen im Umkreis bietet ein unbegrenztes Freizeitangebot, und heute ist **Whistler** einer der schönsten Urlaubsorte der Welt.

Mag der Ort auch etwas versnobt wirken, so finden Sie hier doch reichlich Erholung, Entspannung, Kultur und Schönheit. Und nicht nur in der Skisaison: Im Sommer können Sie im Lift ihr Mountainbike mitnehmen, durch die Täler wandern, dem Pfeifen der Murmeltiere lauschen oder Konzerte besuchen.

Seit 1988 spielt das Vancouver Symphony Orchestra alljährlich auf dem Gipfel des Whistler Mountain.

Sie können surfen, reiten, wandern, angeln (wie überall in British Columbia ist ein Angelschein erforderlich) oder schwimmen. Fliegen Sie mit dem Gleitschirm, fahren Sie Kajak, Kanu oder Floß, spielen Sie Tennis, entdecken Sie die Natur, chartern Sie einen Hubschrauber oder lassen Sie sich von einem Führer die Schönheiten des Hinterlandes zeigen. **Blackcomb** und Whistler Mountain sind das größte Skigebiet Nordamerikas.

Imposante Wasserfälle: 32 Kilometer nördlich von Whistler ist es noch eine halbe Stunde Fußmarsch am Green River zu den **Nairn Falls.** Sie sind nicht so hoch, doch sehr eindrucksvoll.

In Richtung **Pemberton,** einem Bauern- und Holzfällerort, ist auf dem Highway 99 nicht mehr viel Verkehr. Die **Meager Creek Hot Springs** 64 Kilometer östlich sind ein beliebtes Ziel für erschöpfte Skifahrer und Wanderer. Sie erreichen die heißen Quellen über die **Lillooet Forest Road** nordwestlich der Stadt und die Holzfällerstraße M24 nach links. Die Quellen sind die größten in British Columbia, doch touristisch nicht erschlossen. Es gibt Zeltplätze und Parkmöglichkeiten für Wohnwagen.

Auf der Fahrt nach Lillooet weichen die Tannen und Zedern der Küste allmählich Salbeibüschen, Kakteen und Gelbkiefern. Das **Village Museum,** von Mitte Mai bis Mitte Oktober geöffnet, vermittelt ein Bild von der Stadt zu der Zeit, als sie von Horden goldgieriger Pioniere überschwemmt wurde.

Es gibt in und um **Lillooet** noch genügend andere Museen für die Kulturbegeisterten, etwa das nach Jack Lynn benannte, der 1859 hier Gold entdeckt hatte, und die Brücke mit dem seltsamen Namen Bridge of the 23 Camels. Lillooet sollte man im Juni besuchen, wenn die Stadt ihre bunte Vergangenheit feiert, „Zugüberfälle" veranstaltet und sich jeder im Stil der Goldrauschzeit kostümiert. Die sogenannte Nugget Route verbindet Lillooet mit Hope und Yale.

Links und **rechts:** De alte Mann der Baum.

APA GUIDES
Reisetips

Die Welt mit anderen Augen sehen

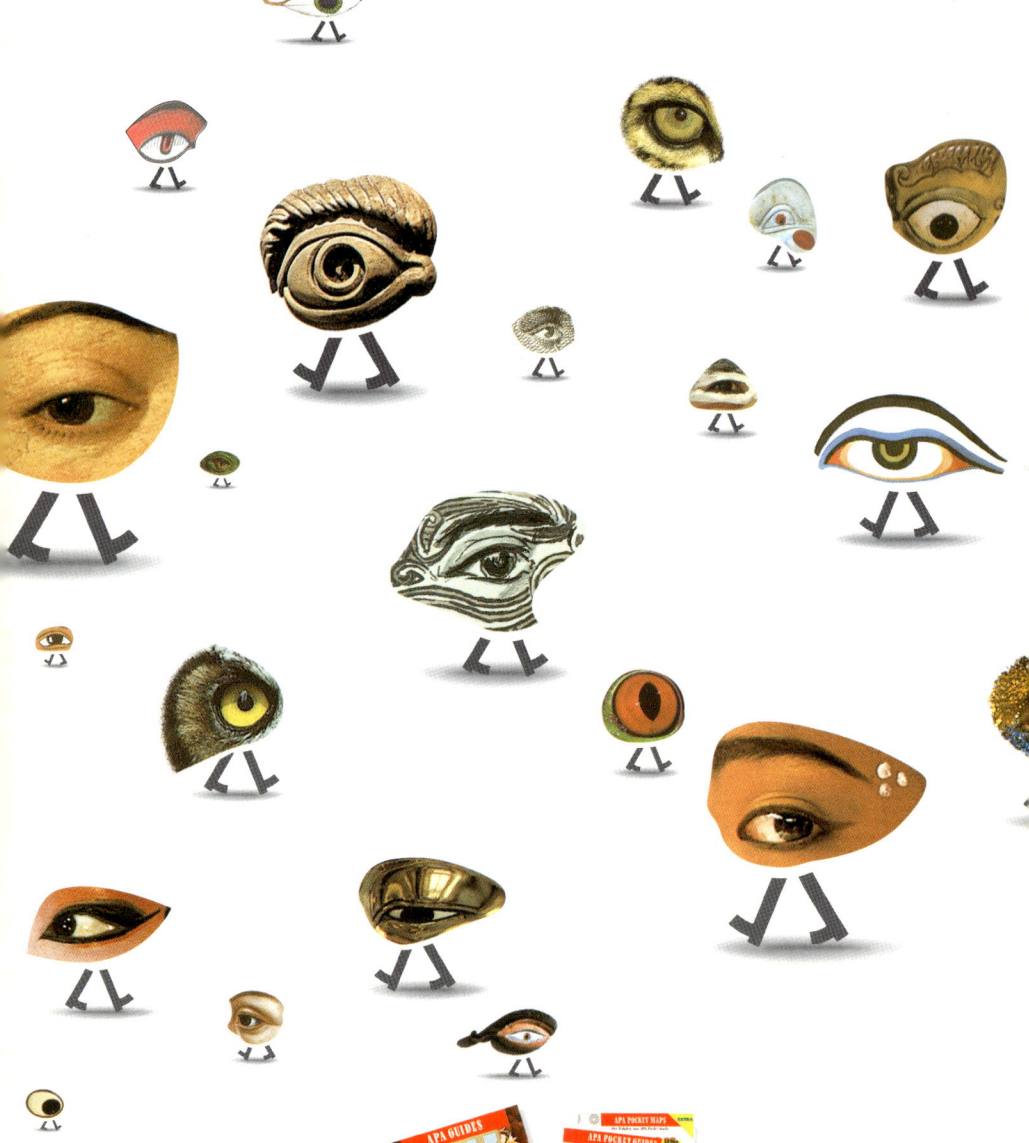

Die erfolgreichste
Reiseführer-Serie der Welt.
Die großen Apa Guides:
Für den umfassenden
Einblick in ihr Reiseziel.
187 Titel.

Der einheimische
Gastgeber in
Buchformat
Apa Pocket Guides:
(mit großer Reisekarte)
Für den schnellen aber
gründlichen Überblick.
100 Titel.

APA GUIDES